Benkel Die Verfahrensbeteiligung Dritter

Greifswalder Rechtswissenschaftliche Reihe

Herausgeber: Professor Dr. Dieter C. Umbach,
Professor Dr. Jürgen Regge, Professor Dr. Jürgen Kohler
für die Rechts- und Staatswissenschaftliche Fakultät
der Ernst-Moritz-Arndt-Universität Greifswald

Band 3

Carl Heymanns Verlag KG · Köln · Berlin · Bonn · München

Die Verfahrensbeteiligung Dritter

Von Dr. Bernd Jürgen Benkel

Carl Heymanns Verlag KG · Köln · Berlin · Bonn · München

Die Deutsche Bibliothek – CIP-Einheitsaufnahme

Benkel, Bernd Jürgen:
Die Verfahrensbeteiligung Dritter/von Bernd Jürgen Benkel. –
Köln · Berlin · Bonn · München : Heymann, 1996
Zugl.: Greifswald, Univ., Diss., 1993

ISBN 3-452-22860-6
NE: GT

ISBN 3-452-22860-6

Druck: Grafik + Druck GmbH, München

Gedruckt auf säurefreiem und alterungsbeständigem Papier

Meinen lieben Eltern

Geleitwort

Die Beteiligung Dritter an einem umstrittenen Sachverhalt führt seit jeher im materiellen Recht zu besonderen Schwierigkeiten. Drittwirkung von Grundrechten, Drittschadensliquidation und Verwaltungsakt mit Drittwirkung sind nur einige der damit verbundenen Begriffe. Für das Verfahrensrecht gilt im Grundsatz nichts anderes.

Drittbeteiligte sind in allen Prozeßordnungen Außenseiter des Verfahrens. So ist es auch nicht weiter verwunderlich, daß die mit der Drittbeteiligung verbundenen prozessualen Probleme häufig nicht genügend Beachtung finden und aufgrund ihrer Vielzahl von Verästelungen und Wechselwirkungen mit dem materiellen Recht ein zum Teil undurchschaubares Dickicht bilden.

Als langjähriger Vorsitzender des für die gesetzliche Krankenversicherung und das Kassenarztrecht zuständigen Senats des Bundessozialgerichts und jetziger Vorsitzender des Bundesausschusses der Ärzte und Krankenkassen bzw. eines Landesausschusses weiß ich, wie schwierig es ist, dieses Dickicht zu durchdringen und die dabei auftauchenden Fragen dogmatisch »auf die Reihe zu bringen«. Hier ist noch vieles im Unklaren. Das ist um so bedauerlicher, als gerade die dogmatische Aufbereitung und Absicherung prozessualer Fragen zu den unabdingbaren Voraussetzungen für Existenz und Fortentwicklung jedes rechtsstaatlichen Verfahrens gehören.

Es ist das Verdienst des Verfassers, die bestehenden Unklarheiten nicht nur anschaulich dargelegt, sondern - im Hinblick auf das Rechtsinstitut der Beiladung - zur Problemlösung einen eigenständigen theoretischen Ansatz entwickelt zu haben, ohne sich in der Theorie zu verlieren. Hier zeigt sich, daß er über ein großes Maß an Praxiserfahrung verfügt, was im übrigen auch für den Betreuer der Arbeit, Prof. Dr. Dieter C. Umbach, gilt.

Es ist zu hoffen, daß die Erkenntnisse des Verfassers von Rechtsprechung und Schrifttum aufgegriffen werden und die Diskussion über eine Neufassung vor allem der Beiladungsvorschriften wieder in Gang bringen.

Günther Schroeder-Printzen
ehem. Vorsitzender Richter am Bundessozialgericht, Kassel

Vorwort

Ob, unter welchen Voraussetzungen und mit welchen Rechten Dritte an gerichtlichen Verfahren beteiligt werden können oder müssen, ist eine in der Praxis aller Gerichtsbarkeiten immer wieder auftauchende Frage. Auch auf wissenschaftlicher Ebene war sie zwar schon verschiedentlich Gegenstand von Erörterungen. Während meiner mehrjährigen Tätigkeit als Richter in der Sozialgerichtsbarkeit und wissenschaftlicher Mitarbeiter des BSG bin ich jedoch zu der Auffassung gelangt, daß es - bezogen auf die Verfahrensordnungen der allgemeinen und der besonderen Verwaltungsgerichtsbarkeiten - nach wie vor sowohl an einer ausreichenden Untersuchung von Aktenfällen aus der Praxis, als auch an der erforderlichen dogmatischen Aufarbeitung fehlt. Einerseits stellt sich bei vielen theoretisch »hoch gehandelten« Problemen die Frage ihrer praktischen Relevanz. Andererseits hat sich gerade zur Frage der »Beiladung« Dritter in Rechtsprechung und Schrifttum ein unüberschaubares, kasuistisch geprägtes Dickicht entwickelt, dessen Durchdringung selbst der obergerichtlichen Rechtsprechung offenbar nicht immer gelingt. Beim »Beitritt« Dritter, insbesondere des Vertreters des öffentlichen Interesses, interessieren dagegen weniger die dogmatischen Grundlagen, als Fragen seiner Berechtigung und Reichweite in einem vom Grundsatz der Gewaltenteilung geprägten Verfahren.

Die Arbeit, die im Sommersemester 1993 von der Rechts- und Staatswissenschaftlichen Fakultät der Ernst-Moritz-Arndt-Universität in Greifswald als Dissertation angenommen worden ist, stellt einen Versuch dar, in beiden Bereichen - Beiladung und Beitritt - die allzu sehr verflachte Grundlagendiskussion mit neuen Denkanstößen wieder zu beleben. Aus Gründen, die ich nicht beeinflußen konnte, hat sich die Publikation leider erheblich verzögert. Eine Einarbeitung der neueren Rechtsprechung war nicht mehr möglich, aber m.E. auch nicht unbedingt erforderlich, denn es war nicht das vordringliche Ziel der Arbeit, jedes Detailproblem der neuesten Rechtsprechung möglichst umfassend zu behandeln, sondern anhand typischer Fallgestaltungen eigenständige theoretische Ansätze zu entwickeln. Um aber auch dem Bedürfnis nach aktueller Information Rechnung zu tragen, habe ich in einem kurzen Nachtrag von den neueren Entscheidungen diejenigen aufgeführt, die mir in Bezug auf die Arbeit als wichtig erschienen.

Besonderen Dank schulde ich Herrn Prof. Dr. Dieter C. Umbach, der aufgrund seiner Tätigkeit als Senatsvorsitzender vermutlich zu der geringen

Zahl von Hochschullehrern gehört, die das Verfahrensrecht in der Sozialgerichtsbarkeit, das im Mittelpunkt der Untersuchung steht, in seinen Einzelheiten sowohl aus der praktischen Arbeit, als auch aus dogmatisch-wissenschaftlicher Sicht kennt. Er hat nicht nur die vorliegende Untersuchung ermöglicht, sondern - wenn nötig - als Anregungen gebender Diskussionspartner zur Verfügung gestanden.

Mein Dank gilt auch dem Präsidenten des Landessozialgerichts Rheinland/Pfalz, Dr. Gerhard Wissing, der mir durch seine Zustimmung zu meiner zeitweiligen Beurlaubung von der richterlichen Tätigkeit den nötigen zeitlichen Freiraum zur Durchführung der Untersuchung gegeben hat. Ich danke weiterhin dem ersten Dekan der neu- bzw. wiedereröffneten Rechts- und Staatswissenschaftlichen Fakultät in Greifswald, Prof. Dr. Jürgen Regge, der für einen zügigen Fortgang des Promotionsverfahrens Sorge getragen hat. Sowohl Prof. Umbach als auch Prof. Regge gehören zu den Hochschullehrern der »Ersten Stunde«, die den Lehrbetrieb in Greifswald nach der 1945 erfolgten Schließung wiederaufgenommen haben; sie haben trotz ihrer zeitlichen Inanspruchnahme jederzeit mit Rat und Tat zur Verfügung gestanden. Ich danke ferner dem Zweitkorrektor dieser Arbeit, Prof. Dr. Christoph Vedder (München/Bielefeld), für seine weiterführende und hilfreiche Kritik sowie dem Lehrbeauftragten und Kollegen Dr. Thomas Clemens (Stuttgart/Greifswald) für seine, weil von einem Landessozialrichter stammenden, besonders relevanten Anregungen.

Außerdem schulde ich den Herausgebern der neugegründeten Schriftenreihe der Fakultät Dank für die Aufnahme meiner Arbeit in die Greifswalder Rechtswissenschaftliche Reihe.

Darüberhinaus gilt mein Dank meiner lieben Frau, Heidi Seng-Benkel, für wertvolle Hinweise und das verständige Korrekturlesen. Besonders gefreut habe ich mich über die Bereitschaft des ehemaligen Senatsvorsitzenden des BSG und jetzigen Vorsitzenden des Bundesausschusses der Ärzte und Krankenkassen, Herrn Günther Schroeder-Printzen, von dem ich in meiner Zeit als wissenschaftlicher Mitarbeiter des BSG viel gelernt habe, meine Arbeit mit einem Geleitwort zu würdigen.

Losch, im Januar 1996 *Bernd Jürgen Benkel*

Inhalt

Abkürzungen

aA	andere(r) Ansicht
aaO	am angegebenen Ort
Abs.	Absatz
a. E.	am Ende
a. F.	alte Fassung
AFG	Arbeitsförderungsgesetz
AG	Ausführungsgesetz
allg.	allgemein(e)
a. M.	andere(r) Meinung
amtl.	amtlich(e)
AN	Amtliche Nachrichten des Reichsversicherungsamts
Anh.	Anhang
AO	Abgabenordnung
AöR	Zeitschrift »Archiv des öffentlichen Rechts«
Art.	Artikel
AsylVfG	Asylverfahrensgesetz
Aufl.	Auflage
AVG	Angestelltenversicherungsgesetz
BA	Bundesanstalt für Arbeit
BAföG	Bundesausbildungsförderungsgesetz
BayVBl	Zeitschrift »Bayerische Verwaltungsblätter«
BayVGH	Bayerischer Verwaltungsgerichtshof
BB	Zeitschrift »Der Betriebsberater«
Bd	Band
BDSG	Bundesdatenschutzgesetz
Begr.	Begründung
BErzGG	Bundeserziehungsgeldgesetz
betr.	betrifft, betreffend
BFA	Bundesversicherungsanstalt für Angestellte
BFH	Bundesfinanzhof
BFHE	Sammlung von Entscheidungen des Bundesfinanzhofs
BFHN	Nachschlagewerk Entscheidungen des BFH
BG	Zeitschrift »Die Berufsgenossenschaft«
BGB	Bürgerliches Gesetzbuch
BGBl	Bundesgesetzblatt
BGH	Bundesgerichtshof
BGHZ	Sammlung von Entscheidungen des Bundesgerichtshofs in Zivilsachen
BKGG	Bundeskindergeldgesetz

BR	Bundesrat
BR-Drucks.	Bundesratsdrucksache
Breith.	Breithaupt, Sammlung von Entscheidungen der Sozialversicherung, Versorgung und Arbeitslosenversicherung
BSG	Bundessozialgericht
BSGE	Sammlung von Entscheidungen des Bundessozialgerichts
BSHG	Bundessozialhilfegesetz
Bsp.	Beispiel
bspw	beispielsweise
BStBl	Bundessteuerblatt
BT	Bundestag
BT-Drucks	Bundestagsdrucksache
Buchholz	Sammel- und Nachschlagewerk der Rechtsprechung des Bundesverwaltungsgerichts
Buchst	Buchstabe
BVerfG	Bundesverfassungsgericht
BVerfGE	Sammlung der Entscheidungen des Bundesverfassungsgerichts
BVerwG	Bundesverwaltungsgericht
BVerwGE	Sammlung von Entscheidungen des Bundesverwaltungsgerichts
bzw	beziehungsweise
DAngVers	Zeitschrift »Die Angestelltenversicherung«
dh	das heißt
Diss	Dissertation
DÖV	Zeitschrift »Die öffentliche Verwaltung«
Drucks	Drucksache
DStR	Zeitschrift »Deutsches Steuerrecht«
DVBl	Zeitschrift »Deutsches Verwaltungsblatt«
E	Entwurf
EFG	Zeitschrift »Entscheidungen der Finanzgerichte«
EGBGB	Einführungsgesetz zum Bürgerlichen Gesetzbuch
EStG	Einkommenssteuergesetz
ESVGH	Entscheidungssammlung der Verwaltungsgerichtshöfe
EuGH	Gerichtshof der Europäischen Gemeinschaften
EuM	Entscheidungen und Mitteilungen des Reichsversicherungsamts
EWGV	Vertrag zur Gründung der Europäischen Wirtschaftsgemeinschaft
f.	(nur die) folgende Seite oder Vorschrift
ff.	folgende Seiten oder Paragraphen
FG	Finanzgericht
FGG	Gesetz über die freiwillige Gerichtsbarkeit

FGO	Finanzgerichtsordnung
Fn.	Fußnote
FS	Festschrift
GBl	Gesetzblatt
gegf	gegebenenfalls
GemS OGB	Gemeinsamer Senat der obersten Gerichtshöfe des Bundes
GG	Grundgesetz
GmbH	Gesellschaft mit beschränkter Haftung
GMBl	Gemeinsames Ministerialblatt
GS	Großer Senat
GVBl	Gesetz- und Verordnungsblatt
HBO	Hessische Bauordnung
HGB	Handelsgesetzbuch
h. M.	herrschende Meinung
HV-Info	Aktueller Informationsdienst für die berufsgenossenschaftliche Sachbearbeitung
i. S.	im Sinne
i.S.d.	im Sinne des/der
i.S.v.	im Sinne von
i.V.m.	in Verbindung mit
JA	Zeitschrift »Juristische Ausbildung«
JuS	Zeitschrift »Juristische Schulung«
JZ	Zeitschrift »Juristenzeitung«
Kap.	Kapitel
KDVNG	Kriegsdienstverweigerungsneuregelungsgesetz
LAG	Lastenausgleichsgesetz
LSG	Landessozialgericht(e)
LVA	Landesversicherungsanstalt
LVG	Gesetz über die allgemeine Landesverwaltung von Preußen
maW	mit anderen Worten
MDR	Zeitschrift »Monatsschrift für Deutsches Recht«
m. E.	meines Erachtens
MPI	Max-Planck-Institut
m.w.N.	mit weiteren Nachweisen
m. z. N.	mit zahlreichen Nachweisen
n. F.	neue Fassung
NJW	Zeitschrift »Neue Juristische Wochenschrift«
Nr(n).	Nummer(n)
NUR	Zeitschrift »Natur und Recht«
NVwZ	Neue Zeitschrift für Verwaltungsrecht
NZA	Neue Zeitschrift für Arbeits- und Sozialrecht
NZS	Neue Zeitschrift für Sozialrecht

OVG	Oberverwaltungsgericht
OVGE	Sammlung von Entscheidungen der Oberverwaltungsgerichte Münster und Lüneburg
PrOVG	Preußisches Oberverwaltungsgericht
RAO	Reichsabgabenordnung
Rdn.	Randnummer(n)
RegBl	Regierungsblatt
RFH	Reichsfinanzhof
RGBl	Reichsgesetzblatt
RR	Rechtsprechungsreport
RStBl	Reichssteuerblatt
RVA	Reichsversicherungsamt
RVersorgG	Reichsversorgungsgericht
RVerwBl	Reichsverwaltungsblatt
RVO	Reichsversicherungsordnung
S.	Satz, Seite
s.	siehe
s. a.	siehe auch
SG	Sozialgericht(e)
SGb	Zeitschrift »Die Sozialgerichtsbarkeit«
SGB	Sozialgesetzbuch
SGB-SozVers-GK.	Gesammtkommentar Sozialgesetzbuch/Sozialversicherung
SGG	Sozialgerichtsgesetz
SGO	Sozialgerichtsordnung
SozR	Entscheidungssammlung »Sozialrecht«
SozSich	Zeitschrift »Soziale Sicherheit«
SozVers	Zeitschrift »Die Sozialversicherung«
str.	streitig
u.a.	unter anderem(n)
Urt	Urteil
USK	Urteilssammlung für die gesetzliche Krankenversicherung
u.U.	unter Umständen
v.	vom(n)
VerwArch	Zeitschrift »Verwaltungsarchiv«
VG	Verwaltungsgericht
VGH	Verwaltungsgerichtshof
vgl.	vergleiche
Vor.	Vorbemerkung
VRspr	Entscheidungssammlung »Verwaltungsrechtsprechung in Deutschland«
VVG	Gesetze über die Verwaltungsgerichtsbarkeit

VwGO	Verwaltungsgerichtsordnung
VwVfG	Verwaltungsverfahrensgesetz
WehrpflG	Wehrpflichtgesetz
z.B.	zum Beispiel
ZDG	Zivildienstgesetz
ZfS	Zeitschrift »Zentralblatt für Sozialversicherung, Sozialhilfe und Versorgung«
ZGStW	Zeitschrift für die gesamte Staatswissenschaft
ZMR	Zeitschrift für Miet- und Raumrecht
ZPO	Zivilprozeßordnung
z.T.	zum Teil
ZZP	Zeitschrift für Zivilprozeß

Literatur

Atzler		Atzler, Bernhard, Anmerkungen zum Urt des OVG Lüneburg v. 24.3.1986 - 6 OVG A 36/85, DVBl 1986, 1214 f.
Bachof	AöR	Bachof, Otto, Teilrechtsfähige Verbände des öffentlichen Rechts, AöR 1958, 208 ff.
-	MDR	derselbe, Anmerkungen zum Urt des Hessischen VGH v. 10.2.1950 - O.S. 210/49 - MDR 1950, 375 ff.
-	DÖV	derselbe, Die Beiladung nach dem Gesetz über die Verwaltungsgerichtsbarkeit der amerikanisch besetzten Zone Deutschlands, DÖV 1948/49, 364 ff.
Baden		Baden, Eberhard, Die Beiladung bei Rechtswegkollisionen, NVwZ 1984, 142 ff.
Baring		Baring, Arnulf Martin, Der Vertreter des öffentlichen Interesses im deutschen Verwaltungsprozeß, VerwArch 1959, 105 ff.
Barske/Woerner		Barske, Kurt/Woerner, Lothar, FGO, Stuttgart 1966
Bauer		Bauer, Wilhelm, Die Beiladung nach dem Gesetz über die Verwaltungsgerichtsbarkeit der amerikanisch besetzten Zone Deutschlands, DÖV 1948/49, 189 ff., 226 ff.
Baum		Baum, Gerhard Rudolf, Die Verwaltungsgerichtsbarkeit im Spannungsfeld zwischen Gesetzesvollzug und Individualrechtsschutz, DÖV 1980, 425 ff.
Baumbach/Lauterbach		Baumbach, Adolf/Lauterbach, Wolfgang/Albers, Jan/Hartmann, Peter, Zivilprozeßordnung mit Gerichtsverfassungsgesetz und anderen Nebengesetzen, 51. Aufl., München 1993
Behn		Behn, Michael, Präklusion beim Grundurteil, SGb 1983, 424 ff.

Berner		Berner, Georg, Zur Vertretung des öffentlichen Interesses und des beklagten Staates in Baden-Württemberg und Bayern, BayVBl 1981, 129 ff.
Bettermann	DVBl 1951	Bettermann, Karl August, Über die Beiladung im Verwaltungsstreitverfahren oder vom Nutzen der Prozeßvergleichung und einer allgemeinen Prozeßrechtslehre, DVBl 1951, 39 ff., 72 ff.
-	DVBl 1982	derselbe, Anmerkungen zum Beschluß des BVerwG v. 12.3.1982 - 4 N 1.80 - DVBl 1982, 954 ff.
-	ZZP	derselbe, Streitgenossenschaft, Beiladung, Nebenintervention und Streitverkündung, ZZP 1977, 121 ff.
Bittner		Bittner, Dietmar, Handbuch des Abgabenrechts, FGO, Neuwied und Frankfurt/Main, 1991
Bley		Bley, Helmar, Grundzüge der Sozialgerichtsbarkeit, Berlin 1976
Bonner Kommentar		Bonner Kommentar, SGB Allgemeiner Teil, Berlin/New York 1979
Bosch/Schmidt		Bosch, Edgar/Schmidt, Jörg, Praktische Einführung in das verwaltungsgerichtliche Verfahren, Stuttgart, Berlin, Köln, Mainz, 4. Aufl. 1988
Brackmann		Brackmann, Kurt, Handbuch der Sozialversicherung, 11. Aufl., Sankt Augustin, 1988
Brockhoff/Groh		Brockhoff/Groh (Vornamen nicht angegeben), Rechtsprechungskommentar zur FGO, Bonn 1972
Bumüller/Winkler		Bumüller, Ursula/Winkler Karl, Freiwillige Gerichtsbarkeit, 5. Aufl., München 1992
Calavros		Calavros, Constantin, Urteilswirkungen zu Lasten Dritter, Bielefeld 1978
Clemens		Clemens, Thomas, Steuerprozesse zwischen Privatpersonen, Schriften zum Steuerrecht, Bd. 21, Berlin 1980
Dapprich		Dapprich, Gerhard, Das sozialgerichtliche Verfahren, Köln und Berlin 1959
Dieckmann		Dieckmann, Albrecht, Besprechung der FS für Schiema, ZZP 1970, 343 ff.

Dienes	Dienes, Karsten, Beiladung im Normenkontrollverfahren gemäß § 47 VwGO, DVBl 1980, 672 ff.
Eisenmann	Eisenmann, Adolf Peter, Grenzen des Weisungsrechts für den »im Einzelfall sachlich zuständigen Minister« gegenüber dem Staatskommissar beim OVG des Saarlandes, DÖV 1958, 685
Ehlers	Ehlers, Dirk, Die Beiladung im Ausländerprozeß, NJW 1975, 2125 ff.
Eyermann/Fröhler	Eyermann, Erich/Fröhler, Ludwig, Verwaltungsgerichtsordnung, Kommentar, 9. Aufl., München 1988
Fischer	Fischer, Chrysant, Gegenwart und Zukunft des Vertreters des öffentlichen Interesses, Diss. Passau 1984
Freytag	Freytag, Gerhard, Anmerkungen zum Beschluß des Hessischen VGH v. 9.12.1948, Deutsche Verwaltung, 1949, 74
Friedmann	Friedmann, Karl Anton, Kontrolle der Verwaltung in England, Meisenheim am Glan 1970
Fromm	Fromm, Günter, Standortbestimmung der Verkehrsbehörden und Finanzverwaltung, zugleich ein Beitrag zur Beiladung von Behörden, BB 1966, 188 ff.
Funk	Funk, Bernd Christian, Die Volksanwaltschaft als Institution des österreichischen Staatsrechts, Zeitschrift für Verwaltung, Wien, 1978, 1 ff.
Gabolde	Gabolde, Christian, La procédure des Tribunaux administratifs, 3. Aufl., Paris 1981
Gerber	Gerber, Hans, Der Vertreter des öffentlichen Interesses im Verwaltungsprozeß, DÖV 1958, 680 ff.
Görg/Müller	Görg, Hubert/Müller, Klaus, FGO, Darmstadt 1966
Gräber	Gräber, Fritz, Finanzgerichtsordnung mit Nebengesetzen, 2. Aufl., München 1987
Gräßer	Gräßer, Willi, Anmerkungen zum Beschluß des LSG Niedersachsen v. 25.3.1985 - L 2 5(I) 206/84 - SozVers 1986, 307

Groß	Groß, Otto, Die Staatsanwaltschaft bei den bayerischen Verwaltungsgerichten, BayVBl 1959, 71 ff., 107 ff.
Grunsky	Grunsky, Wolfgang, Grundlagen des Verfahrensrechts - Eine vergleichende Darstellung von ZPO, FGG, VwGO, SGG, 2. Aufl., Bielefeld 1974
Habscheid	Habscheid, Walter J., Der Anspruch auf Rechtspflege, ZZP 1954, 188 ff.
Hdb SGV	Krasney, Otto Ernst/Udsching, Peter, Handbuch des sozialgerichtlichen Verfahrens, München 1991
Hennig/Danckwerts/ König	Hennig, Werner/Danckwerts, Hans Siegmund/König, Walter,SGG, Kommentar, Neuwied, Kriftel, Berlin, Stand 34. Ergänzungslieferung 1990
Hofmann/Schroeter	Hofmann, Kurt/Schroeter, Kurt, Sozialgerichtsgesetz, Handkommentar, 2. Aufl., Berlin und Frankfurt/Main 1957
Hübschmann/Hepp/ Spitaler	Kommentar zur Reichsabgabenordnung, Finanzgerichts ordnung und den Nebengesetzen, Köln 1991/92
Iserich/Pohl/von Unruh	Iserich, Kurt G. A./Pohl, Hans/von Unruh, Georg Christoph, Deutsche Verwaltungsgeschichte, Stuttgart 1983
Joeres	Joeres, Ulrich, Die Rechtsstellung des notwendig Beigeladenen im Verwaltungsstreitverfahren, Diss., Berlin 1981
Kisker	Kisker, Gunter, Organe als Inhaber subjektiver Rechte, JuS 1975, 704 ff.
Konrad	Konrad, Horst, Die Notwendigkeit der Beiladung im Verwaltungsprozeß, BayVBl 1982, 481 ff.
Kopp	Kopp, Ferdinand O., Verwaltungsgerichtsordnung, Kommentar, 9. Aufl., München 1992
- DVBl 1980	derselbe, Gesetzliche Regelungen zur Bewältigung von Massenverfahren, DVBl 1980, 320 ff.
- DVBl 1982	derselbe, Der Vertreter des öffentlichen Interesses in der Verwaltungsgerichtsbarkeit, DVBl 1982, 277
- NUR	derselbe, Die unterschiedlichen Systeme der gerichtlichen Wahrnehmung öffentlicher Interessen im internationalen Vergleich, NUR 1987, 145 ff.

-	Schriftenreihe	derselbe, Vertretung des öffentlichen Interesses in der Verwaltungsgerichtsbarkeit, Schriftenreihe der Universität Passau Bd. 2, 1982
-	VerwArch	derselbe, Die Vertretung der Interessen des Staates und des öffentlichen Interesses in anderen modernen Rechtssystemen, VerwArch 1980, 209 ff., 345 ff.
Krasney		Die Entwicklung des Rechtsinstituts der Beiladung im sozialgerichtlichen Verfahren, Besprechung der Diss. von Lüning, SGb 1973, 79 f.
Krause	DÖV	Krause, Peter, Zur Verfahrensgestaltung nach fehlerhafter Rechtswegentscheidung, DÖV 1970, 695 ff.
-	ZZP	derselbe, Verfahrensrechtliche Probleme der Entscheidung über den Rechtsweg und der Verweisung von Rechtsweg zu Rechtsweg, ZZP 1970, 289 ff.
Krebs		Krebs, Walter, Probleme des vorläufigen Rechtsschutzes gegen Schulorganisationsakte, VerwArch 1978, 231 ff.
Kühn/Kutter/Hofmann		Kühn, Rolf/Kutter, Heinz/Hofmann, Ruth Abgabenordnung, Finanzgerichtsordnung, Kommentar, 16. Aufl., München 1990
Kummer		Kummer, Peter, Der gerichtliche Vergleich, DAngVers 1983, 31 ff.
Kunze		Kunze (Vorname nicht angegeben), Die Beiladung im Verwaltungsstreitverfahren, VerwArch 1893, 198 ff.
Lammenett		Lammenett, Hartmut, Nebenintervention, Streitverkündung und Beiladung, Diss. Köln 1976
Löwer		Löwer, Wolfgang, Der Insichprozeß in der Verwaltungsgerichtsbarkeit, VerwArch 1977, 327 ff.
Lotz		Lotz, Werner, Vertreter des Öffentlichen Interesses in der Verwaltungsgerichtsbarkeit, DÖV 1978, 745
Loytved		Loytved, Helge, Zur Frage der notwendigen Beiladung bei sozialgerichtlichen Abzweigungsstreitigkeiten, SGb 1984, 510 ff.
Lücke		Lücke, Manfred, Die Beiladung im sozialgerichtlichen Verfahren, Diss. Köln 1961

Lüning	Lüning, Jann Jakob, Die Entwicklung des Rechtsinstituts der Beiladung im verwaltungsgerichtlichen Verfahren, Diss. Kiel 1971
Marotzke	Marotzke, Wolfgang, Urteilswirkungen gegen Dritte und rechtliches Gehör, Verwarch 1987, 164 ff.
Martens	Martens, Joachim, Streitgenossenschaft und Beiladung, VerwArch 1969, 197 ff., 356 ff.
Maunz	Maunz, Theodor, Der Staatsanwalt beim Verwaltungsgericht, ZGStW 1942, 715 ff.
May	May, Artur, Die Beiladung im Revisionsverfahren SGb 1991, 426 ff.
Mellwitz	Mellwitz, Artur, - Sozialgerichtsgesetz nebst ergänzenden Vorschriften, Kommentar, München und Berlin 1956
Menger	Menger, Christian Friedrich, Fortgeltung verfahrensrechtlicher Grundsätze des Preußischen OVG, DVBl 1950, 696 ff.
Meyer-Hentschel	Meyer-Hentschel, Gerhard, Der Vertreter des öffentlichen Interesses, in: Zehn Jahre Verwaltungsgerichtsbarkeit, Schriftenreihe der Hochschule Speyer, Berlin 1970, S. 103 ff.
Meyer-Ladewig	Meyer-Ladewig, Jens, Sozialgerichtsgesetz, Kommentar, 4. Aufl., München 1991
Mörsberger	Mörsberger, Thomas, Datenschutz im sozialen Bereich, Frankfurt/Main, 1981
MPJ	Max-Planck-Institut für ausländisches öffentliche Recht und Völkerrecht, Gerichtsschutz gegen die Exekutive, Köln, Berlin, Bonn, München, New York 1969
Müller	Müller, Friedrich, Die Beiladung nach erstinstanzlichem Urteil, ZMR 1952, 34 ff.
Münchener Kommentar	Münchener Kommentar, Bürgerliches Gesetzbuch, 2. Aufl., München 1985
Mußgnug	Mußgnug, Reinhard, Die Beiladung zum Rechtsstreit um janusköpfige und privatrechtsgestaltende Verwaltungsakte, NVwZ 1988, 33 ff.
Naumann	Naumann, Richard, FS für Wacke, Köln 1972, S. 257 ff.

Neis	Neis, Kurt, Die Aufgabe der Bundesanwaltschaft beim Bundesverwaltungsgericht, DVBl 1968, 229 ff.
Niesel	Niesel, Klaus, Der Sozialgerichtsprozeß, 2. Aufl., München 1991
Oberndorfer	Oberndorfer, Peter, Die österreichische Verwaltungsgerichtsbarkeit, Linz 1983
Palandt	Palandt, Bürgerliches Gesetzbuch, Kommentar, 51. Aufl., München 1992
Peters/Sautter/Wolff	Peters, Horst/Sautter, Theodor/Wolff, Richard, Kommentar zur Sozialgerichtsbarkeit, 4. Aufl., Stuttgart, Berlin, Köln, Mainz, Stand 1992
Pichler	Pichler, Otfried, Der Generalstaatsanwalt beim Gerichtshof der Europäischen Gemeinschaften, Diss., Passau 1983
Plagemann	Plagemann, Hermann, Anmerkung zur Entscheidung des BSG v. 26.10.1989 - 6 RKa 3/89 - SGb 1990, 501
Planck	Planck, Johann Julius Wilhelm, von, Das deutsche Gerichtsverfahren im Mittelalter nach dem Sachsenspiegel und den verwandten Rechtsquellen, Nachdruck der Ausgabe Braunschweig 1879, Hildesheim 1973
Prögler	Prögler, Wolfgang, Bericht über die 24. Richterwoche des BSG, NZS 1993, 19 ff., 66 ff.
Redeker	Redeker, Konrad, Der Vertreter des öffentlichen Interesses, in: Zehn Jahre Verwaltungsgerichtsordnung, Schriftenreihe der Hochschule Speyer, Berlin 1970, S. 129 ff.
Redeker/v. Oertzen	Redeker, Konrad/v Oertzen, Hans Joachim, Verwaltungsgerichtsordnung, 10. Aufl., Stuttgart Berlin, Köln 1991
Robbers	Robbers, Gerhard, Partielle Handlungsfähigkeit Minderjähriger im öffentlichen Recht, DVBl 1987, 709
Rössler	Rössler, Gerhard, Einkommenssteuerbescheide bei Zusammenveranlagung von Ehegatten, BB 1983, 626
Rohwer-Kahlmann	Rohwer-Kahlmann, Harry, Aufbau und Verfahren der Sozialgerichtsbarkeit, Kommentar, 4. Aufl., Bonn, Stand 29. Ergänzungslieferung 1992

Romeuf	Romeuf, René, Principes et pratique du droit administratif, Paris 1978
Rosenberg/Schwab	Rosenberg, Leo/Schwab, Karl-Heinz, Zivilprozeßrecht, 14. Aufl., München 1986
Schäfer	Schäfer, Birgit, Die Beiladung im Sozialgerichtsverfahren, Sozialpolitik und Recht Bd. 5, Köln, Berlin, Bonn, München 1983
Schlosser	Schlosser, Peter, Gestaltungsklagen und Gestaltungsurteile, Bielefeld 1966
- JZ	derselbe, Urteilswirkungen und rechtliches Gehör, JZ 1967, 431 ff.
Schmitt	Schmitt, Walter, Die Beiladung im verwaltungsgerichtlichen Verfahren, NJW 1949, 611 ff.
Schmidt-Jortzig	Schmidt-Jortzig, Ezard, Der Vertreter des öffentlichen Interesses in der Verwaltungsgerichtsbarkeit, DÖV 1978, 913 f
Schoenemann	Schoenemann, Peter, Akteneinsicht und Persönlichkeitsschutz, DVBl 1988, 520 ff.
Schreier	Schreier, Karl, Die Beiladung im sozialgerichtlichen Verfahren, SozVers 1963, 65 ff.
Schroeder-Printzen	Schroeder/Printzen, Günther u.a., SGB X, 2. Aufl., München 1990
Schultzenstein	Schultzenstein (Vorname nicht angegeben), Die Gültigkeit der Entscheidung gegenüber dem Beigeladenen nach dem Landesverwaltungsgesetze, VerwArch 1911, 1 ff.
Schunck/De Clerck	Schunck, Egon/De Clerck, Hans, Verwaltungsgerichtsordnung mit ergänzenden Bundesgesetzen, und den Ausführungsgesetzen der Länder, Kommentar, 3. Aufl., Siegburg 1977
Schulz-Hardt	Schulz-Hardt, Joachim, Über die Notwendigkeit eines allgemeinen Vertreters des öffentlichen Interesses in der deutschen Verwaltungsgerichtsbarkeit, DVBl 1972, 557 ff.
Seeliger	Seeliger, Die Beteiligung Dritter am Steuerprozeß, DStR, 1966, 406 ff., 459 ff.

Selle	Selle, Hans Gerhard, Die Verfahrensbeteiligung des notwendigen Streitgenossen und des notwendig Beigeladenen, Diss. Münster 1976
Stahl	Stahl, Walter E, Beiladung und Nebenintervention, Berlin 1972
Stettner	Stettner, Joachim, Das Verhältnis der notwendigen Beiladung zur notwendigen Streitgenossenschaft im Verwaltungsprozeß, Berlin 1974
- JA	derselbe, Die Beteiligten im Verwaltungsprozeß, JA 1982, 394 ff.
Thomas/Putzo	Thomas, Heinz/Putzo, Hans, Zivilprozeßordnung mit Gerichtsverfassungsgesetz und Einführungsgesetzen, 18. Aufl., München 1993
Tipke/Kruse	Tipke, Klaus/Kruse, Heinrich Wilhelm, Abgabenordnung, Finanzgerichtsordnung, Kommentar, 14. Aufl., Köln 1991
Ule	Ule, Carl Hermann, Verwaltungsprozeßrecht, 9. Aufl., München 1987
- DVBl	derselbe, Gegenwart und Zukunft der Einrichtung des Vertreters des öffentlichen Interesses in der Verwaltungsgerichtsbarkeit, DVBL 1981, 953 ff.
Umbach/Clemens	Umbach, Dieter C./Clemens, Thomas, Bundesverfassungsgerichtsgesetz, Heidelberg 1992
Weber	Weber, Albrecht, Beteiligung und Rechtsschutz ausländischer Nachbarn im atomrechtlichen Genehmigungsverfahren, DVBl 1980, 330
Wieczorek	Wieczorek, Bernhard, ZPO, 2. Aufl., Berlin, New York 1976
Wilde	Wilde, Klaus, Unterschiedliche Ansichten oberster Gerichtshöfe des Bundes zur unterlassenen notwendigen Beiladung, NJW 1972, 1262 ff., 1653
Woerner	Woerner, Lothar, Die Zusammenveranlagung von Ehegatten im Rechtsbehelfsverfahren, insbesondere ihre Zuziehung und Beiladung, BB 1967, 241 ff.
Wolff/Bachof	Wolff, Hans J./Bachof, Otto, Verwaltungsrecht, 4. Aufl., München 1978

Zeihe	Zeihe, Paul Artur, Anmerkung zum Urteil des BSG v. 15.11.1979 - 11 RAR 9/79 - SGb 1980, 555
Ziemer/Birkholz	Ziemer, Herbert/Birkholz, Hans, Finanzgerichtsordnung, Kommentar, 3. Aufl., München 1978
Ziemer/Haarmann	Ziemer, Herbert/Haarmann, Hans, Einspruch, Beschwerde, Klage in Steuersachen, 2. Aufl., München und Bonn 1973
Zöller	Zöller, Richard, Zivilprozeßordnung, 17. Aufl., Köln 1991

Kapitel 1 Einführung

1. Vorbemerkung

1.1. Die Klageverfahren vor den Gerichten der allgemeinen und der besonderen Verwaltungsgerichtsbarkeiten sind kontradiktorisch. Insoweit gilt nichts anderes als im Zivilprozeß. In der Regel stehen sich eine natürliche und eine juristische Person als Kläger und Beklagte gegenüber. Lediglich ihre Bezeichnung ist eine andere. SGG (§ 69), VwGO (§ 63) und FGO (§ 57) verwenden nicht den Begriff der Partei; sie bezeichnen die Streitenden als Beteiligte des Rechtsstreits.

Wie im Zivilprozeßrecht haben in vielen Fällen die Rechtsbeziehungen, um deren Begründung, Gestaltung oder Beendigung gestritten wird, nicht nur einen ausschließlich zweiseitigen Charakter, sondern tangieren die Interessen- oder die Rechtssphären Dritter.

Dies ist in Rechtsgebieten wie dem Bau- und dem Nachbarrecht ohne weiteres erkennbar, gilt aber in nicht geringem Umfang auch für viele Bereiche des Sozialrechts im Sinne des Sozialgesetzbuches. Die Ursache hierfür liegt insbesondere darin, daß das eng verwobene Netz der sozialen Sicherung eine Vielzahl unterschiedlicher Behördenzuständigkeiten kennt (vgl. die Abs. 2 und 3 der §§ 18 ff. SGB I). Dieses »gegliederte System« bringt Abgrenzungsprobleme und Kompetenzkonflikte mit sich[1], die es erforderlich machen, Dritte, insbesondere andere Leistungsträger, in das Verfahren einzubeziehen. Hinzu kommt, daß z.B. bei der Gewährung von Sozialleistungen i.S.d. § 11 SGB I durch eine Behörde die Interessen derjenigen staatlichen Stelle berührt werden können, welche die Leistungen zwar nicht erbringt, aber ganz oder teilweise finanziert. Das gleiche gilt in Fällen, in denen eine andere Behörde Anhörungs- und Mitwirkungsrechte hat.

Im Steuerrecht sind die Beziehungen zwar häufig nur zweiseitig, doch gibt es auch hier eine Reihe von Fallkonstellationen der Drittbetroffenheit. Werden z.B. Eheleute zusammen veranlagt und klagt nur ein Ehegatte, so stellt sich die Frage, ob der andere Ehegatte am Verfahren beteiligt werden muß.

1 Roeßler in Bonner Kommentar, Einleitung, Rdn. 29 - 32

1.2. Für die Beteiligung Dritter kennen die Verfahrensordnungen der bundesdeutschen Gerichte keine einheitlichen Rechtsinstitute. Sie verwenden zwar zum Teil dieselben Begriffe; die Begriffsinhalte weichen aber voneinander ab.

Die Prozeßordnungen der allgemeinen und der besonderen Verwaltungsgerichtsbarkeiten (SGG, VwGO und FGO) beinhalten die Möglichkeiten der *Beiladung* (§§ 75 SGG, 65, 66 VwGO und § 60 FGO) und des *Beitritts* (§§ 35 bis 37 VwGO, § 61, § 122 Abs. 2 FGO). Diese Rechtsinstitute übernehmen im wesentlichen die Funktionen der Nebenintervention, der Streitverkündung, des Prätendenstreits und der Urheberbenennung im Sinne der §§ 64, 70, 75 und 76 ZPO.

Allerdings kennt auch die ZPO, wenngleich mit anderer Bedeutung, die Rechtsinstitute der Beiladung und des Beitritts. Ist z.B. in einer Kindschaftssache ein Elternteil nicht als Partei beteiligt, so ist er unter Mitteilung der Klage zum Verhandlungstermin zu laden[2]. Der Elternteil kann dann einer Prozeßpartei beitreten, muß dies aber nicht (vgl. § 640 e ZPO). In Familiensachen kann der Rentenversicherungsträger als Dritter Rechtsmittel gegen die Entscheidung über den Versorgungsausgleich einlegen (s. § 53b Abs. 2 i.V.m. § 20 Abs. 1 FGG, § 629a Abs. 2, § 621 e Abs. 1 und 3 sowie § 516 ZPO), auch wenn er sich am Verfahren zuvor nicht beteiligt hat[3]. Schließlich ist der Eigentümer, Vermieter oder sonst (Mit-)Berechtigte in Verfahren über die vorläufige Wohnungszuweisung an getrenntlebende Ehegatten als Dritter zu beteiligen (s. § 1361b BGB i.V.m. § 7 Hausratsverordnung), indem ihm die Antragsschrift des Verfahrens zugeleitet wird.

Wiederum eine andere Bedeutung hat der Beitritt nach § 65 Abs. 1 BVerfGG zu Verfahren vor dem Bundesverfassungsgericht. Diese Vorschrift gewährleistet die Drittbeteiligung auf der Seite jeweils eines Hauptbeteiligten. Der Beigetretene nimmt »nur« die Stellung eines Prozeßhelfers ein. Die Regelungen der §§ 75 SGG, 65, 66 VwGO und 60 FGO sind im Verfassungsprozeß auch nicht sinngemäß anwendbar[4].

2. Aufgabenstellung

Sowohl hinsichtlich der Frage, ob Dritte am Verfahren beteiligt werden müssen, als auch bezüglich des Umfangs ihrer Rechte im Verfahren gibt es

2 zum Beitritt des nichtehelichen Erzeugers im Kindschaftsprozeß vgl. BGH NJW 1985, 386

3 vgl. Bumüller/Winkler § 20 Anm. 7 und § 53b Anm. 2; BGH NJW-RR 1990, 1156 und 1991, 258

4 Umbach in Umbach/Clemens § 65 Rdn. 3

in vielfacher Weise Ziel- und Interessenkonflikte. Im Rahmen dieser Untersuchung soll - mit besonderem Augenmerk auf die Erfordernisse des sozialgerichtlichen Verfahrens - geprüft werden, ob die Vorschriften von SGG, VwGO und FGO sinnvolle Lösungsmöglichkeiten eröffnen bzw. ob eine Einschränkung oder Ausdehnung ihres Anwendungsbereichs erforderlich ist. In diesem Rahmen wird insbesondere der Frage nachgegangen, ob die gleichlautenden Teile der Vorschriften der drei Prozeßordnungen in der Rechtsprechung der Obergerichte auch in gleicher Weise ausgelegt werden und ob sie von den Tatsachengerichten sachgerecht umgesetzt werden. Darüber hinaus wird untersucht, worin der Grund für die unterschiedliche Fassung und Auslegung einzelner Teile der Vorschriften liegt und inwieweit Änderungen der gesetzlichen Vorschriften erforderlich erscheinen.

Die Untersuchung erfolgt zum einen anhand einer vergleichenden Prüfung der Rechtsprechung der obersten Gerichtshöfe des Bundes sowie der obersten Gerichte in den Ländern; zum anderen wurden 1000 Akten des Sozialgerichts Mainz ausgewertet (erfaßt wurden die Akten mit den Weglegenummern 1 - 1014 des Jahres 1991; 14 Akten waren im Zeitpunkt der Untersuchung nicht greifbar). Außerdem wurden die auf entsprechende Anfragen übersandten Stellungnahmen und Statistiken deutscher Gerichte, Verwaltungsbehörden, Vertreter des öffentlichen Interesses sowie Mitteilungen in- und ausländischer Ministerien eingearbeitet.

3. Begriffsbestimmungen

3.1. Die Beiladung

Die Beiladung im Sinne der verwaltungsprozessualen Vorschriften ist die Beteiligung eines Dritten am Rechtsstreit durch das Gericht. Die §§ 75 SGG, 65 VwGO und 60 FGO unterscheiden zwischen *»einfacher«* und *»notwendiger«* Beiladung.

Diese Begriffsbildung betrifft den Grund der Beteiligung. Ist die Beiladung zwar zweckmäßig, aber aus Rechtsgründen nicht zwingend erforderlich, handelt es sich um eine einfache Beiladung.

Kann der Streitfall dagegen nur abschließend geklärt werden, wenn Dritte zum Verfahren hinzugezogen werden, handelt es sich um eine notwendige Beiladung.

Im folgenden werden diese Bezeichnungen übernommen, wenngleich nicht ohne weiteres einsichtig ist, was an der nicht notwendigen Beiladung »einfach« sein soll. Das Wort »einfach« trifft auch nicht den Kern der Abgrenzung zur notwendigen Beiladung. Die gelegentlich benutzten Bezeichnungen »freigestellte«, »gewillkürte« »fakultative« oder »mögliche« Beiladung wären klarer[5].

Im sozialgerichtlichen Verfahren wird darüberhinaus zwischen Fällen der *»echten«* und der *»unechten«* notwendigen Beiladung unterschieden[6]. Eine echte *notwendige Beiladung* liegt vor, wenn die Entscheidung auch dem Dritten gegenüber nur einheitlich ergehen kann. Um eine unechte notwendige Beiladung handelt es sich, wenn zwar die Wirkungsweise der Entscheidung des Gerichts über den Streitgegenstand nicht von der Hinzuziehung eines Dritten abhängt, über den streitigen Sozialleistungsanspruch aber andererseits ohne die Zuziehung einer weiteren Behörde nicht abschließend entschieden werden kann.

3.2 . Der Beitritt

Der Beitritt im Sinne der verwaltungsprozessualen Vorschriften ist der Eintritt einer staatlichen Behörde in einen Rechtsstreit, an dem schon eine andere staatliche Stelle als Klägerin oder Beklagte beteiligt ist.

Die *VwGO* kennt außer den Hauptbeteiligten den *Vertreter des öffentlichen Interesses* (§ 63 Nr. 4 i.V.m. §§ 35 - 37). Dabei handelt es sich um den beim Bundesverwaltungsgericht bestellten, dem Geschäftsbereich des Bundesinnenministers angehörenden Oberbundesanwalt oder einen auf Landesebene für die unteren Instanzen bestellten Beamten[7]. Der Vertreter des öffentlichen Interesses, der nicht zugleich Prozeßvertreter des Landes ist, kann sich durch einseitige Erklärung gegenüber dem Gericht an jedem Verfahren beteiligen. Er entscheidet also selbst über das Ob und den Zeitpunkt seiner Beteiligung. Eine seine Mitwirkung begründende Entscheidung des Gerichts ist nicht erforderlich.

Außerdem treten vor den allgemeinen Verwaltungsgerichten *Vertreter besonderer Interessen* auf. Ihre Stellung ist jedoch nicht in der VwGO geregelt und beruht auf den Besonderheiten einzelner Rechtsgebiete; sie wird in der vorliegenden Untersuchung daher nicht im einzelnen behandelt, zumal die Vertreter solcher Interessen in der Praxis keine große Rolle mehr spielen[8]. Ihre Beteiligung betrifft überwiegend Verfahrensarten, die mit Kriegsfolgen zu tun haben. Dazu gehören insbesondere der Vertreter des Interesses des Ausgleichsfonds nach § 316 Lastenausgleichsgesetz[9], der

5 z.B. Clemens S. 67 und Barske/Woerner S. 31

6 vgl. Udsching in Hdb SGV V Rdn. 9 und Niesel Rdn. 63

7 Nicht alle Bundesländer haben von der gesetzlichen Ermächtigung zur Bestellung von Vertretern des öffentlichen Interesses Gebrauch gemacht, vgl. dazu unten Kap. 2 Anm. 1.2.2

8 Bosch/Schmidt, § 15 Anm. I und II

9 BGBl 1952 I, 446

Vertreter des Bundesinteresses nach § 56 des allgemeinen Kriegsfolgengesetzes[10] und der Vertreter der Bundesinteressen nach § 45 des Besatzungsschädenabgeltungsgesetzes[11]. Größere Bedeutung hat derzeit alleine die Beteiligungsmöglichkeit des Bundesbeauftragten für Asylangelegenheiten nach § 5 Abs. 2 AsylVerfG.

Der entscheidende Unterschied dieser Interessenvertreter zur Aufgabenstellung des Vertreters des öffentlichen Interesses liegt darin, daß sie ganz bestimmte Bundesinteressen wahrzunehmen haben. So kommt z.B. auch dem Bundesdisziplinaranwalt (vgl. § 37 Bundesdiziplinarordnung) nicht nur die Prozeßvertretung zu; er hat vielmehr auch ausführliche eigene Ermittlungsbefugnisse, vergleichbar denen eines Staatsanwalts.

Die *FGO* verwendet den Begriff des Beitritts mit anderem Inhalt. Ist im außergerichtlichen Vorverfahren eine Beschwerdeentscheidung ergangen, so kann nach § 61 FGO die Behörde, die diese Entscheidung getroffen hat (insbesondere die Oberfinanzdirektion), dem Verfahren beitreten. Dabei handelt es sich insofern um eine »unechte« Drittbeteiligung, als nicht das Betroffensein eigener Interessen der entscheidende Grund der Beitrittsmöglichkeit ist, sondern die Sachkenntnis im Einzelfall. Dagegen ist eine »echte« Drittbeteiligung des Staates in oben genanntem Sinne in § 122 Abs. 2 FGO vorgesehen. Nach dieser Vorschrift kann der Bundesminister der Finanzen beitreten, wenn das Verfahren eine auf Bundesrecht beruhende Abgabe oder eine Rechtsstreitigkeit über Bundesrecht betrifft. Betrifft das Verfahren eine von den Landesfinanzbehörden verwaltete Abgabe oder eine Rechtsstreitigkeit über Landesrecht, so steht auch der zuständigen obersten Landesbehörde ein Beitrittsrecht zu.

Das *SGG* regelt den Beitritt des Staates nicht ausdrücklich. Jedoch kommt der Sonderfall der Beiladung der Bundesrepublik Deutschland nach § 75 Abs. 1 S. 2 SGG in Angelegenheiten der Kriegsopferversorgung den Beitrittsfällen sehr nahe. Zwar kann der Staat sich in diesen Fällen nicht ohne gerichtliche Zulassung beteiligen; das Gericht muß auf entsprechenden Antrag hin »die Beiladung« jedoch grundsätzlich ohne weitere Sachprüfung aussprechen[12].

Zwischenergebnis: Der vorstehende Überblick zeigt, daß SGG, VwGO und FGO die Fälle der Beiladung und des Beitritts zwar jeweils in sich selbst klar voneinander unterscheiden; der Vergleich der drei Prozeßordnungen untereinander verdeutlicht jedoch zugleich, daß ihnen ein in Teilbereichen unterschiedliches Verständnis von Beiladung und Beitritt zugrundeliegt.

10 BGBl 1957 I, 1747
11 BGBl 1955 I, 734
12 allgem. Meinung, vgl. z.B. Schäfer S. 82; Meyer-Ladewig § 75 Rdn. 9 m.w.N.

4. Abgrenzung von anderen Rechtsinstituten und Beteiligungsformen

4.1. Beiladung und Beitritt sind zu unterscheiden von der Hauptintervention, der Nebenintervention, der Streitverkündung, der Streitgenossenschaft, der Urheberbenennung und dem Prätendentenstreit.

Während das SGG in seinem § 74 die Vorschriften der ZPO über Streitgenossenschaft und Hauptintervention (§§ 59 ff. sowie §§ 64, 65) für anwendbar erklärt, verweisen § 64 VwGO und § 59 FGO nur auf die zivilprozessualen Vorschriften über die Streitgenossenschaft. Nach keiner der drei Prozeßordnungen gelten die Vorschriften der §§ 66 bis 74 ZPO über die Nebenintervention und die Streitverkündung. Auch die Vorschriften über den Prätendentenstreit und die Urheberbenennung (§§ 75 bis 77 ZPO) werden nicht ausdrücklich für anwendbar erklärt.

4.1.1. Die *Hauptintervention*, auch Einmischungsklage genannt (§§ 64, 65 ZPO), bringt prozessual einen neuen Rechtsstreit in Gang, der mit dem Hauptintervenienten als Kläger gegen die im ersten Verfahren einander gegenüber stehenden Beteiligten als streitgenossenschaftliche Beklagte geführt wird[13]. Eine Hauptintervention liegt nur dann vor, wenn der Dritte gegen beide Beteiligte des Erstprozesses, und nicht nur gegen einen von ihnen, klagt[14]. Dies ist z.B. der Fall, wenn ein Träger der gesetzlichen Krankenversicherung das zwischen einer anderen Krankenkasse und einem Versicherten dem Grunde nach streitige Mitgliedschaftsverhältnis für sich beansprucht.

Fälle der Hauptintervention sind selten. Bei den untersuchten Aktenfällen fand sich keiner.

Anders als bei Beiladung und Beitritt wird der Dritte in diesem Fall nicht Beteiligter des Erstverfahrens; er kann dieses nicht unmittelbar beeinflussen[15]. Allerdings kann das Gericht von Amts wegen die beiden Streitsachen miteinander verbinden (§§ 113 SGG, 93 VwGO, 73 FGO). Eine andere Verfahrensmöglichkeit sieht § 65 ZPO vor. Danach kann der Hauptprozeß auf Antrag einer Partei bis zur rechtskräftigen Entscheidung über die Hauptintervention ausgesetzt werden, um sich widersprechende Entscheidungen zu vermeiden.

4.1.2. Die *Streitgenossenschaft*, auch als subjektive Klagehäufung bezeichnet, entsteht quasi automatisch, wenn in einem Prozeß mehrere Kläger

13 vgl. Hartmann in Baumbach/Lauterbach § 64 Anm. 1; Rohwer-Kahlmann § 74 Rdn. 1
14 so schon RGZ 63, 321; 100, 60
15 vgl. Hartmann in Baumbach/Lauterbach § 64 Anm. 1

oder Beklagte auftreten (§§ 59 ff. ZPO i.V.m. § 74 SGG, § 64 VwGO oder § 59 FGO). In diesem Fall bestehen mehrere Prozeßrechtsverhältnisse[16]. Streitgenossen sind diejenigen, die auf derselben Seite (Kläger oder Beklagte) stehen, sei es von Anfang an, sei es durch späteren Eintritt in einen laufenden Rechtsstreit. Anders als bei der Beiladung bedarf es keiner die Streitgenossenschaft aussprechenden gerichtlichen Entscheidung. Allerdings kann die Streitgenossenschaft infolge einer gerichtlichen Entscheidung entstehen, nämlich infolge einer Verbindung mehrerer anhängiger Verfahren.

Ähnlich wie bei der Beiladung ist zwischen Fällen der einfachen und der notwendigen Streitgenossenschaft zu unterscheiden. Nach § 61 ZPO berührt es bei der einfachen Steitgenossenschaft die anderen Steitgenossen nicht, was einer von ihnen tut[17]. Jeder Streitgenosse führt seinen Prozeß unabhängig von dem des anderen. Kann dagegen das streitige Rechtsverhältnis allen Beteiligten gegenüber nur einheitlich festgelegt werden oder ist die Streitgenossenschaft aus einem sonstigen Grunde notwendig, werden gemäß § 62 ZPO säumige Streitgenossen als durch nicht säumige vertreten angesehen. Ein solcher Fall liegt bspw. vor, wenn mehrere Testamentsvollstrecker als Parteien kraft Amtes zur gemeinsamen Verwaltung berufen sind und klagen oder verklagt werden[18].

Die Wirkungen der notwendigen Streitgenossenschaft liegen in den Verfahren vor den allgemeinen und besonderen Verwaltungsgerichtsbarkeiten vor allem darin, daß die Rechtsmitteleinlegung eines Streitgenossen den Eintritt der Rechtskraft der Entscheidung auch gegenüber den anderen Streitgenossen verhindert. Auch der säumige Streitgenosse gelangt damit in die nächste Instanz, ist aber dann davon abhängig, daß der nicht säumige Streitgenosse das Verfahren weiterhin betreibt[19].

4.1.3. Die *Nebenintervention* erlaubt es, einem Dritten, der ein rechtliches Interesse am Ausgang des Rechtsstreites hat, sich in der Form zu beteiligen, daß er als Streithelfer eine bestimmte Prozeßpartei unterstützt. Das Urteil hat dann gegenüber dem Nebenintervenienten zwar keine Rechtskraftwirkung; die nach § 68 ZPO eintretende Interventionswirkung geht de facto aber noch weiter als die Rechtskraftwirkung, denn sie erfaßt nicht nur die Entscheidung selbst, sondern auch die tatsächlichen und die rechtlichen Feststellungen, auf denen die Entscheidung beruht[20].

16 Thomas-Putzo Vor § 59 Rdn. 1
17 vgl. Vollkommer in Zöller § 61 Rdn. 8 ff. m.w.N.; Meyer-Ladewig § 74 Rdn. 4 m.w.N.
18 vgl. Thomas-Putzo § 62 Rdn. 7 ff.
19 BSG SGb 1988, 284; ebenso Bley S. 51
20 grundlegend BGHZ 8, 72

Die *Streitverkündung* hat im Grundsatz dieselben Wirkungen wie die Nebenintervention. Sie erlaubt es einer Hauptpartei des Prozesses, die u.U. für sie günstigen Wirkungen des zu erlassenden Urteils auch auf Dritte zu erstrecken, und zwar grundsätzlich unabhängig davon, ob der Dritte sich an der Seite der betroffenen Hauptpartei, neben ihr oder überhaupt nicht am Verfahren beteiligt[21].

Die Nebenintervention und die Streitverkündung gehen vom Grundsatz der Herrschaft der Parteien über das Verfahren aus[22]; sie sind deshalb typisch zivilprozessuale Rechtsinstitute. Die §§ 66 bis 74 ZPO können demzufolge in den Verfahren der allgemeinen und der besonderen Verwaltungsgerichtsbarkeiten auch nicht analog angewandt werden[23].

Die Vorschriften über die *Urheberbenennung* (§§ 76 und 77 ZPO) und den *Prätendentenstreit* (§ 75 ZPO) sind ebenfalls nicht entsprechend anwendbar[24], denn sie knüpfen inhaltlich an das Rechtsinstitut der Streitverkündung an und beziehen sich auf materiellrechtliche Vorschriften des BGB.

4.2. Auch *Zeugen* und *Sachverständige* werden am Verfahren beteiligt. Im Unterschied zum Beigeladenen und zum Beigetretenen haben sie jedoch nur eine dienende Funktion. Sie können das Verfahren nicht aktiv gestalten, haben keinen Einfluß auf die Bestimmung des Streitgegenstandes. Umstritten ist, ob Beigeladene zugleich Zeugen sein können (vgl. dazu unten Kap. 11 Anm. 1.3.4.).

Behörden oder *andere Stellen*, bei denen im Rahmen der Ermittlungen Auskünfte eingeholt werden, haben ebenfalls nur dienende Funktion. Sie haben keine weitergehenden Anhörungs- oder Antragsrechte.

Auch *Beistände* und *Prozeßbevollmächtigte* sind am Verfahren beteiligte Dritte. Von Beigeladenen und Beigetretenen unterscheiden sie sich dadurch, daß es ihre alleinige Aufgabe ist, ihren Vollmachtgeber zu beraten bzw. zu vertreten. Mit dem Streitgegenstand sind sie nur äußerlich, nämlich im Rahmen ihrer Vollmacht, verbunden. Sie können insbesondere nicht selbst in der Sache verurteilt werden. Allerdings können ihnen u.U. Kosten auferlegt werden, z.B. wenn sie ohne entsprechende Vollmacht Rechtsmittel einlegen[25].

21 vgl. BGH NJW 1989, 521 f

22 vgl. BT-Drucks 1/4357 S. 26 zu § 24 des Entwurfs einer SGO

23 ebenso Hartmann in Baumbach/Lauterbach Vor § 64 Anm. 4; Meyer-Ladewig § 75 Rdn. 1, 2 m.w.N.

24 str., vgl. im einzelnen Meyer-Ladewig § 74 Rdn. 1 m.w.N.

25 vgl. BVerwG NVwZ 1982, 499; Buchholz 310 § 67 VwGO Nr. 39; BFHE 116, 110

Kapitel 2 Rechtliche und tatsächliche Grundlagen

1. Die rechtlichen Grundlagen[1]

Die den Gegenstand der Untersuchung bildenden gesetzlichen Bestimmungen haben folgenden Wortlaut:

1.1. SGG

§ 75

(1) Das Gericht kann von Amts wegen oder auf Antrag andere, deren berechtigte Interessen durch die Entscheidung berührt werden, beiladen. In Angelegenheiten der Kriegsopferversorgung ist die Bundesrepublik Deutschland auf Antrag beizuladen.
(2) Sind an dem streitigen Rechtsverhältnis Dritte derart beteiligt, daß die Entscheidung auch ihnen gegenüber nur einheitlich ergehen kann oder ergibt sich im Verfahren, daß bei der Ablehnung des Anspruchs ein anderer Versicherungsträger oder in Angelegenheiten der Kriegsopferversorgung ein Land als leistungspflichtig in Betracht kommt, so sind sie beizuladen.
(3) Der Beiladungsbeschluß ist allen Beteiligten zuzustellen. Dabei sollen der Stand der Sache und der Grund der Beiladung angegeben werden. Der Beschluß, den Dritten beizuladen, ist unanfechtbar.
(4) Der Beigeladene kann innerhalb der Anträge der anderen Beteiligten selbständig Angriffs- und Verteidigungsmittel geltend machen und alle Verfahrenshandlungen wirksam vornehmen. Abweichende Sachanträge kann er nur stellen, wenn eine Beiladung nach Absatz 2 vorliegt.
(5) Ein Versicherungsträger oder in Angelegenheiten der Kriegsopferversorgung ein Land kann nach Beiladung verurteilt werden.

§ 168

Klageänderungen und Beiladungen sind im Revisionsverfahren unzulässig; das gilt nicht für die Beiladung der Bundesrepublik Deutschland in Angelegenheiten der Kriegsopferversorgung (§ 75 Abs. 1).

1 Stand 1991/1992; zu den nach der Konzeption der vorliegenden Arbeit im Jahre 1993 erfolgten, geringfügigen Ergänzungen der Beiladungsvorschriften des SGG und der FGO vgl. unten Kap. 12

1.2. VwGO

1.2.1. Zur Beiladung

§ 65

(1) Das Gericht kann, solange das Verfahren noch nicht rechtskräftig abgeschlossen oder in höherer Instanz anhängig ist, von Amts wegen oder auf Antrag andere, deren rechtliche Interessen durch die Entscheidung berührt werden, beiladen.
(2) Sind an dem streitigen Rechtsverhältnis Dritte derart beteiligt, daß die Entscheidung auch ihnen gegenüber nur einheitlich ergehen kann, so sind sie beizuladen (notwendige Beiladung).
(3) Kommt nach Absatz 2 die Beiladung von mehr als fünfzig Personen in Betracht, kann das Gericht durch Beschluß anordnen, daß nur solche Personen beigeladen werden, die dies innerhalb einer bestimmten Frist beantragen. Der Beschluß ist unanfechtbar. Er ist im Bundesanzeiger bekanntzugeben. Er muß außerdem in Tageszeitungen veröffentlicht werden, die in dem Bereich verbreitet sind, in dem sich die Entscheidung voraussichtlich auswirken wird. Die Frist muß mindestens drei Monate seit Veröffentlichung im Bundesanzeiger betragen. In der Veröffentlichung in Tageszeitungen ist mitzuteilen, an welchem Tage die Frist abläuft. Für die Wiedereinsetzung in den vorigen Stand bei Versäumung der Frist gilt § 60 entsprechend. Das Gericht soll Personen, die von der Entscheidung erkennbar in besonderem Maße betroffen werden, auch ohne Antrag beiladen.
(4) Der Beiladungsbeschluß ist allen Beteiligten zuzustellen. Dabei sollen der Stand der Sache und der Grund der Beiladung angegeben werden. Die Beiladung ist unanfechtbar.

§ 66

Der Beigeladene kann innerhalb der Anträge eines Beteiligten selbständig Angriffs- und Verteidigungsmittel geltend machen und alle Verfahrenshandlungen wirksam vornehmen. Abweichende Sachanträge kann er nur stellen, wenn eine notwendige Beiladung vorliegt.

§ 142

(1) Klageänderungen und Beiladungen sind im Revisionsverfahren unzulässig. Das gilt nicht für Beiladungen nach § 65 Abs. 2.
(2) Ein im Revisionsverfahren nach § 65 Abs. 2 Beigeladener kann Verfahrensmängel nur innerhalb von zwei Monaten nach Zustellung des Beiladungsbeschlusses rügen. Die Frist kann auf einen vor ihrem Ablauf gestellten Antrag von dem Vorsitzenden verlängert werden.

1.2.2. Zum Beitritt

§ 35

(1) Bei dem Bundesverwaltungsgericht wird ein Oberbundesanwalt bestellt. Dieser kann sich zur Wahrung des öffentlichen Interesses an jedem Verfahren vor dem Bundesverwaltungsgericht beteiligen; dies gilt nicht für Verfahren vor den Disziplinarsenaten und Wehrdienstsenaten. Er ist an die Weisungen der Bundesregierung gebunden.

(2) Das Bundesverwaltungsgericht gibt dem Oberbundesanwalt Gelegenheit zur Äußerung.

§ 36

(1) Bei dem Oberverwaltungsgericht und bei dem Verwaltungsgericht kann nach Maßgabe einer Rechtsverordnung der Landesregierung ein Vertreter des öffentlichen Interesses bestellt werden. Dabei kann ihm allgemein oder für bestimmte Fälle die Vertretung des Landes oder von Landesbehörden übertragen werden.
(2) § 35 Abs. 2 gilt entsprechend.

Von der Möglichkeit der Bestellung nach § 36 VwGO haben von den *»alten» Bundesländern* Gebrauch gemacht: Baden-Württemberg[2], Bayern[3], Nordrhein-Westfalen[4], Rheinland-Pfalz[5] und Schleswig-Holstein[6]. Die Länder Berlin, Bremen, Hamburg, Hessen, Niedersachsen und Saarland haben dagegen keinen eigenständigen Vertreter des öffentlichen Interesses in der Verwaltungsgerichtsbarkeit.

Von den *»neuen« Bundesländern* haben bis Ende 1992 Thüringen[7] und Mecklenburg-Vorpommern[8] einen Vertreter des öffentlichen Interesses bestellt.

In Bayern und Thüringen[9] wurden die Prozeßvertretung der Landesbehörden und die Aufgabe der Wahrnehmung des öffentlichen Interesses in der Institution des Vertreters des öffentlichen Interesses vereinigt. Dagegen ist der Vertreter des öffentlichen Interesses in den anderen Bundesländern auch in persona Drittbeteiligter des Rechtsstreits und damit »echter« Vertreter des öffentlichen Interesses.

Organisatorisch und inhaltlich gibt es aber auch bezüglich der »echten« Vertreter des öffentlichen Interesses in den Bundesländern keine völlig übereinstimmenden Regelungen. Während die meisten Vertreter des öffentlichen Interesses nebenamtlich tätig werden, nimmt der beim VGH Ba/Wü eingerichtete Vertreter des öffentlichen Interesses seine Aufgaben hauptamtlich wahr. Weitere Unterschiede bestehen hinsichtlich der Ressortierung (Innen- oder Justizministerium) und der Zuständigkeitsregelungen für die erste und die zweite Instanz. Während es in Ba/Wü keine Dienstanweisung gibt, ist dies in anderen Ländern der Fall[10].

2 GVBl 1983, 185
3 GVBl 1975, 354
4 GVBl 1960, 48
5 GVBl 1960, 225
6 GVBl 1961, 32
7 GVBl 1991, 347
8 GVBl 1992, 407
9 vor 1983 auch in Baden-Württemberg
10 z.B. Amtsblatt Schleswig-Holstein 1991, 464 und 1992, 418; Amtsblatt Mecklenburg-Vorpommern 1992, 782

1.3. FGO

1.3.1. Zur Beiladung

§ 60

(1) Das Finanzgericht kann von Amts wegen oder auf Antrag andere beiladen, deren rechtliche Interessen nach den Steuergesetzen durch die Entscheidung berührt werden, insbesondere solche, die nach den Steuergesetzen neben dem Steuerpflichtigen haften. Vor der Beiladung ist der Steuerpflichtige zu hören, wenn er am Verfahren beteiligt ist.
(2) Wird eine Abgabe für einen Abgabenberechtigten verwaltet, so kann dieser nicht deshalb beigeladen werden, weil seine Interessen als Abgabenberechtigter durch die Entscheidung berührt werden.
(3) Sind an dem streitigen Rechtsverhältnis Dritte derart beteiligt, daß die Entscheidung auch ihnen gegenüber nur einheitlich ergehen kann, so sind sie beizuladen (notwendige Beiladung). Dies gilt nicht für Mitberechtigte, die nach § 48 nicht klagebefugt sind.
(4) Der Beiladungsbeschluß ist allen Beteiligten zuzustellen. Dabei sollen der Stand der Sache und der Grund der Beiladung angegeben werden.
(5) Die als Mitberechtigte Beigeladenen können aufgefordert werden, einen gemeinsamen Zustellungsbevollmächtigten zu benennen.
(6) Der Beigeladene kann innerhalb der Anträge eines als Kläger oder Beklagter Beteiligten selbständig Angriffs- und Verteidigungsmittel geltend machen und alle Verfahrenshandlungen wirksam vornehmen. Abweichende Sachanträge kann er nur stellen, wenn eine notwendige Beiladung vorliegt.

§ 123

Klageänderungen und Beiladungen sind im Revisionsverfahren unzulässig..

1.3.2. Zum Beitritt

§ 61

Ist im außergerichtlichen Vorverfahren eine Beschwerdeentscheidung ergangen, so kann die Behörde, die diese Entscheidung getroffen hat, dem Verfahren beitreten.

§ 122

(1) Beteiligter am Verfahren über die Revision ist, wer am Verfahren über die Klage beteiligt war.
(2) Betrifft das Verfahren eine auf Bundesrecht beruhende Abgabe oder eine Rechtsstreitigkeit, über Bundesrecht, so kann der Bundesminister der Finanzen dem Verfahren beitreten. Betrifft das Verfahren eine von den Landesfinanzbehörden verwaltete Abgabe oder eine Rechtsstreitigkeit über Landesrecht, so steht dieses Recht auch der zuständigen obersten Landesbehörde zu. Der Senat kann die zuständigen Stellen zum Beitritt auffordern. Mit ihrem Beitritt erlangt die Behörde die Rechtsstellung eines Beteiligten.

2. Tatsächliche Grundlagen

2.1. Die Beiladung

Aufgrund des Ergebnisses der Aktenauswertung läßt sich feststellen, daß die Beiladungsfälle in der sozialgerichtlichen Praxis zwar nicht generell, aber doch in vielen Zuständigkeitsbereichen eine relativ große Bedeutung haben.

In 6,6% der untersuchten Aktenfälle waren Dritte beteiligt.

Bezogen auf die einzelnen Sachgebiete ergab sich folgendes:
Der Anteil der Verfahren mit Drittbeteiligung betrug bei Klagen

- gegen Krankenversicherungsträger	24,6 %
- gegen Unfallversicherungsträger	3,3 %
- gegen Rentenversicherungsträger	2,4 %
- gegen die BA	14,0 %
- im sozialen Entschädigungs- und im Schwerbehindertenrecht	0,9 %
- im Kassenarztrecht	63,8 %
- in den übrigen Bereichen	4,1 %

»Massenbeiladungen« i.S.d. § 65 Abs 3 VwGO waren nicht zu verzeichnen. In 78,7 % der Beiladungsfälle war nur ein Dritter beteiligt; in 19,8 % waren es zwischen 2 und 10 und in 1,5 % mehr als 10, in keinem Fall mehr als 20 Personen. Nach eigener Kenntnis des Verfassers war beim Sozialgericht Speyer zwischen 1986 und 1989 keine gegen den Krankenversicherungsträger als Einzugsstelle gerichtete Klage mit mehr als 50 Drittbeteiligten anhängig. Deshalb läßt sich sagen, daß trotz der gelegentlich im Beitragsrecht der Sozialversicherung auftretenden[11] »Massenbeiladungen« kein dringendes Bedürfnis zur Schaffung einer § 65 Abs 3 VwGO entsprechenden Regelung besteht[12].

Von den Beigeladenen waren

- 46,3 % natürliche Personen,
- 40,7 % juristische Personen des öffentlichen Rechts
- 13,0 % juristische Personen des Privatrechts.

11 vgl. z.B. BSG SozR 1500 § 75 Nr. 56; in diesem Rechtsstreit ging es um die Zuständigkeit zweier Krankenversicherungsträger zur Durchführung der gesetzlichen Krankenversicherung von insgesamt 187 Arbeitnehmern einer Firma

12 Die FGO enthält inzwischen eine § 65 Abs 3 VwGO entsprechende Regelung, vgl. unten Kap. 12

In welchem Umfang Beiladungen den Verwaltungs- und Kostenaufwand der Sozialleistungsträger erhöhen, läßt sich nicht ermitteln, weil hierüber keine Statistiken geführt werden. Die Belastung dürfte aber in Anbetracht der Größe vieler Versicherungsträger relativ gering sein. Dies verdeutlichen auch die folgenden Zahlen:

Bei der BfA betrafen im Jahr 1991 im Versicherungsbereich von insgesamt 2805 Klagen insgesamt 246 (= 8,7 %) Streitfälle, in denen der Versicherungsträger beigeladen war. Schwerpunktmäßig handelte es sich dabei um Rechtsstreite über die Versicherungs- und Beitragspflicht sowie die Beitragsbemessung. Im Rentenbereich, also dem eigentlichen Leistungsbereich, waren von den 91 erledigten 11815 Klagen insgesamt nur 50 (= 0,4%) Verfahren, in denen die BfA beigeladen war.

Bei der BA wurden 1991 insgesamt 32688 erstinstanzliche Verfahren neu registriert. Davon waren 736 (= 2,2 %) Fälle der eigenen Beiladung der BA. Hinzu kamen auf 2828 Berufungsverfahren 175 Beiladungen (= 6,1 %) durch die Landessozialgerichte.

Bei den Berufsgenossenschaften sind die Verhältnisse ähnlich, obwohl hier wegen der großen Zahl der Versicherungsträger schwerer generelle Aussagen zu machen sind. So betrafen z.B. von den 78 Revisions- und Nichtzulassungsbeschwerden, an denen die Süddeutsche Metall-BG zwischen 1989 und 1992 beteiligt war 6 (= 7,7 %) Fälle solche mit Drittbeteiligung, wobei in der Hälfte der Fälle die BG selbst die Beigeladene war. Nach Mitteilung der Bezirksverwaltungen der genannten BG sind die Zahlen für die Verfahren erster und zweiter Instanz im Leistungsbereich ähnlich; im Bereich der Mitgliederverwaltung liegen sie dagegen etwas höher. Genaue Statistiken waren hierzu aber nicht erhältlich.

Art und Umfang der Beteiligung der Beigeladenen hängen von den Umständen des Einzelfalls ab.

Die Aktenauswertung ergab, daß gerade in Beitragsangelegenheiten die beigeladenen Versicherungsträger (insbesondere BfA, LVA und BA) häufig auf die Stellungnahme der als Hauptbeteiligte fungierenden Einzugstelle[13] verweisen. Teilweise werden die Rechtsstreitigkeiten aber auch mit einem ähnlichen Aufwand geführt wie von den Hauptbeteiligten. Werden natürliche Personen beigeladen, sind die Verhältnisse ähnlich.

In 52 % der Fälle stellten die Beigeladenen einen eigenen Sachantrag.

In 36 % der Fälle nahmen sie an der mündlichen Verhandlung teil.

Weitere Ergebnisse der Aktenauswertung werden im Rahmen der Prüfung der Beiladungsvorausetzungen mitgeteilt.

13 s. § 28 h und § 28 i SGB IV

2.2. Der Beitritt nach der VwGO

2.2.1. Bezüglich des Beitritts des »echten« Vertreters des öffentlichen Interesses auf Landesebene läßt sich am Beispiel des Landes Rheinland/Pfalz feststellen, daß dieser zumindest von seiten der Verwaltung für nützlich gehalten wird.

Der Justizminister des Landes hat zuletzt in einer Stellungnahme vom 20.11.1986 auf die Kleine Anfrage eines Landtagsabgeordneten die Wahrnehmung der Aufgaben des Vertreters des öffentlichen Interesses intensiviert. Dies hat zu folgender Verfahrensweise geführt: Dem Vertreter des öffentlichen Interesses wird zwar nicht jedes mit der Berufung angefochtene erstinstanzliche Urteil automatisch zugeleitet; vielmehr entscheiden die Senatsvorsitzenden nach eigenem Ermessen darüber, ob eine Aktenzuleitung erfolgt, d.h. ob öffentliche Interessen berührt sein können. Hält das Gericht selbst eine Beteiligung für erforderlich, erfolgt außer der Aktenzuleitung ein spezieller Hinweis. Der Vertreter des öffentlichen Interesses nimmt nach Erhalt der Akten eine Abklärung vor, in deren Zusammenhang die zuständigen Fachressorts um eine Stellungnahme gebeten werden. Nach den vom Justizminister in der o.g. Kleinen Anfrage mitgeteilten Zahlen, waren es jährlich rund 600 Fälle, die dem Vertreter des öffentlichen Interesses zugeleitet wurden. Eine gesonderte Anregung aus der Gerichtsbarkeit zur Beteiligung erfolgte allerdings jeweils in weniger als 0,5 % dieser Fälle.

2.2.2. Beim Oberbundesanwalt gingen im Jahr 1991 insgesamt 391 Beteiligungsanfragen ein. Im Jahr davor waren es noch 510 Anfragen. Die höchsten Zahlen wurden 1958 mit 1476 und 1981 mit 1174 Anfragen verzeichnet. Der 1991 erneut eingetretene Rückgang liegt laut Geschäftsbericht des Oberbundesanwaltes für 1991 daran, daß entsprechend einer Bitte des BVerwG in Kriegsdienstverweigerungs-, Wehrpflicht- und Zivildienstsachen die Bundesanwaltschaft nur noch dann eingeschaltet wird, wenn es der mit der Sache befaßte Senat des BVerwG ausnahmsweise für erforderlich hält.

Die meisten Anfragen (69) erfolgten in Asylsachen, gefolgt von dienstrechtlichen Angelegenheiten (43), dem Bau- und Bodenrecht (41), dem Personalvertretungsrecht (33) und dem Fürsorgerecht (31). Am Ende der Skala rangieren das BAföG-Recht (8), das Immisssionsschutzrecht (5) und das Ausländerrecht (4).

Die Zahl der ausgesprochenen Beteiligungen hat 1991 (158 gegenüber 148 im Jahr 1990) leicht zugenommen.

Überraschenderweise ist in den Jahren mit den meisten Beteiligungsanfragen keine entsprechend höhere Zahl an Beteiligungen zu registrieren. So erfolgte 1958 »nur« in 294 und 1981 »nur« in 207 Fällen eine Beteiligung.

In den Verfahren, in denen die Bundesanwaltschaft beitritt, nimmt sie auch an der mündlichen Verhandlung teil. In ca. 30 % der 1991 entschiedenen Fälle hat sie ganz oder teilweise Rechtsauffassungen zugunsten der beteiligten Bürger vertreten. 1990 lag dieser Anteil sogar bei rund 40 %.

Von den 1991 ergangenen Entscheidungen des BVerwG, die unter Beteiligung des Oberbundesanwalts zustande gekommen sind, entsprachen rund 85 % ganz oder teilweise der Auffassung der Bundesanwaltschaft.

2.3. Der Beitritt nach der FGO

Nach Mitteilung des Bundesfinanzministeriums erfolgten Bundesbeteiligungen

im Jahr	1992	21
	1991	8
	1990	16
	1989	30
	1988	34
	1987	10
	1986	26

In den Jahren 1976 bis 1985 lagen die Zahlen zwischen 21 und 37. Bezogen auf die jeweils neu eingegangenen Verfahren, liegt die Beitrittsquote bei ca. 1%.

Eine statistische Erfassung der Beitrittsfälle nach § 61 FGO erfolgt nach Mitteilung des BFH nicht.

Kapitel 3 Die geschichtliche Entwicklung

1. Die Beiladung

1.1. Die Problematik der Beteiligung Dritter an gerichtlichen Verfahren ist keine neuzeitliche Erscheinung. Die Ausdehnung des Kreises der Beteiligten über die Prozeßparteien hinaus ist, wie Lücke[1] es formuliert, »uraltes deutsches Rechtsgut«. Bereits im Mittelalter gab es Regelungen über die Heranziehung von Personen zu einem ohne ihre Beteiligung begonnenen, sie aber betreffenden Rechtsstreit. Die Rechtslage zur Zeit des Sachsenspiegels umschreibt Planck[2] wie folgt:

»Die Übrigen Genossen außer Kläger und Beklagten sind nicht ausgeschlossen von der Verhandlung. Sie sind nicht etwa nur zum Urtheilfinden und Folgen bestimmte Zuschauer. Im Gegenteil, sie sind so berechtigt als verpflichtet, ein jeder, sofern und soweit es ihn angeht, in die Verhandlung selbst einzugreifen und einzutreten zur Geltendmachung ihrer Interessen... Es können daher dritte anfangs unbetheiligte Genossen durch mancherlei Zwischenfälle in den Streit hineingezogen werden, sogar in den Vordergrund treten...«

1.2. Mit der Entstehung einer eigenständigen Verwaltungsgerichtsbarkeit im 19. Jahrhundert ging eine begriffliche Abgrenzung zur ordentlichen Gerichtsbarkeit einher. Die ZPO vom 30.1.1877 beinhaltete zur Beteiligung Dritter die Rechtsinstitute der Hauptintervention, der Nebenintervention, der Streitverkündung und der Benennung des Besitzurhebers[3]. Aus diesen Rechtsinstituten, und ohne klare Abgrenzung hierzu, entwickelte sich im öffentlichen Recht der Begriff der Beiladung, der allerdings erst knapp einhundert Jahre später, nämlich mit der Schaffung von SGG, VwGO und FGO, in allen Bereichen des Verfahrensrechts der Verwaltungsgerichte zum allgemeinen Sprachgebrauch wurde.

1 aaO S. 2
2 aaO S. 169
3 vgl. Bauer S. 189

1.2.1. Vorbild der einzelnen landesrechtlichen Regelungen ist § 48 Abs. 2 der Badischen Verordnung vom 12.7.1864 zum Vollzuge des Gesetzes vom 5.10.1863 über die Organisation der inneren Verwaltung[4]. Dieser lautete:

»Die Beiladung solcher Betheiligter, deren Interesse durch die zu erlassende Entscheidung berührt wird, findet von Amts wegen statt. In diesem Fall gilt die Entscheidung auch gegenüber dem Beigeladenen.«[5]

1.2.2. Ähnliche Vorschriften enthielten § 149 Abs. 3 der Kreisordnung vom 13.12.1872 für die Provinzen Preußen, Brandenburg, Pommern, Posen, Schlesien und Sachsen[6].

Das Gesetz über die allgemeine Landesverwaltung von Preußen vom 30.7.1883[7] traf in § 70 folgende, schon etwas detailliertere Regelung:

»Das Gericht kann auf Antrag oder von Amts wegen die Beiladung Dritter, deren Interesse durch die zu erlassende Entscheidung berührt wird, verfügen. Die Entscheidung ist in diesem Falle auch den Beteiligten gegenüber gültig.« Die Beiladung konnte nach § 95 LVG von den Tatsachengerichten, nicht aber in der Revisionsinstanz ausgesprochen werden.

1.2.3. Die in den übrigen Ländern erlassenen Regelungen waren ähnlich. Im Detail gab es aber Unterschiede. Während beispielsweise in Baden aufgrund der oben genannten Vorschrift die Pflicht bestand, den betroffenen Dritten beizuladen, stand die Beiladung in Preußen, Württemberg und Sachsen im Ermessen des Gerichts. In einigen Ländern erlangten die Beigeladenen die Stellung von Parteien; sie wurden daher auch als »Nebenpartei« bezeichnet[8].

1.2.4. Es gab allerdings auch Länder, welche die Drittbeteiligung nicht für regelungsbedürftig erachteten. So fehlte eine entsprechende Vorschrift beispielsweise sowohl im bayerischen Gesetz vom 8.8.1878 über die Einrichtung eines Verwaltungsgerichtshofes und über das Verfahren in Verwaltungssachen[9], als auch in den Vollzugsvorschriften hierzu vom 1.9.1879[10] und vom 25.1.1901[11]. Auch im Gesetz vom 13.6.1910[12] über das Verwaltungsstreitverfahren war die Frage der Beiladung nicht geregelt[13].

4 RegBl S. 333
5 RegBl S. 348
6 Schultzenstein S. 1, 3 f.
7 vgl. Gesetz-Sammlung für die Königlich Preußischen Staaten Nr. 25, S. 195 ff.
8 z.B. in § 35 Abs. 5 des Gesetzes über die Verwaltungsgerichtsbarkeit Hamburgs vom 2.11.1921 - GVBl S. 585
9 GVBl S. 369
10 GVBl S. 1014
11 GVBl S. 41
12 GVBl S. 287
13 vgl. dazu Schmitt S. 611 und Lücke S. 3

1.2.5. Die Verwaltungsgerichte wußten mit den im Vergleich zu den zivilprozessualen Vorschriften sehr kurz gefaßten und teilweise ohne vorhergehende Diskussion in Kraft gesetzten Bestimmungen zunächst »nichts Rechtes anzufangen«[14]. Deshalb griffen sie zur Auslegung häufig auf die ZPO zurück[15].

1.2.5.1. Besondere Bedeutung für die Fortentwicklung des Beiladungsrechts erlangte die Rechtsprechung des Preußischen OVG zu § 70 LVG. Das Gericht versuchte, allerdings ohne entsprechende Begriffsbildung, zwischen Fällen einfacher und notwendiger Beiladung im Sinne der heutigen Definitionen zu unterscheiden[16]. Im Vordergrund stand dabei meistens die Frage nach den Konsequenzen unterlassener Beiladungen. Auch die gesetzlich nicht geregelte Rechtsstellung des Dritten im Prozeß war Gegenstand vieler Entscheidungen[17]. Ein weiterer Schwerpunkt der Rechtsprechung war die Frage der Art und Weise der Urteilswirkungen gegenüber dem Beigeladenen[18]. Das Nachholen einer unterbliebenen Beiladung in der Berufungsinstanz wurde als zulässig erachtet, nicht aber in der Revisionsinstanz[19]. Sehr umstritten war schließlich die Frage, ob es sich bei dem eine Beiladung begründenden Interesse um ein öffentlich-rechtliches zu handeln hat, ob tatsächliche Interessen ausreichen oder nur auf rechtliche Interessen abzustellen ist[20]. Seiner Rechtsstellung nach wurde der Beigeladene nicht als Prozeßsubjekt (Partei) angesehen. Kunze[21] meinte im Jahre 1893 in einer der ersten ausführlichen Darstellungen des Beiladungsrechts, die Teilnahme des Beigeladenen am Verfahren habe nur den Zweck, »dem Antrage einer Partei zum Erfolge zu verhelfen oder den Erfolg zu vereiteln.« Der Beigeladene könne weder den Streitgegenstand erweitern, noch eine Klageänderung vornehmen. Ebensowenig könne sich ein Sachantrag einer Partei gegen ihn richten.

1.2.5.2. Dogmatisch geklärt werden konnten viele Fragen nicht, was Schultzenstein[22] schon 1911 zu folgender, in gewisser Weise auch heute noch relevanter Bemerkung veranlaßte: »Theoretisch ist sie (die Beiladung) mehrfach behandelt worden. In der Praxis hat sie den Gegenstand zahlreicher Entscheidungen gebildet. Dennoch ist bei ihr, wenn nicht fast alles, so

14 Kunze S. 202
15 vgl. Bauer S. 189 ff.
16 vgl. z.B. PrOVG 51, 24, 27
17 z.B. PrOVG 22, 277 f.; 39, 109
18 z.B. PrOVG 46, 404, 406; 47, 48, 51
19 PrOVG 40, 11; 165, 168
20 vgl. Schultzenstein S. 38 f.
21 aaO S. 211
22 aaO S. 1 f.

doch sehr vieles zweifelhaft. Das gilt sowohl für ihr Wesen im allgemeinen wie für ihre Einzelheiten...«.

1.3. Zu Beginn des 20. Jahrhunderts nahm die bis heute fortwirkende unterschiedliche Entwicklung prozessualer Regelungen in den Bereichen des allgemeinen Verwaltungsrechts, des Sozialrechts und des Abgabenrechts Gestalt an.

1.3.1. Für den sozialversicherungsrechtlichen Bereich enthielt die RVO vom 19.7.1911[23] ein dreistufig gestaltetes Rechtsschutzsystem (Versicherungsämter, Oberversicherungsämter, Reichsversicherungsamt).

Nach § 1652 Abs. 2 RVO konnte der Vorsitzende des Spruchkörpers zur Vorbereitung einer Sache u.a. auch Versicherungsträger beiladen. Nach § 1687 und § 1703 RVO konnte ein am Streit ursprünglich nicht beteiligter Träger der gesetzlichen Unfallversicherung zur Entschädigung verurteilt werden, wenn er zur Verhandlung geladen worden war. Dies galt auch dann, wenn die Beteiligung erst vor dem Reichsversicherungsamt erfolgt war.

Im Gegensatz zur Rechtslage nach § 70 LVG wurde der Dritte in diesen Verfahren Partei des Rechtsstreits. Die Beiladung eines möglicherweise zu verurteilenden Versicherungsträgers war aber nach der Rechtsprechung des Reichsversicherungsamtes nicht zwingend erforderlich[24].

Neben der Beiladung kannten die Verfahren vor den Versicherungsämtern und den Oberversicherungsämtern noch das Institut der »Zuziehung« Dritter, und zwar im Rahmen der aufgrund der Ermächtigung des § 35 Abs. 2 RVO erlassenen Kaiserlichen Verordnungen über den Geschäftsgang und das Verfahren der Versicherungsämter (VAO) und der Oberversicherungsämter (OVAO) vom 24.12.1911[25]. Nach § 23 VAO und § 18 OVAO konnten auf Antrag oder von Amts wegen solche Dritte zum Verfahren zugezogen werden, die ein berechtigtes Interesse an seinem Ausgang hatten. Sie konnten am Verfahren teilnehmen und Anträge stellen, im Gegensatz zu beigeladenen Versicherungsträgern aber nicht verurteilt werden[26].

Bezüglich der Rechtsmittelbefugnis gab es unterschiedliche Auffassungen. Zum Teil wurde sie grundsätzlich verneint[27], zum Teil wurde sie allein wegen einer möglichen Rückwirkung der Entscheidung auf den Dritten bejaht[28]. Ohne klare Konturen zeichnete sich der Beginn einer Unterschei-

23 RGBl S. 509 ff.
24 vgl. Schultzenstein S. 6
25 RGBl S. 1095 bzw. 1107
26 RVA EuM 12, 305
27 vgl. RVA AN 1920, 284; 1929, 436
28 vgl. RVA EuM Bd. 8, 377

dung zwischen notwendiger Beiladung in Fällen unmittelbarer Rechtsbetroffenheit und nicht notwendiger Beiladung in allen anderen Fällen der Drittbetroffenheit ab.

Im Bereich des Versorgungsrechts gab es ebenfalls eine eigenständige Verfahrensordnung. Nach § 50 des Gesetzes über das Verfahren in Versorgungssachen vom 10.1.1922[29] konnten Dritte, die am Ausgang des Verfahrens ein berechtigtes Interesse hatten, auf Antrag oder von Amts wegen zum Verfahren zugezogen werden oder dem Verfahren beitreten. Dritte im Sinne des § 50[30] waren nach Auffassung des Reichsversorgungsgerichts solche natürliche oder juristische Personen, gegen die das Urteil nicht unmittelbar wirkt. Eine Rechtsmittelbefugnis wurde ihnen nicht eingeräumt[31].

Nach der Sondervorschrift des § 147 des Gesetzes konnte ein Unfallversicherungsträger, dessen Zuständigkeit sich während des Verfahrens vor dem Versorgungsgericht ergab, nach Beteiligung am Verfahren verurteilt werden, und zwar selbst dann, wenn er den Entschädigungsanspruch selbst davor schon rechtskräftig abgelehnt hatte. Der Unfallversicherungsträger hatte in diesen Fällen nicht die Stellung eines Zugezogenen im Sinne des § 50; vielmehr war er aufgrund der speziellen Regelung des § 146 Abs. 3 S. 2 Partei des Rechtsstreits und als solche auch zur Einlegung von Rechtsmitteln befugt.

1.3.2. Auf dem Gebiet des Steuerrechts wurde die zunächst bestehende Zuständigkeit der obersten Verwaltungsgerichtshöfe durch das Gesetz über die Errichtung des Reichsfinanzhofes vom 26.7.1918[32] auf eine eigenständige Gerichtsbarkeit übertragen. Bezüglich der Beteiligung Dritter enthielt die RAO vom 13.12.1919[33] eine Sonderregelung. Sie beinhaltete Fälle der Beiladung, bezeichnete sie jedoch als Beitritt, und Fälle der Zuziehung Dritter. Nach § 226 Abs. 2 RAO[34] konnte zugezogen werden, wessen Interesse nach den Steuergesetzen durch die Entscheidung berührt wurde. Der Begriff des Interesses wurde also qua Gesetz restriktiv ausgelegt. Nach Auffassung des RFH forderte das »Interesse nach den Steuergesetzen« eine materiellrechtliche Betroffenheit[35]. Nur die gemeinsame Wahrung der Belange sollte zugelassen sein, d.h. es bestand nur die Möglichkeit der Streithilfe zur Unterstützung des Steuerpflichtigen im Sinne einer Nebenintervention. Rechtsmittel konnte der Dritte allerdings selbständig einlegen. Eine Unterscheidung zwischen einfacher und notwendiger Beiladung er-

29 RGBl I S. 59 ff.
30 aaO S. 67
31 RVersorgG 4, 4 ff.
32 RGBl I, 959
33 RGBl I, 1993 ff.
34 aaO S. 2048.
35 RStBl 33, 375

folgte in der Rechtsprechung des RFH nur Ansatzweise[36], zumal auch § 241 der Neufassung der RAO vom 22.5.1931[37] keine entsprechende Differenzierung enthielt, sondern den Beigeladenen und den Zugezogenen pauschal dieselben Rechte zuwies wie den Steuerpflichtigen.

1.4. Während der nationalsozialistischen Herrschaft wurde - solange die Verwaltungsgerichtsbarkeiten noch existent und funktionsfähig waren - die Beiladungsrechtsprechung im wesentlichen ungeachtet der zunehmenden politischen Einflußnahme auf die Rechtsprechung fortgesetzt. Das ab 1941 einheitlich zuständige OVG übernahm hinsichtlich der Beteiligung Dritter am Rechtsstreit die Rechtsprechung des PrOVG[38]. Auch der nicht Gesetz gewordene Scholz'sche Entwurf für eine Reichsverwaltungsgerichtsordnung[39] beruhte auf den Grundsätzen der Rechtsprechung des PrOVG.

Die Sonderregelungen in RVO und RAO blieben bestehen[40]. Der RFH hat mit Urteil vom 28.6.1933[41] bekräftigt, daß das eine Zuziehung rechtfertigende Interesse im Rahmen der Steuergesetze liegen müsse.

Der Rechtsschutz in Versorgungssachen wurde bei Ausbruch des Zweiten Weltkrieges beseitigt[42].

1.5. Die in der Besatzungszeit nach dem 2. Weltkrieg erlassenen Gesetze über die Verwaltungsgerichtsbarkeit regelten die Beiladung in unterschiedlicher Weise.

Die Gesetze über die Verwaltungsgerichtsbarkeit (VVG) in den von den Amerikanern besetzten Ländern Bayern[43], Baden-Württemberg[44] und Hessen[45], die später auch von Bremen übernommen wurden, können als unmittelbare Vorläufer der heutigen Regelungen bezeichnet werden. Danach erhielten die Beigeladenen die Rechtsstellung von Beteiligten. Beizuladen waren von Amts wegen oder auf Antrag andere Personen, deren rechtliche Interessen durch die Entscheidung berührt wurden. Es wurden auch formale Anforderungen geregelt. Der die Beiladung aussprechende Beschluß sollte den Stand der Sache und den Grund der Beiladung angeben; er mußte den Beteiligten zugestellt werden.

36 vgl. RFH RStBl 38, 53
37 RGBl I, 161 ff.
38 vgl. z.B. RVerwBl 34, 524; 35, 580
39 vgl. Lüning S. 28
40 vgl. Lüning S. 90
41 RStBl 33, 753
42 Verordnung v. 2.9.1939, RGBl I, 1686
43 GVBl 1946, 194
44 RegBl S. 221
45 GVBl 1946, 194

Der für die britische Zone geltende § 61 der Militärregierungsverordnung Nr. 165[46] enthielt darüber hinaus die Regelung, daß der Beiladungsbeschluß unanfechtbar ist.

Für die französische Zone galt das am 14.4.1950 erlassene Landesgesetz über die Verwaltungsgerichtsbarkeit von Rheinland-Pfalz[47]. Sein § 48 hatte denselben Inhalt wie § 61 der Militärregierungsverordnung Nr. 165.

In der Sowjetischen Besatzungszone und in der späteren DDR riß die Entwicklung ab. In den einzelnen Ländern wurden zwar ebenfalls Verwaltungsgerichtsgesetze verabschiedet[48]. Infolge der Abschaffung der Länder im Jahre 1952 wurde die Verwaltungsgerichtsbarkeit dann aber ersatzlos aufgelöst. Ein individueller gerichtlicher Verwaltungsrechtsschutz fand grundsätzlich nicht mehr statt, auch nicht durch die ordentlichen Gerichte[49].

1.6. Im Gebiet der damaligen Bundesrepublik wurden nach Inkrafttreten des Grundgesetzes bundeseinheitliche Prozeßordnungen konzipiert. In ihnen spiegelten sich die seit Beginn des Jahrhunderts unterschiedlich verlaufenen Entwicklungen auf den Gebieten der allgemeinen Verwaltungsgerichtsbarkeit, des Sozialrechts und des Abgabenrechts wieder.

1.6.1. Die erste umfassende bundesgesetzliche Regelung der Beiladung enthielt § 75 des Sozialgerichtsgesetzes vom 3.9.1953 . Die Vorschrift hatte hinsichtlich der Beiladungsvoraussetzungen folgenden Inhalt[50]:

(1) Das Gericht kann von Amts wegen oder auf Antrag Andere, deren berechtigte Interessen durch die Entscheidung berührt werden, beiladen. In Angelegenheiten der Kriegsopferversorgung ist die Bundesrepublik Deutschland auf Antrag beizuladen.

(2) Sind an dem streitigen Rechtsverhältnis Dritte derart beteiligt, daß die Entscheidung auch ihnen gegenüber nur einheitlich ergehen kann oder ergibt sich im Verfahren, daß bei der Ablehnung des Anspruches ein anderer Versicherungsträger oder in Angelegenheiten der Kriegsopferversorgung ein Land als leistungspflichtig in Betracht kommt, so sind sie beizuladen.

(3) bis (5) ...

Außerdem bestimmte § 168 SGG, daß Beiladungen im Revisionsverfahren unzulässig sind.

46 Verordnungsblatt für die britische Zone S. 263 ff.
47 GVBl I, 103
48 z.B. Gesetz über die Verwaltungsgerichtsbarkeit in Mecklenburg vom 18.9.1947, RegBl S. 250, zitiert nach Brunner in Iserich/Pohl/von Unruh, Bd. V S. 1218, 1279
49 Brunner wie Fn. 48, S. 1278 ff.
50 zum vollen Wortlaut vgl. BGBl 1953, 1248 f.

1.6.2. Für die allgemeinen Verwaltungsgerichte erkannte schon das Gesetz über das Bundesverwaltungsgericht v. 23.9.1952[51] das Rechtsinstitut der Beiladung an, ohne allerdings Einzelheiten zu regeln. Die Verwaltungsgerichtsordnung vom 21.1.1960[52] normierte die Beiladungsvoraussetzungen und -wirkungen in zwei Paragraphen.

§ 65 enthielt u.a. folgende Regelungen[53]:

(1) Das Gericht kann, solange das Verfahren noch nicht rechtskräftig abgeschlossen oder in höherer Instanz anhängig ist, von Amts wegen oder auf Antrag andere, deren rechtliche Interessen durch die Entscheidung berührt werden, beiladen.

(2) Sind an dem streitigen Rechtsverhältnis Dritte derart beteiligt, daß die Entscheidung auch ihnen gegenüber nur einheitlich ergehen kann, so sind sie beizuladen (notwendige Beiladung).

(3) ...

§ 66 bestimmte, daß nur der notwendig Beigeladene selbst Angriffs- und Verteidigungsmittel geltend machen konnte.

Darüberhinaus enthielt 142 VwGO eine § 168 SGG entsprechende Regelung für die Revisionsinstanz.

1.6.3. Als letzte der drei Prozeßordnungen trat die Finanzgerichtsordnung vom 6.10.1965[54] mit folgenden Bestimmungen in Kraft[55]:

§ 60

(1) Das Finanzgericht kann von Amts wegen oder auf Antrag andere beiladen, deren rechtliche Interessen nach den Steuergesetzen durch die Entscheidung berührt werden, insbesondere solche, die nach den Steuergesetzen neben dem Steuerpflichtigen haften. Vor der Beiladung ist der Steuerpflichtige zu hören, wenn er am Verfahren beteiligt ist.

(2) ...

(3) Sind an dem streitigen Rechtsverhältnis Dritte derart beteiligt, daß die Entscheidung auch ihnen gegenüber nur einheitlich ergehen kann, so sind sie beizuladen (notwendige Beiladung). Dies gilt nicht für Mitberechtigte, die nach § 48 nicht klagebefugt sind.

(4) - (6) ...

51 BGBl I, 625 ff.
52 BGBl I, 17 ff.
53 zum vollen Wortlaut vgl. BGBl 1960, 25
54 BGBl I, 1477
55 zum vollen Wortlaut vgl. aaO S. 1485 und 1493

§ 123
Klageänderungen und Beiladungen sind im Revisionsverfahren unzulässig.

1.7. Die getrennte Entwicklung setzte sich in den folgenden Jahren fort. Die in den siebziger Jahren geplante Reform durch Einführung einer einheitlichen Verwaltungsprozeßordnung ist gescheitert[56]. Der Regierungsentwurf der Verwaltungsprozeßordnung vereinheitlichte in seinem § 68 die Beiladungsvorschriften der drei Prozeßordnungen. Die sieben Absätze der Vorschrift übernahmen im wesentlichen die bisherigen Regelungen der drei Prozeßordnungen unter Beibehaltung der jeweiligen Sonderregelungen. Neu war insbesondere eine Vorschrift zur Vereinfachung des Verfahrens bei sogenannte Massenbeiladungen.

2. Der Beitritt

2.1. Nicht nur die Beiladungsproblematik reicht zurück bis in die Anfänge der Verwaltungsgerichtsbarkeit in der zweiten Hälfte des 19. Jahrhunderts, sondern auch die Frage der Notwendigkeit der Beteiligung eines Vertreters des öffentlichen Interesses. Vorbild hierfür war der »procurator« des französischen Rechts, der sich unter dem Gesichtspunkt des »ordre public« in jedes Gerichtsverfahren einschalten konnte[57].

Die Beratungen des Preußischen Abgeordnetenhauses über den Entwurf eines Gesetzes über das Verwaltungsgerichtsverfahren im Jahre 1875 belegen, daß es insoweit von vornherein große Meinungsunterschiede gab. Da der Verwaltungsprozeß noch kein Zwei-Parteien-Verfahren i.S.d. heutigen Prozeßordnungen war, stand die Diskussion unter anderen Vorzeichen als heute. Die den Entwurf beratende Kommission vertrat die Auffassung, es sei nicht erforderlich, »ein drittes außerhalb des Gerichtshofs und selbständig neben den Parteien stehendes Element... heranzuziehen, welches doch entweder nur die Rolle einer Partei übernehmen oder in die Lage kommen werde, den Richter über die Art belehren zu wollen, wie er Recht zu sprechen habe«[58]. Letztlich einigte man sich aber darauf, einen Kommissar (s § 74 Abs. 2 LVG) mit der Wahrnehmung des öffentlichen Interesses zu beauftragen[59].

56 wegen der Einzelheiten der damaligen Gesetzesentwürfe vgl. Entwurf einer Verwaltungsprozeßordnung und Synopse dazu, herausgegeben vom Bundesministerium der Justiz 1978; vgl. auch Schäfer S. 6 ff.
57 vgl. Maunz S. 717 ff.
58 zitiert nach Baring S. 109
59 vgl. Ule DVBl 1981, 953 f.

In Bayern wurde dagegen die Bezeichnung »Staatsanwaltschaft« gewählt[60].

Diese unterschiedlichen Konzeptionen waren Ausfluß der grundsätzlichen geistes- und staatswissenschaftlichen Meinungsverschiedenheiten, die der Schaffung eines eigenständigen Verwaltungsstreitverfahrens vorausgegangen waren. Dementsprechend unterschieden sich die Regelungen über die Beteiligung der Vertreter des öffentlichen Interesses in den einzelnen Ländern auch inhaltlich z.T. deutlich. In Preußen waren die Vertreter des öffentlichen Interesses als Nebenintervenienten Dritte in fremden Prozessen. In Bayern und Sachsen traten sie während des Rechtsstreits an die Stelle der den angegriffenen Verwaltungsakt erlassenden Behörde. Wegen der Vielfalt der Unterschiede der einzelnen Regelungen kann auf diese im Rahmen der vorliegenden Untersuchung nicht im einzelnen eingegangen werden. Insoweit sei auf die ausführlichen Darlegungen Barings verwiesen[61].

Festzuhalten bleibt, daß der Vertreter des öffentlichen Interesses ungeachtet der unterschiedlichen gesetzlichen Detailregelungen die Aufgabe hatte, das Gericht bei der Rechtsfindung zu unterstützen. Er sollte darauf achten, daß die Rechtsprechung richtig, gleichmäßig und geordnet erfolgt und das Gemeinwohl keinen Schaden erleidet. Es sollte verhindert werden, daß die Verwaltungsgerichtsbarkeit die Schlagkraft der aktiven Verwaltung lähmt und die politischen Maßnahmen der Staatsregierung aushöhlt[62]. Der Vertreter des öffentlichen Interesses war also keinesfalls neutraler Dritter, sondern hatte die Rechtsprechung im Interesse des Staatsapparates zu beeinflussen.

2.2. Auch im Abgabenrecht war die Beteiligung des Staates als Dritter vorgesehen. Nach § 287 Nr. 2 RAO konnten der Reichsminister der Finanzen bzw. die oberste Landesfinanzbehörde ihre Zuziehung zum Beschwerdeverfahren beantragen.

2.3. In der Zeit der nationalsozialistischen Diktatur hat sich die Rechtsstellung des Vertreters des öffentlichen Interesses trotz der Verstärkung des staatlichen Einflusses auf die Rechtsprechung und der Zurückschraubung des Individualrechtsschutzes[63] nicht wesentlich geändert. Beim 1941 errichteten Reichsverwaltungsgericht wurde er als Oberreichsanwalt bezeichnet. Diskutiert wurde damals in anderer Zielrichtung, nämlich im Hinblick auf

60 vgl. im einzelnen Maunz S. 720 ff.
61 aaO S. 108 ff.
62 ausführlich Groß S. 71 ff., 102 ff.
63 vgl. Führererlaß v. 28.8.1939, RGBl I, 1535

eine Abschaffung der Verwaltungsgerichtsbarkeit als solcher: Ein Ziel, das 1944 auch erreicht wurde[64].

2.4. Von den in der Besatzungszeit nach dem Zweiten Weltkrieg erlassenen Verwaltungsgerichtsgesetzen sahen einige statt der früher üblichen Einzelbestellung von Vertretern des öffentlichen Interesses die Möglichkeit der Bestellung ständiger Vertreter vor (z.B. § 18 Abs. 1 VVG Baden-Württemberg; anders z.B. § 13 VVG Rheinland-Pfalz). Nach diesen Gesetzen wurden die Verwaltungsgerichte allerdings erstmals in vollem Umfang Rechtssprechungsorgane im funktionellen Sinne. Anders als im früheren »Einparteienprozeß« wurde der Staat nun Prozeßpartei und das Gericht eine davon losgelöste selbständige Institution[65]. Dies brachte die Diskussion über die Notwendigkeit eines zusätzlichen Vertreters des öffentlichen Interesses erneut in Gang[66]. Nach wie vor wurde aber »ein unabwendbares Bedürfnis« gesehen, die »schon erheblich verwischten Grenzen zwischen Exekutive und rechtsprechender Gewalt vor dem fast zwangsläufigen Überfluten durch die Gerichtsbarkeit zu bewahren«[67].

2.5. Bei der Schaffung von SGG, VwGO und FGO knüpfte der Gesetzgeber an die unterschiedlichen Traditionen der einzelnen Rechtsbereiche an.

Das SGG sieht einen Vertreter des öffentlichen Interesses nicht vor. Nach dem Inhalt der Begründung zum Entwurf zum SGG ist eine solche Möglichkeit auch nicht ernsthaft diskutiert worden[68]. Allerdings wurde in § 75 Abs. 1 S. 2 SGG eine den anderen Verfahren nicht bekannte und heute noch existente Sonderform der Beiladung konzipiert, wonach in Verfahren der Kriegsopferversorgung die Bundesrepublik Deutschland beizuladen ist, wenn sie dies beantragt. Damit sollte dem Umstand Rechnung getragen werden, daß die entsprechenden Gesetze von den Ländern durchgeführt, die Kosten aber vom Bund getragen werden. Am ehesten vergleichbar ist diese Form der Beteiligung des Staates mit den »Vertretern besonderer Interessen« vor den allgemeinen Verwaltungsgerichten.

Die VwGO regelte die Einrichtung des Vertreters des öffentlichen Interesses in §§ 35 ff. wie folgt:

§ 35

(1) Bei dem Bundesverwaltungsgericht wird ein Oberbundesanwalt bestellt. Dieser kann sich zur Wahrung des öffentlichen Interesses an jedem vor dem Bundesverwal-

64 vgl. Brunner in Iserich/Pohl/von Unruh Bd. V S. 1278 ff.
65 vgl. Groß S. 72
66 vgl. Gerber S. 680 ff. und Eisenmann S. 685
67 Groß S. 74
68 vgl. BT-Drucks. I/4225 und 4357

tungsgericht anhängigen Verfahren beteiligen. Er ist an die Weisungen der Bundesregierung gebunden.

(2) ...

§ 36

(1) Bei dem Oberverwaltungsgericht und bei dem Verwaltungsgericht kann nach Maßgabe einer Rechtsverordnung der Landesregierung ein Vertreter des öffentlichen Interesses bestimmt werden. Dabei kann ihm allgemein oder für bestimmte Fälle die Vertretung des Landes oder von Landesbehörden übertragen werden.

(2) ...

Zu den in Ausführung des § 36 VwGO inzwischen erlassenen landesrechtlichen Regelungen vgl. schon oben Kap. 2 Anm. 1.2.2.

Im Rahmen der Entwürfe zum Erlaß einer einheitlichen Verwaltungsprozeßordnung wurde z.T. erneut die Berechtigung der Beteiligung eines Vertreters des öffentlichen Interesses in Zweifel gezogen[69]. Der vorgelegte Gesetzentwurf und der sog. Speyerer Entwurf enthielten aber weiterhin Beteiligungsmöglichkeiten des Staates[70]. Diskutiert wurde aber, ob auf Landesebene darauf verzichtet werden könnte[71].

Die FGO knüpfte in § 122 an die Vorschriften der RAO an und bestimmte folgendes:

§ 122

(1) Beteiligter am Verfahren über die Revision ist, wer am Verfahren über die Klage beteiligt war.
(2) Betrifft das Verfahren eine auf Bundesrecht beruhende Abgabe oder eine Rechtstreitigkeit über Bundesrecht, so kann der Bundesminister der Finanzen dem Verfahren beitreten. Betrifft das Verfahren eine von den Landesbehörden verwaltete Abgabe oder eine Rechtsstreitigkeit über Landesrecht, so steht dieses Recht auch der zuständigen obersten Landesbehörde zu ... Mit ihrem Beitritt erlangt die Behörde die Rechtsstellung eines Beteiligten.

Außerdem bestimmte § 61 FGO:

Ist im außergerichtlichen Vorverfahren eine Beschwerdeentscheidung ergangen, so kann die Behörde, die diese Entscheidung getroffen hat, dem Verfahren beitreten.

69 vgl. Ule DVBl 1981, 956
70 vgl. oben Fn. 56
71 im einzelnen vgl. Lotz S. 744 f.; Schmidt-Jortzig S. 913 f.

Kapitel 4 Die Rechtslage in anderen europäischen Staaten und in Verfahren des EuGH

1. Vorbemerkung

Ein umfassender und detaillierter Vergleich der Rechtslage in Deutschland mit derjenigen in anderen europäischen Staaten, sei es auch nur der Mitgliedsstaaten der EG, würde den Rahmen dieser Untersuchung sprengen. Hier kann daher nur eine knappe Übersicht gegeben werden.

In einigen Ländern erfolgt keine oder eine andere Unterscheidung zwischen privatem und öffentlichem Recht als in Deutschland. Dementsprechend ist auch die Gerichtsorganisation z.T. völlig anders geregelt. Wegen der Einzelheiten hierzu wird auf das mehrbändige, nach Länderberichten gegliederte, vom Max-Planck-Institut für ausländisches öffentliches Recht und Völkerrecht in Heidelberg herausgegebene Werk »Gerichtsschutz gegen die Exekutive/Judicial Protection against the Executive/La protection juridictionelle contre l'exécutif«, verwiesen[1]. Diese grundsätzlichen Unterschiede der Rechtssysteme haben auch Auswirkungen auf die Ausgestaltung der Drittbeteiligungsvorschriften. Insoweit wird nachfolgend ein Überblick zur Rechtslage in einigen europäischen Nachbarländern und zum Verfahren des EuGH gegeben[2].

2. Die Beiladung

2.1. Andere Staaten

2.1.1. In Dänemark gibt es keine Unterscheidung zwischen den einzelnen Gerichtszweigen. Praktisch alle Streitigkeiten werden nach derselben Verfahrensordnung abgewickelt. Nach Kap. 23 § 251 dieser Gerichtsverfah-

1 zitiert als MPI

2 Während bezüglich des Beitritts auch bereits vorhandenes Schrittum ausgewertet werden konnte, beruhen die Ausführungen zur Beiladung im wesentlichen auf Stellungnahmen der hierzu von mir befragten Justizministerien und/oder Botschaften der einzelnen Staaten und Übersetzungen der mitgeteilten Rechtsvorschriften.

rensordnung können sich Dritte durch die Einreichung einer Klageschrift als Partei an einem anhängigen Rechtsstreit beteiligen. Voraussetzung hierfür ist u.a., daß sie bezüglich des streitigen Sachverhalts einen eigenständigen Antrag stellen oder daß ihre Forderung mit der Klageforderung in einem solchen Zusammenhang steht, daß sie in dem gleichen Rechtsstreit verhandelt werden muß. Weitere Voraussetzung ist aber, daß durch die Einbeziehung für die ursprünglich Beteiligten keine wesentlichen Nachteile eintreten.

Eine andere Möglichkeit der Drittbeteiligung eröffnet § 252 der Verfahrensordnung. Danach können Dritte, die ein Interesse am Ausgang des Rechtsstreits haben, einer der Parteien des Prozesses beitreten. Die Parteien sind vor der Beschlußfassung des Gerichts über einen Beitrittsantrag zu informieren. Das Gericht kann sich, ebenfalls nach Anhörung der Parteien, auch an Behörden richten, um ihnen eine Beitrittsmöglichkeit zu eröffnen.

2.1.2. In der Schweiz obliegt der Vollzug des materiellen Rechts weitgehend den Kantonen. Das gleiche gilt für die Regelung des entsprechenden Verfahrensrechts, soweit nicht bundesgesetzliche Vorgaben vorhanden sind (Art. 51 des Gesetzes über die Organisation der Bundesrechtspflege). Es gibt daher 25 kantonale Prozeßordnungen und Gerichtsorganisationsgesetze mit sehr unterschiedlichen Regelungen. Das Bundesrecht enthält für die Verwaltungsrechtspflege keine eigenständigen Vorgaben zur Drittbeteiligung. Nach Art. 120 des oben genannten Gesetzes finden jedoch die Bestimmungen der Art. 3 bis 85 des Bundeszivilprozeßrechts entsprechende Anwendung. Danach sind Streitverkündung und Nebenintervention die wesentlichen Formen der Einbeziehung Dritter. Nach Art. 53 des Gesetzes über die Zivilrechtspflege können beteiligte Dritte Rechtsmittel einlegen.

2.1.3. In Österreich, wo die deutschen Verwaltungsgerichte vom Ansatz her in den unabhängigen Verwaltungssenaten ihre Entsprechung finden, spricht das Verwaltungsgerichtshofsgesetz in § 21 von Mitbeteiligten. Dabei handelt es sich um Personen, die durch den Erfolg der Anfechtung des streitgegenständlichen Verwaltungsakts in ihren rechtlichen Interessen berührt werden[3]. Wirtschaftliche Interessen genügen nicht[4]. Eine eigenständige Finanzgerichtsbarkeit gibt es in Österreich nicht. Das Gesetz über die Arbeits- und Sozialgerichte enthält keine eigenen Vorschriften über die Beteiligung Dritter. Es finden die zivilprozessualen Bestimmungen entsprechende Anwendung.

3 Oberndorfer S. 99
4 Oberndorfer S. 100

2.1.4. In Luxemburg ist für Rechtsmittel gegen Verwaltungsentscheidungen inclusive des Steuer- und des Sozialrechts »le Comité du Contentieux« des Conseil d'Etat zuständig. Dritte können nach Kap. 2 § 3 des »procédure contentieuse« beigeladen werden, wenn dadurch die Sachentscheidung nicht wesentlich verzögert wird. Als nicht mehr zulässig angesehen wird der Antrag, wenn er erst gestellt wird, nachdem der berichterstattende Gerichtsrat mit seinem Bericht in öffentlicher Sitzung begonnen hat. Der Beiladungsantrag ist den Parteien zum Zwecke der Stellungnahme zu übermitteln. Der Beigeladene kann gegen die gerichtliche Entscheidung die üblichen Rechtsmittel einlegen. Personen, die Entscheidungen angreifen wollen, an denen sie nicht beteiligt waren, können nach Maßgabe des Kap. 3 § 4 Drittwiderspruchsklage erheben. Voraussetzung hierzu ist, daß nicht nur in die Interessenssphäre, sondern in Rechte des Dritten eingegriffen worden ist, wobei in entsprechender Anwendung der Art. 466 und 474 der luxemburgischen Zivilprozeßordnung die Befürchtung einer Rechtsbeeinträchtigung ausreicht.

2.1.5. In Spanien, wo die Verwaltungs- und die Sozialgerichte besondere Organe der ordentlichen Gerichtsbarkeit sind, weist die Gesetzgebung bezüglich der Drittbeteiligung erhebliche Lücken auf. Soweit überhaupt Regelungen vorhanden sind, betreffen sie nur Grundfragen. Art. 30 des Gesetzes zur Regelung der Verwaltungsgerichtsbarkeit eröffnet die Möglichkeit einer Nebenintervention. Der Dritte kann entweder die klagende oder die beklagte Partei unterstützen, und zwar unabhängig davon, ob es sich um eine Privatperson oder eine staatliche Behörde handelt. Bei den Sozialgerichten, die u.a. in Angelegenheiten der Sozialversicherung entscheiden, ermöglichen Art. 23, 139 und 152 des Gesetzes über das Arbeitsverwaltungsverfahren die Intervention z.B. der Verwaltungsabteilungen und der Finanzkassen der Sozialversicherungsträger, die Beteiligung der Gewerkschaften und der Arbeitgeber, sofern der Ausgang des Rechtsstreits ihre Interessen berührt.

2.1.6. In Frankreich kennt das Verwaltungsstreitverfahren den Intervenienten und den »appelé en cause« als Drittbeteiligte. Zur Intervention bedarf es eines Interesses am Ausgang des Rechtsstreits. Der Begriff des Interesses wird weit gefaßt; es genügen wirschaftliche, soziale und ideelle Beweggründe. Die Intervention kann grundsätzlich in jedem Verfahrensstadium erfolgen[5]. Der »appelé en cause« ist eine Art Streitverkündeter. Er kann auf Kläger- oder auf Beklagtenseite in das Verfahren hineingezogen werden, es sei denn, dies würde die Erledigung des eigentlich entscheidungsreifen Pro-

5 Romeuf L 3

zesses verzögern. Von Amts wegen kann der Richter nur in Ausnahmefällen Dritte beiziehen, z.B. betroffene Sozialversicherungsträger[6].

Schließlich enthält der »Code des tribunaux administratifs« noch die Möglichkeit der »tierce opposition«. Diese Drittwiderspruchsklage gibt übergangenen, und von der gerichtlichen Entscheidung in ihren Rechten verletzten Dritten die Möglichkeit, eine erneute Verhandlung und Entscheidung vor demselben Spruchkörper zu erreichen. An Fristen ist die Klage nicht gebunden, solange der Dritte die Entscheidung nicht kennt[7].

2.1.7. In England gibt es keinen einheitlichen und systematischen Verwaltungsrechtsschutz. Es gibt keine strenge Trennung zwischen öffentlichrechtlichen und privatrachtlichen Streitigkeiten. Außerdem ist die richterliche Verwaltungskontrolle eine reine Lagalitätskontrolle und bezieht sich fast ausschließlich auf Verfahrensfragen. Außerhalb der Gerichtsbarkeit gibt es eine Vielzahl von »administrativ tribunals«, die zur Behandlung von Streitfragen in bestimmten Lebensbereichen vom zuständigen Ministerium eingesetzt werden können[8].

2.1.8. In Italien wird unterschieden zwischen zwei Gruppen von Drittbetroffenen. Unmittelbar in ihren Rechten betroffene Dritte müssen am Verfahren beteiligt werden (z.B. Art. 21 des Gesetzes über die Regionale Verwaltungsgerichtsbarkeit). Dritte, die von der hoheitlichen Maßnahme mittelbar betroffen werden, können sich im Wege der Streithilfe beteiligen (z. B. Art. 22 des vorgenannten Gesetzes). Die Rechtsstellung des Dritten im Verfahren hängt von der Art seiner Beteiligung ab. Der Streithelfer kann nur im Rahmen der Dispositionen der Hauptbeteiligten mitwirken, der notwendigerweise Beteiligte hat die Möglichkeit, zum »thema decidentum« beizutragen und Rechtsmittel einzulegen.

2.2. Der EuGH

Auch in Verfahren des EuGH ist eine Drittbeteiligung vorgesehen. Nach Art. 93 § 1 der Verfahrensordnung des Gerichtshofs sind Anträge auf Zulassung als »Streithelfer« bis zur Eröffnung der mündlichen Verhandlung zulässig. Voraussetzung für die Zulassung sind nach § 2 ein »berechtigtes Interesse« des Antragstellers am Ausgang des Verfahrens und die Stellung von Anträgen, die der Unterstützung oder Bekämpfung der Anträge einer Hauptpartei zu dienen bestimmt sind.

6 Romeuf L 3
7 Romeuf V 3
8 vgl. Friedmann S. 181 ff.

Nach § 3 der Verfahrensordnung wird der Antrag des Dritten auf Beteiligung den Hauptbeteiligten zugestellt. Sie erhalten Gelegenheit zur Stellungnahme. Außerdem wird der Generalstaatsanwalt[9] angehört.

Wird dem Beteiligungsantrag stattgegeben, so muß der Streithelfer den Rechtsstreit in der Lage aufnehmen, in der er sich im Zeitpunkt seines Eintritts in das Verfahren befindet.

3. Der Beitritt

3.1. Andere Staaten

Im internationalen Vergleich gibt es eine Vielzahl von Beitrittsvarianten. Die Existenz besonderer Einrichtungen zur Vertretung des öffentlichen Interesses ist genausowenig eine typisch deutsche Erscheinung, wie die Koppelung dieser Aufgabe mit der Prozeßvertretung des Staates. Fast alle modernen Rechtsstaaten verfügen über Einrichtungen, die dem bundesdeutschen Vertreter des öffentlichen Interesses ähneln[10]. Die Vielfalt der Formen spiegelt sich wieder in den Landesberichten zum internationalen juristischen Kongreß, der - mit dem Thema »Die Verteidigung der staatlichen Verwaltungen vor den Gerichten« - 1976 aus Anlaß der Einhundertjahrfeier der italienischen »Avocatura dello Stato« stattgefunden hat. Diese Berichte sind nicht veröffentlicht, aber von Kopp[11] sowie Fischer[12] ihrem Inhalt nach ausführlich wiedergegeben. Die folgenden Ausführungen 3.1.1. bis 3.1.9. beruhen, soweit nichts anderes vermerkt ist, auf diesen Schilderungen.

3.1.1. In Frankreich wird vor den Verwaltungsgerichten der »Commissaire du Gouvernement« tätig. Er ist, wie Kopp[13] es bezeichnet, die moderne Version des »procureur du roi«, der im Mittelalter den Gerichten die Anordnungen des Königs bekannt gab[14]. Die Rechtsstellung der beiden Einrichtungen ist jedoch eine völlig verschiedene. Der »Commissaire du Gouvernement« hat eine ähnliche Funktion wie der Vertreter des öffentlichen Interesses in Deutschland. Seine Aufgabe ist es, dem »tribunal administratif« seine unparteiische Auffassung hinsichtlich des Sachverhalts und der

9 vgl. dazu unten Anm. 3.2.
10 vgl. Kopp VerwArch 1980, 278 m.w.N.
11 vgl. Kopp VerwArch 1980, 219 ff. und NuR 1987, 145 ff.
12 aaO S. 109 ff.
13 Kopp DVBL 1982, 277 f.
14 Maunz S. 718

anzuwendenden Rechtsvorschriften sowie einen konkreten Lösungsvorschlag zu unterbreiten[15]. »Il n'est pas le porte-parole de l'administration et il n'a pas a entrer en discussion avec les parties«[16].

3.1.2. Ähnliche Funktionen haben der »Auditeur general« in Belgien und der »Delegue du Gouvernement« in Luxemburg.

3.1.3. In England, wo die ordentlichen Gerichte grundsätzlich auch über öffentlichrechtliche Streitigkeiten entscheiden[17], ist seit dem Mittelalter der »Attorney General« als Vertreter des Staates und der Krone bekannt. Seine Beteiligung erstreckt sich auf fast alle gerichtlichen Streitigkeiten. Da er in persönlicher Unabhängigkeit auftritt, ist er nicht nur Vertreter des Staates und seiner Untergliederungen, sondern auch eine Art Vertreter des öffentlichen Interesses. Außerdem gibt es den »Parliamentary Commissionar«, der wie ein Ombudsmann als parlamentarische Institution die Verwaltung kontrollieren soll.

3.1.4. Das sowjetische Rechtssystem alter Prägung kennt kein zentrales Vertretungsorgan, aber den sog. Procurator, dessen Aufgabe es ist, im Interesse der Allgemeinheit, womit wohl Interessen der kommunistischen Partei gemeint waren, Fehlentscheidungen zu verhindern.

3.1.5. In Italien gibt es neben den ordentlichen Gerichten auch eigenständige Verwaltungsgerichte[18]. Die italienische »Avocatura dello Stato« ist in erster Linie ein Vertretungsorgan des Staates vor den Gerichten aller Gerichtsbarkeiten. Sie untersteht direkt dem Ministerpräsidenten.

3.1.6. In Spanien wird ebenfalls nicht ausdrücklich zwischen Parteivertretung und Wahrnehmung des öffentlichen Interesses unterschieden. Genau wie in Italien gewinnt das öffentliche Interesse nur insoweit an Bedeutung, als durch die organisatorische Trennung des Vertretungsorgans von der Fachbehörde Überzeichnungen der Parteirolle auf Staatsseite vorgebeugt wird.

3.1.7. In der Schweiz ist, wie bereits ausgeführt, der Rechtsschutz in Verwaltungssachen infolge der eidgenössenschaftlichen Organisationsautonomie primär Aufgabe der einzelnen Kantone. Die einzelnen Regelungen sind sehr unterschiedlich[19]. In einigen Kantonen (z.B. Zürich) gibt es einen

15 Fromant in MPI S. 221, 240 ff.
16 Gabolde Anm. 822
17 Bradley in MPI S. 327, 342
18 Brachelet in MPI S. 469, 482 ff.
19 vgl. Eichenberger in MPI S. 943, 949 ff.

Ombudsmann, der für Eingaben zuständig ist, für die ein Rechtsweg nicht oder nicht mehr besteht.

3.1.8. In den skandinavischen Ländern gibt es zum einen einen sog. Justizkanzler zur Vertretung des Staates, aber auch zur Wahrnehmung des öffentlichen Interesses. Zum anderen existiert die Einrichtung des sog. Ombudsmanns. Seine Hauptaufgabe ist die Kontrolle der Staatsverwaltung. Er wird gewöhnlich auf die Beschwerde eines einzelnen hin tätig[20]. Der Ombudsmann ist wegen seines petitiven Charakters gegenüber den Vertretern des öffentlichen Interesses im bundesdeutschen Sinne ein aliud. Er ist nicht Beteiligter eines gerichtlichen Verfahrens.

3.1.9. In Österreich obliegt die Vertretung des Staates vor allem der sog. Finanzprokuratur. Entsprechend dem skandinavischen Vorbild wurde 1977 eine sog. Volksanwaltschaft ins Leben gerufen[21]. Dabei handelt es sich um ein neben der Gerichtsbarkeit stehendes eigenständiges Organ zur Verwaltungskontrolle. Nach § 1 des Gesetzes von 1977 kann sich bei ihr jedermann wegen ihn belastender Mißstände in der Verwaltung beschweren, soweit ihm in der Sache ein Rechtsmittel nicht oder nicht mehr zusteht[22].

3.2. Der EuGH

Auch das Recht der EG kennt eine ähnliche Institution wie die des Vertreters des öffentliches Interesses. Die Entscheidungen des EuGH werden wesentlich mitbestimmt durch die »conclusions« der am Gerichtshof tätigen Generalstaatsanwälte, die nach dem Vorbild des französischen Commisaire du Gouvernement eingerichtet sind.

Nach Art. 166 EWGV haben sie die Aufgabe, das Gericht zu unterstützen. Sie stellen in völliger Unparteilichkeit und Unabhängigkeit Schlußanträge in den anhängigen Rechtssachen. Ihre häufig sehr ausführlichen Stellungnahmen werden in der Entscheidungssammlung des EuGH mit dem jeweiligen Urteil abgedruckt.

Die Generalstaatsanwälte sind wie die Richter Mitglieder des Gerichtshofs, haben also eine ähnliche Stellung wie der Oberbundesanwalt beim BVerwG. Nach Art. 167 EWGV müssen sie in persönlicher Hinsicht Gewähr für eine unabhängige Amtsführung bieten und in ihrem Staat die für die höchsten richterlichen Ämter erforderlichen Voraussetzungen erfüllen oder Juristen von anerkannt hervorragender Befähigung sein[23].

20 vgl. Christiansen in MPI S. 114, 125
21 BGBl 1977 Nr. 121
22 vgl. Funk aaO m.w.N.
23 vgl. im einzelnen Pichler S. 91 ff.

Kapitel 5 Verfahren und Form

1. Die Beiladung

1.1. Allgemeines

Befaßt sich das Gericht aufgrund eines Antrages oder von Amts wegen mit der Beiladungsproblematik, muß es nicht nur die materiellen Beiladungsvoraussetzungen prüfen, sondern auch formelle Gesichtspunkte berücksichtigen. Hierzu enthalten die §§ 75 SGG, 65, 66 VwGO und 60 FGO zum Teil übereinstimmende, zum Teil aber auch voneinander abweichende Regelungen, mit der Folge, daß auch die Rechtsprechung nicht völlig einheitlich ist.

1.2. Die Anhörung der Beteiligten und des Dritten

1.2.1. Nach § 60 Abs. 1 S. 2 FGO ist der am Verfahren beteiligte Steuerpflichtige vor der Beiladung eines Dritten anzuhören. Die §§ 75 SGG und 65, 66 VwGO enthalten keine entsprechenden Regelungen[1]. Eine Vorschrift zur Frage der Anhörung des Beizuladenden vor seiner Einbeziehung in den Prozeß kennt keine der drei Prozeßordnungen.

In den untersuchten Aktenfällen ist dementsprechend in 0 % der Fälle eine gesonderte Anhörung der Hauptbeteiligten oder des Dritten erfolgt. Im Schrifttum wird zur Frage der Anhörung kaum Stellung genommen[2].

Diese Praxis erscheint aus folgenden Gründen bedenklich:

1.2.1.1. Der vom Gesetzgeber in der FGO vorgesehenen Anhörungspflicht liegen Aspekte des Steuergeheimnisses zugrunde[3]. Beigeladene Dritte haben u.a. das Recht, die Gerichtsakten und die dem Gericht vorgelegten Verwaltungsakten einzusehen (§ 78 FGO). Dabei hat das Gericht zwar das Steuergeheimnis (§ 30 AO) zu beachten. Die Beiladungsvorschriften wer-

1 der Entwurf einer Verwaltungsprozeßordnung sah in § 68 eine Anhörungspflicht vor
2 vgl. Schäfer S. 93 f.
3 vgl. Seeliger S. 407; Wallis in Hübschmann/Hepp/Spitaler § 60 Rdn. 33

den gegenüber den Datenschutz- und Geheimhaltungsvorschriften aber als die im Grundsatz spezielleren Normen angesehen[4]. Durch das Anhörungsrecht soll dies im Interesse des Steuerpflichtigen kompensiert werden.

1.2.1.2. Fraglich ist deshalb, ob bei Streitigkeiten in Angelegenheiten des Sozialgesetzbuches das in § 35 SGB I geregelte Sozialgeheimnis nicht ebenfalls eine Anhörung gebietet. Nach dieser Vorschrift hat jeder Anspruch darauf, daß Einzelangaben über seine persönlichen und sachlichen Verhältnisse (sog. personenbezogene Daten) als Sozialgeheimnis gewahrt und nicht unbefugt offenbart werden. Eine Offenbarung ist zwar nur unter den besonderen Voraussetzungen der §§ 67-77 SGB X zulässig[5]. Aber auch hier besteht ein Spannungsverhältnis zum Akteneinsichtsrecht der Prozeßbeteiligten. Wie sich aus § 78 SGB X ergibt, ist das Gericht nur gegenüber sonstigen Dritten, nicht aber gegenüber den Prozeßbeteiligten an die Beschränkungen der §§ 67-77 SGB X gebunden. Alle noch so detaillierten Regelungen zur Akteneinsicht im Verwaltungsverfahren verlieren an Gewicht, wenn sich an das Verwaltungsverfahren ein gerichtliches Verfahren anschließt[6]. Dort nämlich müssen grundsätzlich alle maßgebenden Akten vorgelegt werden (vgl. §§ 119 SGG, 100 VwGO), weil es der Grundsatz des rechtlichen Gehörs gebietet, daß nur solche Tatsachen und Vorgänge zur Grundlage einer gerichtlichen Entscheidung gemacht werden, welche die Beteiligten kennen und zu denen sie sich äußern konnten (vgl. § 128 Abs. 2 SGG, § 108 Abs. 2 VwGO).

Eine Beschränkung der Akteneinsicht ist im sozialgerichtlichen Verfahren nach § 120 Abs. 3 SGG zwar ausnahmsweise zulässig, aber nur in engen Grenzen[7]. § 100 VwGO enthält nicht einmal diese Einschränkung. Zum Teil wird zwar insoweit eine entsprechende Anwendung des § 99 Abs. 1 S. 2 VwGO für geboten erachtet[8]; dies kann jedoch nicht als allgemeine Meinung bezeichnet werden.

Wegen dieser sehr weit reichenden Akteneinsichtsmöglichkeiten wird das Fehlen einer Anhörungspflicht vor der Beiladung den auftretenden Interessenkonflikten in den typischen Streitfällen des Sozialrechts nicht gerecht. Der Ausdruck »Sozialgeheimnis« in § 35 SGB I soll nach dem Willen des Gesetzgebers deutlich machen, daß ein bereichsspezifischer, qualitativ dem Steuergeheimnis vergleichbarer Datenschutz geboten ist[9]. Dem liegt die Erkenntnis zugrunde, daß in keinem anderen öffentlichrechtlichen Verwal-

4 Wallis in Hübschmann/Hepp/Spitaler § 60 Rdn. 5
5 Schroeder-Printzen Vor § 67 Anm. 1 ff.
6 ebenso Mörsberger S. 246, 259; vgl. auch Schoenemann S. 520, 525
7 vgl. im einzelnen Meyer-Ladewig § 120 Rdn. 7; Niesel Rdn. 144
8 z.B. Kopp § 100 Rdn. 3a m.w.N.; a.A. z.B. Schoememann S. 524 unter Hinweis auf BVerfGE 20, 280, 282
9 BT-Drucks. 8/4022 S. 96

tungsbereich so viele Daten über Beruf, Einkommen, Familienverhältnisse und Gesundheitszustand gesammelt und benötigt werden wie im Sozialleistungsbereich. Fordert also das Steuergeheimnis die Anhörung des Steuerpflichtigen vor der Beiladung eines Dritten, so kann für das Sozialgeheimnis nichts anderes gelten. Die Anhörung ist nicht nur ratsam[10], sondern - im datenschutzrelevanten Bereich - zwingend erforderlich, und zwar schon de lege lata. Sollten die Gerichte an ihrer Praxis auch in der Zukunft festhalten, ist der Gesetzgeber insoweit zum Handeln aufgefordert, und zwar sowohl bezüglich des SGG als auch bezüglich der VwGO.

Nur ergänzend sei an die Ausführungen in Kap. 4 Anm. 1 erinnert, wonach auch in anderen europäischen Staaten und nach der Verfahrensordnung des EuGH in bestimmten Fällen vor der Drittbeteiligung eine Anhörung der Hauptbeteiligten zu erfolgen hat.

1.2.1.3. Darüberhinaus stellt sich in allen Streitverfahren die Frage der Anhörung des Dritten, der beigeladen werden soll. Er muß im gerichtlichen Verfahren zwar grundsätzlich keine Angaben machen, unterliegt aber der Gefahr, daß über ihn vorhandene Unterlagen vorgelegt werden. Außerdem wird er in einen fremden Prozeß hineingezogen, muß sich unter Umständen eines Prozeßbevollmächtigten bedienen, um sich wirksam beteiligen zu können und trägt sogar das Risiko, mit Kosten des Verfahrens belastet zu werden. Auch dies begründet m.E. ein Recht auf Anhörung[11].

1.3. Die Art der Entscheidung

Die Beiladung und die Ablehnung eines Beiladungsantrages erfolgen nach SGG, VwGO und FGO durch Beschluß.

Eine mündliche Verhandlung kann, muß aber nicht vorausgehen. 98,5 % der in den untersuchten Aktenfällen ergangenen Beiladungsbeschlüsse sind ohne mündliche Verhandlung ergangen.

Eine formlose oder konkludente Beiladung gibt es nach allgemeiner Meinung nicht. Die Zustellung von Schriftsätzen und/oder die Ladung des Dritten zur mündlichen Verhandlung ersetzen den Beiladungsbeschluß genausowenig wie die tatsächliche Anwesenheit des Dritten in der mündlichen Verhandlung. Eine ohne förmlichen Beschluß ausgesprochene Beiladung ist unwirksam[12].

10 so Meyer-Ladewig § 75 Rdn. 14; Redeker/von Oertzen § 65 Rdn. 13
11 vgl. auch Gräber § 60 Rdn. 29; Redeker/von Oertzen § 65 Rdn. 13
12 BFHE 90, 428; Meyer-Ladewig § 75 Rdn. 14; Kühn/Kutter/Hofmann § 60 Anm. 2

1.4. Der Inhalt der Entscheidung

1.4.1. Nach § 75 Abs. 2 S. 2 SGG , § 65 Abs. 4 S. 2 VwGO und § 60 Abs. 4 FGO sollen im die Beiladung aussprechenden Beschluß der »Stand des Verfahrens« und der »Grund der Beiladung« angegeben werden. Nach weit verbreiteter Auffassung[13] soll auch die Art der Beiladung (einfache oder notwendige) aus dem Beschluß ersichtlich sein.

Von den Beiladungsbeschlüssen in den untersuchten Aktenfällen entsprachen nur 7 % diesen Anforderungen in vollem Umfang. Im übrigen fehlten zumindest Angaben zum Stand des Verfahrens. In 75,4 der Fälle wurde allerdings in ein bis zwei Sätzen der Streitgegenstand beschrieben. Gar keine Angaben über Streitgegenstand oder Sachstand des Verfahrens enthielten 17,6% der Beschlüsse.

Entspricht der Beiladungsbeschluß nicht den Begründungserfordernissen, ist er deshalb nicht unwirksam und nach hM auch nicht anfechtbar[14]. Dementsprechend kam es in den untersuchten Aktenfällen trotz der teilweise recht erheblichen Begründungsmängel nicht zu Aufhebungen wegen unterbliebener oder unvollständiger Begründung.

1.4.2. Der die Beiladung ablehnende Beschluß muß begründet werden. Dies ergibt sich zwar nicht aus den Beiladungsvorschriften, aber aus § 142 SGG, § 122 VwGO und § 113 Abs. 2 FGO. Nichts anderes kann gelten, wenn die beantragte Umwandlung einer einfachen in eine notwendige Beiladung abgelehnt oder eine bereits ausgesprochene Beiladung nicht im allseitigen Einverständnis wieder aufgehoben wird. Fehlt die Begründung in diesen Fällen, leidet der Beschluß an einem Verfahrensmangel, der im Falle seiner Anfechtung auch zur Zurückverweisung führen kann. Einen Verfahrensfehler, auf dem das Urteil im Sinne der Rechtsmittelvorschriften beruhen kann, stellt der Mangel der Begründung jedoch nicht dar[15].

1.5. Der Umfang der Beiladung

Die Beiladung bezieht sich grundsätzlich auf den gesamten Streitgegenstand des Verfahrens. Bei objektiver Klagehäufung kann es aber erforder-

13 z.B. Meyer-Ladewig § 75 Rdn. 14; Eyermann-Fröhler § 65 Anm. 42; Wallis in Hübschmann/Hepp/Spitaler § 60 Rdn. 35

14 vgl. z.B. Eyermann/Fröhler § 65 Rdn. 53; Wallis in Hübschmann/Hepp/Spitaler § 60 Rdn. 35

15 BVerwG Buchholz 310 § 65 Nr. 14; Meyer-Ladewig § 75 Rdn. 15; Niesel Rdn. 65; Redeker/von Oertzen § 122 Rdn. 5; Eyermann/Fröhler § 122 Anm. 6; vgl. dazu auch unten Kap. 11 Anm. 1.6.

lich sein, sie auf einen Teil des Prozeßstoffs zu beschränken[16]. Ist dies nicht geschehen, sollten Berufungs- und Revisionsgericht klarstellend eingreifen. Betrifft ein Rechtsmittel nur einen Teil des Rechtsstreits und handelt es sich dabei um den Teil, der die Beiladung nicht erforderlich macht, entfällt die Beteiligung des Dritten im Rechtsmittelverfahren.

1.6. Die Bekanntgabe der Entscheidung

Nach § 75 Abs. 4 S. 1 SGG, § 65 Abs. 4 S. 1 VwGO und § 60 Abs. 4 S. 1 FGO ist der Beiladungsbeschluß den bereits am Rechtsstreit Beteiligten und dem Dritten zuzustellen. Die Beiladung wird mit der Bekanntgabe an den Dritten wirksam[17].

Eine gesonderte Zustellung sollte dann unterbleiben, wenn der Beiladungsbeschluß allen Beteiligten gegenüber verkündet worden ist. Der Meinung, daß auch in diesen Fällen noch eine förmliche Zustellung erfolgen muß[18], kann nicht zugestimmt werden. Die Beiladung wird nämlich auch dann wirksam, wenn der Beschluß den Beteiligten in anderer Weise zur Kenntnis gebracht wird[19]. Die förmliche Zustellung an eine zweifelsfrei allen Betroffenen bekanntgegebene Beiladungsentscheidung erscheint als reiner Formalismus; sie kann keine neuen Rechtswirkungen mehr entfalten.

Fraglich ist ferner, ob das Zustellungserfordernis des Gesetzes auch für einen Beschluß gilt, in dem eine beantragte Beiladung abgelehnt oder eine bereits ausgesprochene Beiladung aufgehoben wird. Dem Wortlaut der Beiladungsvorschriften läßt sich dies nicht entnehmen. In den Fällen, in denen der Beschluß anfechtbar ist (s dazu unten 1.7.), also eine Beschwerdefrist in Lauf setzt, muß er jedoch nach dem allgemeinen Grundsatz der §§ 63 SGG, 56 VwGO und 53 FGO zugestellt werden.

Besonderheiten gelten nach § 65 Abs. 3 VwGO[20], wenn mehr als fünfzig Dritte beigeladen werden müssen. In einem solchen Fall kann das Gericht durch Beschluß anordnen, daß nur solche Personen beteiligt werden, die dies innerhalb einer bestimmten Frist beantragen. Dieser Beschluß ist im Bundesanzeiger bekanntzumachen und in solchen Tageszeitungen zu veröffentlichen, die in dem Bereich verbreitet sind, in dem sich die Ent-

16 BSG SozR 1500 § 75 Nr. 27

17 ebenso Meyer-Ladewig § 75 Rdn. 14; Kopp § 65 Rdn. 25; a.A. Eyermann/Fröhler § 65 Anm. 54; Hennig/Danckwerts/König § 75 Anm. 6.1.

18 so Gräber § 60 Rdn. 40; Wallis in Hübschmann/Hepp/Spitaler § 60 Rdn. 35

19 s § 9 VwZG; ebenso BFH NVwZ 1988, 767 f.; Meyer-Ladewig § 142 Rdn. 7

20 eine entsprechende Regelung gibt es seit 1.1.1993 auch in der FGO, vgl. unten Kap. 12

scheidung voraussichtlich auswirken wird. Auch Dritte, die sich daraufhin nicht beteiligen, müssen die Entscheidung gegen sich gelten lassen[21].

1.7. Anfechtbarkeit und Aufhebung der Entscheidung

1.7.1. Bezüglich der Anfechtbarkeit von Beschlüssen gemäß § 75 SGG, §§ 65, 66 VwGO und § 60 FGO sind Gesetzeslage und Rechtsprechung in den drei Gerichtszweigen nicht identisch. § 75 Abs. 4 S. 3 VwGO erklärt lapidar: »Die Beiladung ist unanfechtbar«. § 75 SGG enthält mit anderer Formulierung dieselbe Regelung: »Der Beschluß, den Dritten beizuladen, ist unanfechtbar«.

Dagegen trifft § 60 FGO keine Regelung zur Anfechtbarkeit. Entsprechend dieser Gesetzeslage ist von Rechtsprechung und Schrifttum zur FGO anerkannt, daß sowohl Beschlüsse mit der Beschwerde anfechtbar sind, welche die Beiladung aussprechen, als auch solche, die eine beantragte Beiladung ablehnen. Mangels einschränkender gesetzlicher Regelungen gelten insoweit die allgemeinen Grundsätze über die Anfechtbarkeit von Beschlüssen. Da die Finanzgerichtsbarkeit keine zweite Tatsacheninstanz kennt, entscheidet gemäß § 128 FGO der BFH über die Beschwerde[22].

Nach dem klaren Wortlaut des § 75 Abs. 4 S. 3 SGG und des § 65 Abs. 4 S. 3 VwGO ist bei Entscheidungen der Verwaltungs- und der Sozialgerichte zu unterscheiden zwischen Beschlüssen, welche die Beiladung aussprechen und allen anderen Beschlüssen in Beiladungsfragen. Die erstgenannten sind unanfechtbar, gegen alle anderen Beschlüsse ist die Beschwerde (§ 172 SGG, § 146 VwGO) statthaft.

Kritik an dieser Gesetzeslage gibt es in der sozialgerichtlichen Rechtsprechung und im Schrifttum derzeit nicht. Dem gegen seinen Willen Beigeladenen bleibt in Rechtsstreitigkeiten der Sozialgerichtsbarkeit nur die Möglichkeit, sich am Verfahren nicht aktiv zu Beteiligen. Er muß weder einen förmlichen Antrag stellen, noch muß er sich überhaupt zur Sache äußern. Allerdings kann nach § 111 SGG sein persönliches Erscheinen zur mündlichen Verhandlung angeordnet werden. Der Hauptbeteiligte, der keinen Dritten in »seinem« Verfahren wünscht, kann gegen dessen Teilnahme nichts unternehmen.

Zum verwaltungsgerichtlichen Verfahren sind die Meinungen über die Zulassung weiterer Anfechtungsmöglichkeiten gespalten. Die restriktivste Meinung hält sich eng am Wortlaut des Gesetzes und läßt daher keine zusätzlichen Anfechtungsmöglichkeiten zu[23]. Dagegen vertritt Kopp[24] die

21 vgl. Redeker/von Oertzen § 65 Rdn. 27
22 BFHE 94, 204; 148, 444; Gräber § 60 Rdn. 76
23 z.B. Redeker/von Oertzen § 65 Rdn. 34
24 aaO § 65 Rdn. 37

Auffassung, § 65 Abs. 3 S. 3 VwGO gehe offenbar davon aus, daß durch die Beiladung Rechte der Beteiligten nicht beeinträchtigt werden, sondern ihre Rechtsstellung durch die Erstreckung der Rechtskraft auf den Beigeladenen allenfalls verbessert wird. Für den Beigeladenen treffe diese ratio legis aber nicht ohne weiteres zu. Entgegen dem Gesetzeswortlaut müsse er dann ein Beschwerderecht haben, wenn er durch die Beiladung einen Rechtsnachteil erleide. Dies sei z.B. dann der Fall, wenn ihm in der Sache selbst ein Klagerecht zustehe und ihm durch die Beiladung die Möglichkeit einer Klage genommen werde[25].

So verständlich und nachvollziehbar die zu einer Erweiterung der Anfechtungsmöglichkeiten tendierenden Meinungen einerseits sind, so klar und eindeutig ist aber andererseits der Wortlaut der gesetzlichen Vorschriften. Deshalb ist insoweit der Gesetzgeber gefordert[26]. Dies gilt insbesondere für Verfahren in Angelegenheiten des Sozialgesetzbuches, und zwar vor allem auch aus datenschutzrechtlichen Gründen, also - indirekt - auch aus der ratio legis des § 60 FGO. Der Gesetzgeber hat im Hinblick auf die Möglichkeit der Verletzung des Steuergeheimnisses bei irrtümlicher Beiladung in § 60 FGO absichtlich keine § 75 Abs. 3 S. 4 SGG und § 65 Abs. 4 S. 3 VwGO entsprechende Regelung aufgenommen[27]. Seit der Anerkennung des Sozialgeheimnisses als dem Steuergeheimnis adäquate Ausprägung des Rechts auf informationelle Selbstbestimmung kann für sozialrechtliche Sachverhalte nichts anderes gelten.

1.7.2. Bezüglich des Verfahrens bei Aufhebungsbeschlüssen ist folgendes zu beachten: Waren am Beiladungsbeschluß ehrenamtliche Richter beteiligt, muß auch eine Aufhebungsentscheidung desselben Gerichts unter Mitwirkung ehrenamtlicher Richter erfolgen[28].

1.7.3. Die von Amts wegen bestehenden Aufhebungsbefugnisse des Rechtsmittelgerichts werden unterschiedlich beurteilt. Der BFH hat eine solche Möglichkeit unter Hinweis auf die nach der FGO gegen einen Beiladungsbeschluß bestehende Beschwerdemöglichkeit für das revisionsgerichtliche Verfahren verneint[29].

Auch der 2. Senat des BSG[30] hat eine Aufhebung im Revisionsverfahren nicht mehr für möglich gehalten; er hat darin eine nach § 168 SGG unzu-

25 der gleichen Meinung ist Baden aaO S. 143, 146

26 ähnlich Hennig/Danckwerts/König § 75 Anm. 6.3.

27 vgl. BFH NVwZ 1988, 767 unter Bezugnahme auf BT-Drucks. IV/3523 S. 24 zu § 58

28 s § 174 SGG, § 148 VwGO und § 130 FGO; im Ergebnis ebenso LSG Rheinland/Pfalz Breith 1957, 973; LSG Baden/Württemberg Breith 1984, 919;

29 BFHE 133, 526; vgl. auch BFHE 94, 204 zur Frage der Beschwerdemöglichkeit nach § 128 FGO; BFH NVwZ 1982, 336

30 BSGE 15, 295, 299

lässige Beteiligtenänderung gesehen. Ähnlich hat der 11. Senat des BSG entschieden[31]. Er hat, wie der BFH, auf die Unanfechtbarkeit des Beiladungsbeschlusses verwiesen. Demgegenüber hat der 12. Senat des BSG[32] die Auffassung vertreten, eine rechtswidrige Beiladung könne in jedem Verfahrensstadium aufgehoben werden.

Das BVerwG hält eine Aufhebung jedenfalls dann für möglich, wenn die Beiladung unwirksam war[33].

Unabhängig von der Frage, ob hier der große Senat des BSG bzw. der GemS OGB hätte angerufen werden müssen[34], weisen die entsprechend anwendbaren §§ 512 und 548 ZPO die richtige Richtung. Nach diesen Vorschriften unterliegen der Beurteilung des Berufungs- und des Revisionsgerichts zwar grundsätzlich auch diejenigen Entscheidungen der Vorinstanz, die dem Endurteil vorausgegangen sind. Etwas anderes gilt aber dann, wenn sie unanfechtbar oder mit der Beschwerde anfechtbar, aber nicht angefochten worden sind. Dies spricht dafür, daß der Beiladungsbeschluß im Berufungs- oder im Revisionsverfahren von Amts wegen grundsätzlich nur noch konkretisiert, aber nicht mehr aufgehoben werden kann. Die Richtigkeit dieser Annahme zeigt auch das Fallbeispiel der Rechtsmitteleinlegung des Beigeladenen selbst: Würde das Rechtsmittelgericht seine Beiladung aufheben können, so wäre dem Rechtsmittel die Grundlage genommen; es wäre unzulässig, mit der möglichen, aber widersinnigen Folge, daß der Beigeladene die Verfahrenskosten zu tragen hätte.

Gegen eine Aufhebung der Beiladung im allseitigen Einverständnis der Beteiligten bestehen dagegen keine durchgreifenden Bedenken.

2. Der Beitritt

2.1. Allgemeines

Die Anforderungen bezüglich Verfahren und Form des Beitritts sind wesentlich geringer als dies bei der Beiladung der Fall ist. Das liegt vor allem daran, daß eine gerichtliche Entscheidung über den Beitritt in der Regel nicht erforderlich ist (vgl. dazu unten Anm. 2.4.), weil die Beitrittserklärung konstitutive Wirkung hat[35].

31 BSG SozR 1500 § 75 Nr. 38
32 BSG SozR 1500 § 75 Nr. 27
33 BVerwGE 72, 165, 167
34 vgl. dazu May S. 426
35 vgl. Tipke/Kruse § 122 Rdn. 22 ff.; Wallis in Hübschmann/Hepp/Spitaler § 122 Rdn. 10 ff. und § 61 Rdn. 3; so wohl auch Redeker/von Oertzen § 35 Rdn. 3

2.2. Die Anhörung der Beteiligten

Eine Anhörung der Hauptbeteiligten vor dem Beitritt ist weder nach der FGO noch nach der VwGO vorgesehen. Es gibt - jedenfalls im Normalfall - kein Beitrittsverfahren[36]. Zwar hat in steuerrechtlichen und vor allem in sozialrechtlichen Streitigkeiten vor den Verwaltungsgerichten der Beitritt auch datenschutzrechtliche Relevanz; da die Beitrittsberechtigten den Sachverhalt aber entweder ohnedies kennen (so im Fall des § 61 FGO) oder Geheimhaltungspflichten unterliegen (so in den übrigen Fällen), bedarf es unter diesem Aspekt keiner Einschränkung der gesetzlichen Vorschriften.

2.3. Der Umfang des Beitritts

Der Umfang des Beitritts ist gesetzlich nicht eingeschränkt. Beigetreten wird nach dem klaren Wortlaut der gesetzlichen Vorschriften zum Verfahren als solchem. Allerdings ist m. E. in Fällen des § 61 FGO bei objektiver Klagenhäufung ein Beitritt auf den Klagegegenstand zu beschränken, in dem die Beschwerdeentscheidung ergangen ist[37]. Im übrigen kann sich der Beitrittsberechtigte natürlich auf Ausführungen zu bestimmten Verfahrensteilen beschränken.

2.4. Die Entscheidung des Gerichts

Trotz der konstitutiven Wirkung der Beitrittserklärung kann ausnahmsweise eine Entscheidung des Gerichts erforderlich sein.

Im finanzgerichtlichen Verfahren hat das Gericht, insbesondere in den Fällen des § 61 FGO, den Beitritt auf seine Zulässigkeit hin zu überprüfen und die Behörde erforderlichenfalls durch Beschluß aus dem Verfahren zu weisen[38]. Das Gericht kann den Beitritt allerdings nur dann ablehnen, wenn die »personalen« Voraussetzungen des § 61 FGO nicht vorliegen, also wenn die beitretende Behörde tatsächlich nicht als Beschwerdebehörde, sondern in anderer Eigenschaft tätig geworden ist. So ist ein Beitritt beispielsweise nicht zulässig, wenn keine Beschwerde-, sondern eine Einspruchsentscheidung ergangen ist[39].

36 vgl. Tipke/Kruse § 122 Rdn. 22; Gräber § 122 Rdn. 2, 3
37 Problematisiert wird dies im Schrifttum erstaunlicherweise nicht
38 ebenso Gräber § 61 Rdn. 2; Wallis in Hübschmann/Hepp/Spitaler § 61 Rdn. 2, 3
39 BFHE 92, 426, 432

Nicht durch Beschluß, sondern durch Zwischenurteil ist nach hM zu entscheiden, wenn der BFH einen Beitritt für nicht zulässig erachtet[40]. Diese hohen Anforderungen erscheinen jedoch als Fremdkörper, denn alle anderen Entscheidungen über die Drittbeteiligung erfolgen durch Beschluß. Deshalb sollte m.E. auch hier ein Beschluß ausreichen.

Im verwaltungsgerichtlichen Verfahren gilt im Grundsatz das gleiche. Auch hier ist der Beitritt nur an »personale« Zulässigkeitsvoraussetzungen geknüpft. Wollen andere Behörden oder Stellen als die in §§ 35 ff. VwGO genannten beitreten, muß ihr Antrag durch Beschluß zurückgewiesen werden.

2.5. Anfechtbarkeit und Aufhebung der Entscheidung

In den Fällen, in denen das Finanzgericht nach § 61 FGO einen Beitritt durch Beschluß für unzulässig erklärt, besteht die Möglichkeit der Beschwerde zum BFH (§ 128 FGO). Erklärt ein Verwaltungsgericht den Beitritt für unzulässig, ist die Beschwerde zum OVG/VGH gegeben. Ablehnende Beschlüsse des OVG/VGH sind dagegen nicht anfechtbar (§ 152 VwGO). Das gilt auch für Entscheidungen des BVerwG und des BFH.

3. Zwischenergebnis

Zum wirksamen Schutz des Sozialgeheimnisses erscheint es geboten, für Angelegenheiten des Sozialgesetzbuches § 75 SGG und §§ 65, 66 VwGO dahingehend zu ändern, daß

- im datenschutzrelevanten Bereich die Hauptbeteiligten und/oder der Dritte vor der Beiladungsentscheidung anzuhören sind;
- Beiladungsbeschlüsse von den Hauptbeteiligten und von Dritten angefochten werden können.

Die zweifelsfrei den Beteiligten gegenüber erfolgte mündliche Bekanntgabe des Beiladungsbeschlusses ersetzt das gesetzliche Zustellungserfordernis.

Von Amts wegen kann das Berufungs- oder Revisionsgericht eine vorinstanzlich zu Unrecht erfolgte Beiladung nicht aufheben.

40 z.B. Gräber § 122 Rdn. 3; Tipke/Kruse § 122 Rdn. 25

Kapitel 6 Allgemeine Voraussetzungen

1. Die Beiladung

1.1. Beiladung von Amts wegen oder auf Antrag

Die drei Verfahrensordnungen enthalten inhaltlich übereinstimmende Regelungen: Nach § 75 Abs. 1 und 2 SGG, § 65 Abs. 1 und 2 VwGO sowie § 60 Abs. 1 und 3 FGO erfolgt die Beiladung von Amts wegen oder auf Antrag. Eine im vorausgegangenen Verwaltungs- bzw. Widerspruchsverfahren ausgesprochene Beteiligung des Dritten (z.B. aufgrund von § 12 Abs. 2 SGB X, § 360 AO, § 13 Abs. 2 VwVfG oder einer spezielleren Vorschrift, wie sie etwa § 92 der HBO darstellt) wirkt im Gerichtsverfahren nicht fort. Die Teilnahme des Dritten am Prozeß setzt vielmehr eine ausdrückliche, sie begründende Entscheidung des Gerichts voraus.

1.1.1. Von Amts wegen hat das Gericht in jedem Verfahrensstadium zu prüfen, ob die Beiladungsvoraussetzungen vorliegen[1]. Nach der Klageerhebung bieten hierzu Anlaß vor allem der Eingang der Verwaltungsakte der Beklagten oder anderer beigezogener Akten und deren Durchsicht, das Ergebnis einer Beweisaufnahme und die Durchführung der sonstigen terminsvorbereitenden Maßnahmen (vgl. insbes. § 106 SGG, § 87 VwGO und § 79 FGO).

In den untersuchten Fällen sind 99 % der Beiladungen von Amts wegen erfolgt.

1.1.2. Antragsbefugt ist jeder am Verfahren bereits Beteiligte (Kläger, Beklagter, bereits beigeladener oder beigetretener Dritter) oder derjenige, der beigeladen werden will. Nicht antragsberechtigt sind am Verfahren nicht beteiligte Personen, die nicht ihre eigene, sondern die Beiladung eines Dritten begehren[2].

1 im Grundsatz allgem. Meinung, vgl. z.B. Bley in SGB-SozVers-GK § 75 Anm. 2b m.w.N.; str. ist nur, ob eine Beiladung auch noch nach Erlaß des Urteils erfolgen kann, vgl. dazu unten Anm. 1.7.

2 ebenso z.B. Dapprich S. 61; Bley in SGB-SozVers-GK § 75 Anm. 4; Brackmann S. 234 y

Seiner Rechtsnatur nach ist der Antrag mehr als eine bloße Anregung[3], es sei denn er wird ausdrücklich nur als solche bezeichnet. Daß das Gericht die Beiladung auch von Amts wegen aussprechen kann oder muß, ändert nichts daran, daß es über einen Beiladungsantrag förmlich entscheiden muß[4].

Richtiger Erklärungsadressat des Beiladungsantrages ist das Gericht, bei dem der Rechtsstreit anhängig ist.

1.1.3. Die ausgesprochene Beiladung wirkt im weiteren Verfahren grundsätzlich fort. Auch in der höheren Instanz wird der Rechtsstreit mit dem Dritten als Beteiligtem fortgeführt. Insoweit besteht ein Unterschied z.B. zur Wirkung von Entscheidungen über die Gewährung von Prozeßkostenhilfe (mit oder ohne Beiordnung eines Rechtsanwalts), denn darüber muß in jeder Instanz neu entschieden werden.

Anders ist die Situation, wenn der Rechtsstreit nach einer Beiladung wegen sachlicher oder örtlicher Unzuständigkeit vom angegangenen Gericht an ein anderes verwiesen wird. Dann bleiben die Rechtshängigkeit sowie die prozessualen und materiellrechtlichen Wirkungen der Klage zwar erhalten. Davon abgesehen beginnt aber vor dem aufnehmenden Gericht ein neues Verfahren, das nicht als bloße Fortwirkung des ursprünglichen gesehen werden kann. Deshalb verlieren bestimmte Maßnahmen des verweisenden Gerichts (z.B. die Gewährung von Prozeßkostenhilfe) für den Prozeß vor dem aufnehmenden Gericht ihre Bedeutung[5]. Auch eine ausgesprochene Beiladung bleibt nicht ohne weiteres bestehen. Bei einer Verweisung an eine Gerichtsbarkeit, deren Prozeßordnung keine Beiladung vorsieht, muß das nach Verweisung mit der Streitsache befaßte Gericht darauf hinweisen, daß die Beiladung in eine prozeßrechtskonforme Beteiligungsform umgewandelt werden muß. Es muß den Beteiligten Gelegenheit hierzu geben[6]. Unterbleibt eine Umwandlung, sind die zuvor Beigeladenen vom weiteren Verlauf des Rechtsstreits ausgeschlossen.

Erfolgt die Verweisung - umgekehrt - von einer Gerichtsbarkeit, die das Rechtsinstitut der Beiladung nicht kennt, an die Verwaltungs-, Sozial- oder Finanzgerichte, gilt für die Umwandlung anderer Drittbeteiligungsformen (etwa der Nebenintervention) in eine Beiladung im Grundsatz dasselbe. Allerdings muß hier das Gericht gegebenenfalls nicht nur auf die Möglich-

3 str.: ebenso z.B. Hennig/Danckwerts/König § 75 Anm. 6.1.; a.A. Redeker/von Oertzen §65 Rdn. 11; Wallis in Hübschmann/Hepp/Spitaler § 60 Rdn. 30; Eyermann/Fröhler § 65 Rdn. 47; Meyer-Ladewig § 75 Rdn. 15

4 ebenso Bittner § 60 Rdn. 31; Bley in SGB- SozVers-GK § 75 Anm. 4; vgl. auch Brackmann S. 234 y; OVG Lüneburg OVGE 10, 436

5 vgl. Krause ZZP 1970, 289, 323 f.

6 vgl. Krause DÖV 1970, 695, 701

keit eines Beiladungsantrages hinweisen, sondern selbst von Amts wegen prüfen, ob sie erfolgen kann bzw. muß.

1.2. Anhängigkeit der Streitsache

1.2.1. Begriffsnotwendige Voraussetzung der Beteiligung Dritter ist die Anhängigkeit eines Verfahrens.

Die Anhängigkeit einer Klage (insoweit wird - anders als im Zivilprozeß - auch schon von Rechtshängigkeit gesprochen) oder eines Antrages vor den allgemeinen und den besonderen Verwaltungsgerichten beginnt mit Eingang der Klage bei Gericht (vgl. § 94 Abs. 1 SGG, § 90 Abs. 1 VwGO, § 66 FGO). Im Gegensatz zum Zivilprozeß (vgl. § 253 ZPO) ist eine Zustellung an den Beklagten bzw. Antragsgegner für die Rechtshängigkeit nicht erforderlich. Beim Rechtsmittelgericht ist die Sache mit Eingang der Rechtsmittelschrift anhängig.

Die Verwaltungs-, Sozial- und Finanzgerichte könnten also theoretisch schon vor Zustellung der Klage Beiladungen aussprechen. Eine derartige Vorgehensweise erscheint aber verfahrensunökonomisch. Zuerst sollte abgewartet werden, ob der Beklagte sich überhaupt auf ein Gerichtsverfahren einläßt oder den Anspruch sofort anerkennt.

In den untersuchten Fällen erfolgten in erster Instanz

- 0,0 % der Beiladungen vor Klagezustellung
- 81,8 % vor Anberaumung eines Termins
- 3,0 % im (letzten) Termin zur mündlichen Verhandlung bei Anwesenheit des Dritten
- 1,5 % im (letzten) Termin ohne Anwesenheit des Dritten
- 13,7 % in der Berufungsinstanz

1.2.2. Die Anhängigkeit in einer Instanz endet im sozialgerichtlichen Verfahren bei Beendigung des Rechtsstreits durch rechtskräftiges Urteil, Klagerücknahme, Erledigungserklärungen, Rechtsmittelrücknahme, Vergleich oder Anerkenntnis und Annahme.

Nach der VwGO gilt im Grundsatz dasselbe. Zwar fehlt eine § 101 Abs. 2 SGG (Erledigung durch Anerkenntnis und Annahme) entsprechende Regelung, doch ist in entsprechender Anwendung der §§ 307, 308 ZPO der Erlaß eines Anerkenntnisurteils zulässig, wobei die Einzelheiten allerdings umstritten sind[7].

Die Rechtslage nach der FGO entspricht bezüglich der Klagerücknahme im wesentlichen derjenigen nach der VwGO; dagegen werden Anerkenntnisurteile und Prozeßvergleiche im finanzgerichtlichen Verfahren als unzu-

7 vgl. Kopp § 86 Rdn. 16; Redeker/von Oertzen § 86 Rdn. 5. m.w.N. und § 107 Rdn. 6; einschränkend Eyermann/Fröhler § 107 Rdn. 7

lässig angesehen. Stattdessen wird eine Erledigung der Hauptsache ausgenommen[8].

1.3. Die Verfahrensart

1.3.1. §§ 75 SGG, 65, 66 VwGO und 70 FGO enthalten keine Beschränkung der Beiladung auf bestimmte Klage- oder Verfahrensarten. Deshalb gilt der Grundsatz, daß Beiladungen in allen Klage- und Verfahrensarten ausgesprochen werden können, also nicht nur in Hauptsacheverfahren, sondern auch in damit zusammenhängenden Nebenverfahren, wie etwa dem Prozeßkostenhilfeverfahren[9]. Trotz dieser an sich klaren Gesetzeslage, ist umstritten, ob hinsichtlich bestimmter Verfahrensarten Ausnahmen gelten. Gegenstand der Diskussionen sind insbesondere die Verfahren auf Gewährung vorläufigen Rechtsschutzes und die Normenkontrollklagen.

1.3.2. Die Regelungen der drei Verfahrensordnungen über den vorläufigen Rechtsschutz bzw. die Rechtsprechung dazu unterscheiden zwischen Anfechtungssachen und Vornahmesachen[10].

Die Statthaftigkeit von Beiladungen auch in solchen Verfahren war früher umstritten, wird aber inzwischen überwiegend bejaht[11]. Der Gegenmeinung[12] kann nicht gefolgt werden. Das von ihr genannte Argument, der Rechtscharakter der Eilverfahren stehe in innerem Widerspruch zur Beiladung überzeugt nicht, und zwar unabhängig davon, ob die Eilentscheidung mit oder ohne mündliche Verhandlung ergeht.

Fraglich kann deshalb nur die Notwendigkeit der Beiladung in Eilverfahren sein.

Unterschiedliche Entscheidungen gibt es hierzu in der Finanzgerichtsbarkeit. Während der 3. Senat des BFH in seiner Entscheidung vom 13.9.1968[13] die grundsätzliche Notwendigkeit der Beiladung auch für Aussetzungsverfahren nach § 69 Abs. 3 FGO betonte, relativierte dies der 4. Senat in seiner Entscheidung vom 25.4.1977[14] wieder. Danach soll eine Beiladung im Aussetzungsverfahren jedenfalls dann nicht zwingend erfor-

8 vgl. Hübschmann/Hepp/Spitaler § 96 Rdn. 19; Tipke/Kruse § 95 Rdn. 3
9 vgl. z.B. Redeker/von Oertzen § 65 Rdn. 14 m.w.N.; Wallis in Hübschmann/Hepp/Spitaler § 60 Rdn. 30
10 zu den im Detail erheblichen Unterschieden vgl. Meyer-Ladewig § 97 Rdn. 1-2a; Kopp § 80 Rdn. 1; Gräber § 69 Rdn. 1 ff.
11 z.B. von Tipke/Kruse § 60 Rdn. 2, Meyer-Ladewig § 75 Rdn. 5, Kopp § 65 Rdn. 3, jeweils m.w.N.
12 FG Baden-Württemberg EFG 78, 269; FG Düsseldorf EFG 78, 311; Hessisches FG EFG 79, 96; Gräber § 69 Rdn. 150, 151, anders aber wohl zu § 60 Rdn. 4
13 BFHE 93, 508
14 BFHE 122, 18

derlich sein, wenn der Antrag schon aus prozessualen Gründen abzuweisen ist. Schließlich betonte der erste Senat des BFH mit seiner Entscheidung vom 22.10.1980[15], die Grundsätze der notwendigen Beiladung fänden keine Anwendung auf Verfahren nach § 69 Abs. 3 FGO. Die Beiladungsvorschrift des § 60 FGO greife nur bei Entscheidungsverfahren ein, die den Rechtsstreit in der Hauptsache wenigstens für eine Instanz beenden. Für die Verfahren auf Erlaß einer einstweiligen Anordnung hatte der 4. Senat des BFH bereits am 10.8.1978[16] so entschieden.

Im Schrifttum wird diese Problematik, wenn überhaupt, nur sehr zurückhaltend behandelt. Dabei wird z.T. auf die vorgenannte Rechtsprechung verwiesen[17], z.T. aber auch eine andere Abgrenzung vorgenommen. So wird die Auffassung vertreten, daß eine Beiladung dann nicht geboten sei, wenn ihr der Zweck des Verfahrens, insbesondere die zum Schutz gewichtiger Interessen zwingend notwendige Eilbedürftigkeit entgegenstehe[18]. Eine dritte Meinung hält die Beiladung auch in Eilverfahren immer für erforderlich[19].

Meines Erachtens überzeugt zwar die neuere Rechtsprechung, sie erscheint jedoch ergänzungsbedürftig. Für sie spricht, daß Eilentscheidungen nur in formelle, nicht aber in materielle Rechtskraft im Sinne eines Ausschlusses jeder erneuten Verhandlung und Entscheidung über die in Frage stehenden Rechtsfragen erwachsen können[20]. Deshalb ist, jedenfalls aus rechtsdogmatischen Gründen, eine Erstreckung der Wirkungen der Eilentscheidungen auf tangierte Dritte zwar ratsam, aber nicht zwingend erforderlich. Die unterlassene Beteiligung des Dritten im Eilverfahren allein ist daher grundsätzlich kein Grund zur Aufhebung der angefochtenen Eilentscheidung durch die höhere Instanz.

Diese Erwägungen können jedoch in dem Ausnahmefall nicht durchgreifen, in dem mit der Eilentscheidung des Gerichts in zulässiger Weise[21] die Hauptsache vorweggenommen wird. In diesen Fällen erhält die Entscheidung im Verfahren auf Gewährung vorläufigen Rechtsschutzes eine der Hauptsacheentscheidung vergleichbare rechtsgestaltende Wirkung. Deshalb muß der Dritte trotz des Eilcharakters der Entscheidung rechtliches Gehör und die Möglichkeit der wirksamen Verfahrensbeteiligung erhalten. Eine ohne ihn erlassene Entscheidung ist in Fällen der notwendigen Beiladung allein wegen dieses Mangels aufzuheben.

15 BFHE 131, 455, 458
16 BFHE 125, 356, 362 f.
17 so Brockhoff/Groh § 60 Anm. A
18 Kopp § 80 Rdn. 92
19 Redeker/von Oertzen § 80 Rdn. 56
20 vgl. Rosenberg/Schwab § 150 Anm. 2
21 vgl. dazu LSG Rheinland/Pfalz Breith 79, 89; Eyermann/Fröhler § 123 Rdn. 8; BFHN § 69 Abs. 2 und 3 Nr. 57 unter Verweisung auf BVerfG DÖV 1973, 131

Umstritten ist ferner die Frage, ob die im Hauptsacheverfahren bereits ausgesprochene Beiladung in einem während dieses Verfahrens anhängig gemachten Eilverfahren fortwirkt oder ob dort die Beiladung gesondert ausgesprochen werden muß.

Nach der h.M. zur Beiladung nach der VwGO werden die Beteiligten des Hauptsacheverfahrens automatisch auch Beteiligte des Eilverfahrens[22].

Nach der Gegenmeinung muß die Beiladung im Eilverfahren selbständig ausgesprochen werden[23].

Für das sozialgerichtliche und das finanzgerichtliche Verfahren wird diese Frage, soweit ersichtlich, nicht diskutiert. Die untersuchten Aktenfälle haben gezeigt, daß in der Praxis der Gerichte eine gesonderte Beiladung für das Eilverfahren nicht ausgesprochen wird. Dieser Praxis kann zugestimmt werden. Auch im verwaltungs- und im finanzgerichtlichen Verfahren sollte entsprechend verfahren werden. Ungeachtet seiner formellen Selbständigkeit ist das Verfahren auf Gewährung vorläufigen Rechtsschutzes bei gleichzeitiger Anhängigkeit der Hauptsache nämlich ein sich hieraus entwickelndes Nebenverfahren[24] mit denselben Beteiligten. Es muß somit nur sichergestellt werden, daß alle Beteiligten von der Anhängigkeit des Eilverfahrens Kenntnis erhalten.

1.3.3. Von dem Grundsatz, daß die Beiladungsvorschriften für alle von der jeweiligen Prozeßordnung vorgesehenen Hauptsacheverfahren gelten, lassen BSG und BFH keine Ausnahmen zu. Auch im Schrifttum zu SGG und FGO sind keine Ansätze erkennbar, bei bestimmten Verfahrenstypen oder Klagearten die Beiladungsvorschriften für nicht anwendbar zu erklären. Für die Beiladung nach der VwGO ist die Frage dagegen im Hinblick auf Normenkontrollverfahren umstritten.

Das OVG Nordrhein/Westfalen[25] und das OVG Berlin[26] haben die Beiladungsvorschriften auch in Normenkontrollverfahren für grundsätzlich anwendbar erklärt.

Nach Auffassung des BVerwG[27] ist im speziellen Verfahren der Normenkontrolle (z.B. eines Bebauungsplans) nach § 47 Abs. 1 VwGO eine Beiladung nicht nur nicht notwendig, sondern sogar unstatthaft. Zu einer Entscheidung des GS-OGB wegen dieser Frage wird es nicht kommen,

22 so BVerwGE 64, 347, 355; Eyermann/Fröhler Rdn. 40; Kopp § 80 Rdn. 92 m.w.N.
23 Redeker/von Oertzen § 65 Rdn. 1; VGH München in dem der Entscheidung des BVerwG im 64. Bd. S. 347 ff. zugrundeliegenden Urteil; so auch Kopp bis zur 7. Aufl.
24 vgl. BVerwG Buchholz 310 § 80 Nr. 18
25 DVBl 1980, 603
26 DVBl 1982, 362
27 BVerwGE 65, 131

weil SGG und FGO keine § 47 VwGO entsprechenden Vorschriften enthalten und eine analoge Anwendung des § 47 VwGO abgelehnt wird[28].

Das BVerwG begründet seine Auffassung wie folgt: Die Frage der Gültigkeit oder Ungültigkeit einer Norm betreffe kein Rechtsverhältnis i.S.d. Beiladungsvorschriften. Obwohl die Festsetzungen, etwa eines Bebauungsplans, schon aus sich heraus positive wie negative Auswirkungen hätten, bedürfe es zur Begründung eines Rechtsverhältnisses der Umsetzung dieser normativen Festsetzungen durch Verwaltungsakt. Außerdem sei der Normenkontrolle auch eine materielle Rechtskraftwirkung in dem von § 121 VwGO vorausgesetzten Sinne und damit die für die Beiladung essentielle Rechtskrafterstreckung auf Dritte fremd. Werde eine Norm in einem Verfahren nach § 47 VwGO für nichtig erklärt, wirke dies ohne Rücksicht auf eine Verfahrensbeteiligung gegenüber jedermann (§ 47 Abs. 6 S. 2 VwGO). Halte das Gericht eine Norm dagegen für gültig, wirke dies nicht zwingend für Dritte. Sie seien jedenfalls nicht daran gehindert, ihrerseits einen Normenkontrollantrag zu stellen. Zudem sei eine Beiladung in diesen Verfahren wegen der häufig sehr großen Zahl von Betroffenen auch nicht praktikabel. Im übrigen hindere die Unzulässigkeit einer Beiladung das Gericht nicht daran, Dritte, deren rechtliche Interessen berührt werden, in entsprechender Anwendung des § 47 Abs. 2 S. 3 VwGO anzuhören.

Diese Rechtsprechung des BVerwG hat im Schrifttum nur zum Teil Zustimmung gefunden; die Gegenmeinung stützt sich auf dogmatische Erwägungen[29].

Dieser Kritik ist zuzustimmen. Weder aus dem Wortlaut, noch aus der systematischen Stellung der §§ 47 und 65 VwGO ergeben sich Anhaltspunkte dafür, daß § 65 VwGO im Normenkontrollverfahren nicht anwendbar sein soll. Hinzu kommt, daß das Bestehen eines Rechtsverhältnisses zwar gesetzliches Tatbestandsmerkmal der notwendigen, nicht aber der einfachen Beiladung ist. Deshalb müßte auch unter Zugrundelegung der Auffassung des BVerwG jedenfalls eine einfache Beiladung zulässig sein.

Im übrigen ist das Normenkontrollverfahren nicht nur ein objektives Beanstandungsverfahren, sondern zugleich auch ein individuelles Rechtsschutzverfahren. Insoweit kommt ihm eine Doppelwirkung zu[30]. Die praktischen Schwierigkeiten bei der Bewältigung von Massenverfahren sind durch die Regelung des § 65 Abs. 3 VwGO so gut wie gelöst. Was bleibt, ist damit im Grunde nur das Argument, daß die mit der Beiladung auch bezweckte Rechtskrafterstreckung im Normenkontrollverfahren kraft Gesetzes unabhängig von der Beteiligung des Dritten am konkreten Verfahren

28 so ausdrücklich BSG SozR 1500 § 54 SGG Nrn. 121 und 124

29 zustimmend z.B. Bettermann DVBl 1982, 951, 954 ff.; Eyermann/Fröhler § 47 Rdn. 35; Redeker/von Oertzen § 47 Rdn. 28; ablehnend Dienes S. 672; zweifelnd Kopp § 47 Rdn. 23

30 so ausdrücklich BayVGH BayVBl 1980, 22 f

eintritt. Dieses Argument rechtfertigt es aber nicht, die Beiladung, die vor allem auch wegen des Gebots eines rechtsstaatlichen Verfahrens erforderlich ist, als unstatthaft zu erklären. Das Äußerungsrecht, welches das BVerwG den Dritten in entsprechender Anwendung des § 47 Abs. 2 S. 3 VwGO einräumen will, ist kein geeignetes Instrument zur Wahrung der Interessen betroffener Dritter, weil damit keine aktive Verfahrensbeteiligung ermöglicht wird. Diese Möglichkeit eröffnet nur die Beiladung[31]. Aus der Rechtskraftwirkung der positiven Normenkontrollentscheidung kraft Gesetzes läßt sich nichts anderes ableiten. Daß es zur Rechtskrafterstreckung nicht der Beiladung bedarf, läßt bei Erfüllung der gesetzlichen Voraussetzungen der Beiladungsvorschriften nicht ihre Notwendigkeit entfallen[32].

Allerdings werden in Normenkontrollverfahren die Beiladungsvoraussetzungen häufig nicht erfüllt sein, weil es an dem nach hier vertretener Auffassung (Zwei-Komponenten-Theorie, vgl. Kap. 7 und 8) erforderlichen Bezug zu einem konkreten tatsächlichen Geschehen fehlt.

1.4. Die Zulässigkeit der Klage oder des Antrages

1.4.1. Ob die Zulässigkeit der erhobenen Klage bzw. des gestellten Antrages eine Beiladungsvoraussetzung darstellt, wird unterschiedlich beurteilt.

1.4.1.1. Im Schrifttum lassen sich hierzu drei Meinungen unterscheiden:

Nach der weitesten Auffassung[33] ist bei einer unzulässigen Klage keine Beiladung statthaft. Dies wird damit begründet, daß ein mögliches Prozeßurteil die Rechtssphäre des Dritten nicht im Sinne materieller Bindung berühren könne. Insoweit besteht eine Parallele zur Begründung der Auffassung, die davon ausgeht, daß in Verfahren auf Gewährung vorläufigen Rechtsschutzes eine Beiladung nicht möglich ist[34].

Die Gegenmeinung[35] hält sich eng am Gesetzeswortlaut, der nicht zwischen zulässigen und unzulässigen Klagen unterscheidet. Die Beiladung wird deshalb auch bei unzulässigen Klagen für erforderlich gehalten.

Nach der Mittelmeinung[36] ist nur bei offensichtlicher Unzulässigkeit eine Beiladung nicht erforderlich. Ein solcher Fall liege dann vor, wenn die Klage den für sie zwingenden Formerfordernissen nicht entspreche.

31 vgl. OVG Berlin DVBl 1982, 362 f. zur einfachen Beiladung; Bettermann ZZP 1977, 121, 124
32 vgl. dazu ausführlich unten Kap. 8
33 Müller ZMR 1952, 34 f.
34 vgl. dazu oben Anm. 1.3.
35 z.B. Peters/Sautter/Wolff § 75 Anm. 2; Gräber § 60 Anm. 13
36 vertreten z.B. von Meyer-Ladewig § 75 Anm. 13, Eyermann/Fröhler § 65 Rdn. 13, Tipke/Kruse § 60 Rdn. 2, jeweils m.w.N.

1.4.1.2. In der Rechtsprechung hat sich der BFH ausführlich mit diesem Problem befaßt und dabei zwischen Fällen einfacher und notwendiger Beiladung unterschieden. Er meint, das Gericht handele nicht ermessensfehlerhaft, wenn es eine einfache Beiladung wegen der Unzulässigkeit der Klage unterlasse[37]. Dagegen müsse eine notwendige Beiladung grundsätzliche auch bei unzulässigen Klagen erfolgen, es sei denn, die Unzulässigkeit sei offenkundig. Diese Ausnahme sei z.B. gegeben, wenn der Streitgegenstand nicht bezeichnet worden sei oder wenn zwischen der (ordnungsgemäßen) Zustellung der mit der Klage angefochtenen Verwaltungsentscheidung und der Klageerhebung ein so langer Zeitraum liege, daß auch die Möglichkeit, die Klage könne durch eine Wiedereinsetzung in den vorigen Stand doch noch zulässig werden, nicht mehr bestehe[38].

1.4.1.3. Eigene Stellungnahme: Der Meinung des BFH, bei der einfachen Beiladung sei auch die Zulässigkeit der Klage zu berücksichtigen, kann zugestimmt werden. Das Gesetz selbst gibt den Gerichten hierzu die Ermächtigung, nämlich durch die Einräumung eines Ermessensspielraums (»kann«) bezüglich des »Ob« einer Beiladung. Im Rahmen dieser Ermessenserwägungen ist auch Raum für prozeßökonomische Gesichtspunkte. Im allgemeinen wird eine einfache Beiladung bei unzulässigen Klagen daher unterbleiben können.

Dagegen überzeugt die Meinung, die Zulässigkeit der Klage sei, jedenfalls in bestimmtem Umfang, auch bei der notwendigen Beiladung zu berücksichtigen, nicht. Eine solche Zulässigkeitsprüfung könnte nur der Gesetzgeber vorschreiben. Dies aber hat er nicht getan. Insbesondere sind, anders als etwa bei der Prüfung des Anspruchs auf Prozeßkostenhilfe (§ 114 Abs. 1 ZPO), die Erfolgsaussichten der Klage nicht zur Beiladungsvoraussetzung erhoben worden. Die notwendige Beiladung ist auch nicht ins Ermessen des Gerichts gestellt. Die Berücksichtigung von Zweckmäßigkeitsgesichtspunkten ist hier also nicht möglich. Demzufolge muß eine notwendige Beiladung de lege lata grundsätzlich auch bei unzulässigen Klagen erfolgen. Dies ist kein unnötiger Formalismus, denn in aller Regel wird dann, wenn über ein Rechtsverhältnis nur einheitlich entschieden werden kann, die Rechtssphäre des Dritten auch durch ein Prozeßurteil unmittelbar beeinflußt. Wird der Dritte in einem solchen Verfahren nicht beigeladen, so wird ihm im übrigen auch das Recht genommen, seinerseits die Zulässigkeit der Klage geltend zu machen.

Ausnahmen wird man daher nur in atypischen Fällen, und auch nicht mit dem Argument der Unzulässigkeit der Klage zulassen können. Die Rechtfertigung für Ausnahmen ergibt sich vielmehr aus folgender Überlegung: Eine Beiladung setzt zwar nicht die Zulässigkeit der Klage im Sinne der

37 BFHE 97, 290
38 BFHE 128, 142

Erfüllung der Prozeßvoraussetzungen, begriffsnotwendig aber eine wirksame Klageerhebung voraus. Eine solche liegt nur dann vor, wenn die Klageschrift den zwingenden Formerfordernissen des Gesetzes genügt. Für die Beteiligung eines Dritten an einer nicht wirksam erhobenen Klage besteht weder rechtlich noch praktisch ein Bedürfnis.

In den Auswirkungen entspricht diese Auffassung in vielen, aber nicht in allen Fällen der oben genannten Mittelmeinung im Schrifttum. Aus ihr ergeben sich in den einzelnen Prozeßordnungen unterschiedliche Konsequenzen:

Im sozialgerichtlichen Verfahren kann eine notwendige Beiladung danach nur dann unterbleiben, wenn die Voraussetzungen des § 90 SGG nicht erfüllt sind, das heißt, wenn die Klage nicht schriftlich oder zur Niederschrift des Urkundsbeamten der Geschäftsstelle erhoben wird. Da die fehlende Unterschrift - anders als nach § 82 VwGO und § 65 FGO - gemäß § 92 SGG eine Klageerhebung nicht unwirksam macht, bleiben nur die seltenen Fälle der mündlichen (insbesondere telefonischen) sowie der nicht wirksamen Bevollmächtigung eines Prozeßvertreters. In allen anderen Fällen der Unzulässigkeit muß, wenn die materiellen Beiladungsvoraussetzungen erfüllt sind, beigeladen werden.

Dagegen sind in Verfahren vor den Verwaltungs- und Finanzgerichten auch noch in anderen Fallgestaltungen Beiladungen nicht notwendig. So z.B. deshalb, weil dort die Unterschrift als Voraussetzung der schriftlichen Klageerhebung verlangt wird. Außerdem ist nach §§ 82 VwGO und 65 FGO die Bezeichnung des Streitgegenstandes zwingendes Erfordernis einer wirksamen Klageerhebung. Fehlt es hieran, scheidet eine Beiladung im übrigen auch aus tatsächlichen Gründen aus. Ist nämlich nicht klar, worum gestritten werden soll, kann logischerweise auch nicht bestimmt werden, wessen Rechtssphäre davon außerdem noch betroffen werden kann. Die Beiladung ist faktisch unmöglich.

Fälle der Versäumung der Klagefrist gehören dagegen nicht zu den Ausnahmen, weil eine als solche wirksame Klageerhebung vorliegt.

1.4.2. Für die auch im Berufungsverfahren nach SGG und VwGO noch uneingeschränkt mögliche Beiladung gilt im Grundsatz dasselbe. Die Unzulässigkeit des Rechtsmittels läßt die Notwendigkeit einer Beiladung nicht entfallen. Sie kann nur dann unterbleiben, wenn das Rechtsmittel nicht formwirksam eingelegt ist. Gegenüber den Anforderungen an eine wirksame Klageerhebung ergibt sich für das sozialgerichtliche Verfahren allerdings insoweit eine Abweichung, als die Schriftform bei der Berufungsschrift zwingend eine Unterschrift voraussetzt (vgl. § 151 SGG).

Soweit im Revisionsverfahren noch Beiladungen erfolgen können (s. § 168 SGG, § 142 VwGO) kann im Ergebnis nichts anderes gelten.

1.5. Die Beiladungsfähigkeit

1.5.1. Beiladungsfähig ist grundsätzlich, wer der deutschen Gerichtsbarkeit untersteht (§§ 18-20 GVG) und aufgrund der konkret geltenden Prozeßordnung beteiligtenfähig ist[39].

1.5.2. § 70 SGG und § 61 VwGO erklären übereinstimmend als beteiligtenfähig natürliche und juristische Personen, nichtrechtsfähige Personenvereinigungen und Behörden, sofern das jeweilige Landesrecht dies bestimmt. Rechtsprechung und Schrifttum legen diese Vorschriften im wesentlichen gleich aus, lediglich in Randbereichen und in Begründungsfragen sind Unterschiede feststellbar.

Als beteiligtenfähig nach den Nrn. 1 der Vorschriften wird jeder Mensch von seiner Geburt bis zu seinem Tod angesehen, unabhängig von seiner Geschäftsfähigkeit[40]. Darüberhinaus werden kraft zivilrechtlicher Sondervorschriften z.B. als beteiligtenfähig behandelt, rechtsfähige Vereine, Aktiengesellschaften, Stiftungen, und zwar bis zum Verlust ihrer Rechtsfähigkeit, also auch noch im Liquidationsstadium[41]. Hinzu kommen die juristischen Personen des öffentlichen Rechts, also vor allem Körperschaften und Anstalten, insbesondere die Sozialleistungsträger, die Bundesrepublik Deutschland, die Bundesländer und die Gemeinden.

Die Fassung der Nrn. 2 der Vorschriften ist wenig aussagekräftig. Daher hat sich in beiden Rechtsbereichen eine Kasuistik entwickelt, die im Detail unterschiedliche Ansätze enthält. Auch die Abgrenzung zur Nr. 1 erfolgt in unterschiedlicher Art und Weise. So werden offene Handelsgesellschaften, Kommanditgesellschaften, Reedereien und Gewerkschaften zwar übereinstimmend als beteiligtenfähig angesehen; z.T. aber nach Nr. 1[42] und z.T. nach Nr. 2[43]. Da sie grundsätzlich nicht rechtsfähig sind, aber Träger von bestimmten Rechten und Pflichten sein können (vgl. §§ 124, 161, 493 HGB), erscheint eine Anwendung der Nr. 2 der §§ 70 SGG, 61 VwGO quasi als Auffangtatbestand zutreffender.

Übereinstimmung besteht darin, daß die Vereinigungen i.S. der Nrn. 2 als solche (nicht die einzelnen Mitglieder), beteiligt werden können. Sie werden durch ihre Organe vertreten[44].

39 vgl. Ule S. 112; Peters/Sautter/Wolff § 75 Anm. 3; Wallis in Hübschmann/Hepp/Spitaler § 60 Rdn. 16
40 vgl. Redeker/von Oertzen § 61 Rdn. 1
41 vgl. Meyer-Ladewig § 70 Rdn. 2 ; Kopp § 61 Rdn. 5
42 so z.B. Kopp § 61 Rdn. 6; Redeker/von Oertzen § 61 Rdn. 2
43 so Meyer-Ladewig § 70 Rdn. 2
44 vgl. Stettner JA 1982, 394; Meyer-Ladewig § 70 Rdn. 3; Hennig/Danckwerts/König § 70 Anm. 3; Redeker/von Oertzen § 61 Rdn. 4-6

Als Vereinigung wird grundsätzlich jede zweckgebundene Personenmehrheit verstanden. Umstritten ist zur VwGO, ob ein Mindestmaß an Organisation erforderlich ist, durch deren Hilfe sie im Rechtsverkehr in Erscheinung tritt[45]. Für den sozialgerichtlichen Bereich wird jedenfalls das Vorhandensein einer Satzung nicht verlangt[46]. Der Vergleich mit der Rechtslage zur FGO (dazu unten 1.5.3.2.) und das Gebot des effektiven Rechtsschutzes (Art. 19 Abs. 4 GG) sprechen für die weitergehende Auffassung. Wenn einer Vereinigung als solcher Rechte zustehen, muß sie diese im Zweifel auch gerichtlich geltend machen können, mag sie auch organisatorisch wenig strukturiert sein[47]. Auch BGB-Gesellschaften und Erbengemeinschaften können daher beteiligtenfähig sein[48], denn sie verfügen über eigenes Vermögen und einen gemeinsamen Zweck. Im Prozeß sind sie in der Lage, ihre Rechte durch besondere Beauftragte wahrzunehmen. Das gleiche gilt für politische Parteien und Gewerkschaften[49], Arbeitgeberverbände, Personal- und Betriebsräte, soweit sie berechtigt sind, Rechte von Beschäftigten geltend zu machen[50]. Nicht beteiligtenfähig sind dagegen grundsätzlich lose Wohngemeinschaften.

Da es entscheidend jeweils auf die Möglichkeit ankommt, Träger von konkreten Rechten und Pflichten zu sein, lassen sich generelle Aussagen nur schwer machen. Es kommt entscheidend auf die Rechtsverhältnisse im Einzelfall an. Dies zeigt sich anschaulich daran, daß auch eine an sich nicht rechtsfähige Vereinigung im Hinblick auf Art. 19 Abs. 4 GG dann beteiligtenfähig sein muß, wenn sie Adressat oder Drittbetroffener eines belasteten Verwaltungsaktes ist[51].

1.5.3. Im Anwendungsbereich von SGG und VwGO gilt auf Seiten der Verwaltung grundsätzlich das »Rechtsträgerprinzip«, nach dem Beteiligter die juristische Person ist, deren Behörde in der Sache zuständig ist (Nr. 3). Das die Beteiligung der Behörde selbst beinhaltende »Behördenprinzip« greift nur dann ein, wenn dies durch landesrechtliche Regelungen ausdrücklich vorgesehen ist. Von dieser Ermächtigung haben nur wenige Länder generell (z.B. NRW in § 5 AG NRW und das Saarland in § 17 AG Saarland) oder partiell (z.B. § 17 Abs. 2 AG RhPf) Gebrauch gemacht[52].

45 dafür z.B. VGH Mannheim Verwaltungsblatt Baden-Württemberg 1981, 297; VGH München BayVBl 1984, 406; dagegen z.B. Kopp § 61 Rdn. 17
46 Hessisches LSG SozSich 1984, 358
47 sog. Teilrechtsfähigkeit, vgl. Bachof AöR 1958, 208 ff.
48 vgl. BSG SozR Nr. 8 zu § 70 SGG; a.A. VGH München VRspr 1979, 249: nicht die Erbengemeinschaft, sondern nur die einzelnen Mitglieder
49 BVerwGE 32, 333; 56, 557
50 BSG SozR 1500 § 70 Nr. 5; z.T. abweichend BVerwGE 5, 293; Brackmann S. 234e
51 ebenso Redeker/von Oertzen § 61 Rdn. 4
52 Udsching in Hdb SGV V Rdn. 1; Redeker/von Oertzen § 61 Rdn. 6 mit Übersicht

Eine Erweiterung der vorgenannten Grundregeln enthält für das sozialgerichtliche Verfahren § 70 Nr. 4 SGG. Danach sind alle in § 51 Abs. 2 S. 1 SGG genannten Entscheidungsgremien des Kassenarztrechts (z.B. Großgeräteausschuß, Zulassungs- und Berufungsausschuß, Landes- und Bundesschiedsamt, Landes- und Bundesausschuß, Prüfungs- und Beschwerdeausschuß, Schiedsstellen) beteiligtenfähig[53]. Da es sich um eine Ausnahmevorschrift handelt, verbietet sich eine erweiternde Analogie jedenfalls dann, wenn es um Entscheidungsgremien außerhalb des Kassenarztrechts geht. Deshalb ist z.B. der Neutralitätsausschuß der Bundesanstalt für Arbeit (§§ 116, 206a AFG) nicht beteiligten- bzw. beiladungsfähig. Das gleiche gilt auch für Ausschüsse i.S. des § 36a SGB IV; sie sind der Behörde zuzurechnen, bei der sie gebildet sind, und deshalb nicht beteiligtenfähig[54].

Grundlegend anders ist die Gesetzeslage nach der FGO. Sie bezeichnet in ihrem § 57 die Beteiligten nach ihrer Funktion im Prozeß, bestimmt aber nur für die Finanzverwaltung, wer im Einzelfall Beteiligter sein kann (§§ 63, 110 Abs. 1 S. 2), und zwar im Sinne des »Behördenprinzips«. Im finanzgerichtlichen Verfahren ist Beklagte stets die Behörde, die den ursprünglichen Verwaltungsakt erlassen oder den beantragten Verwaltungsakt oder eine andere Handlung unterlassen oder abgelehnt hat. Die Behörde wird in einer Art Prozeßstandschaft für die Körperschaft tätig, der sie angehört[55]. Die gegen die Behörde ergangene Entscheidung wirkt auch gegenüber der Körperschaft, ohne daß diese sich am Rechtsstreit beteiligen kann. Aufgrund dieses Prinzips können betroffene Finanzbehörden nicht nach § 60 FGO beigeladen werden[56], sondern nur Beklagte sein (§ 57 Nr. 2, § 63 FGO) oder - in Fällen des § 61 FGO - beitreten.

Die FGO enthält auch keine konkreten Vorschriften zur Beteiligtenfähigkeit auf der Seite des Steuerpflichtigen. Es fehlen also den §§ 70 SGG und 60 VwGO vergleichbare Normen. Die Rechtsprechung geht daher im Grundsatz davon aus, daß jeder, der von der Finanzverwaltung als steuerpflichtig herangezogen worden ist oder von dieser den Erlaß eines Verwaltungsaktes begehrt, auch am gerichtlichen Verfahren beteiligt sein kann. Damit wird der Kreis der möglichen Beteiligten weit gezogen, denn Träger steuerlicher Rechte und Pflichten können auch nicht rechtsfähige Gebilde sein, wie z.B. Zweckvermögen und Zweckvermögensmassen[57]. Es genügt somit eine »begrenzte Steuerrechtsfähigkeit« auf dem jeweiligen Gebiet des Steuerrechts[58]. Beispielsweise ist eine nichtrechtsfähige Personenvereinigung im Umsatzsteuerrecht beteiligtenfähig, weil insoweit die Personen-

53 vgl. im einzelnen Meyer-Ladewig § 70 Rdn. 5 und § 51 Rdn. 25 m.w.N.
54 ähnlich Meyer-Ladewig § 70 Rdn. 5
55 Brockhoff/Groh § 63 Anm. A
56 BFH BStBl II 1973, 199; Tipke/Kruse § 60 Rdn. 2
57 z.B. BFHE 108, 486, 488
58 BFHE 145, 408

vereinigung steuerpflichtig ist, nicht dagegen die einzelnen natürlichen Personen. Dagegen ist im Verfahren über die Feststellung von Einkünften aus Vermietung und Verpachtung eine nichtrechtsfähige Personenvereinigung, wie z.B. eine BGB-Gesellschaft, nicht beteiligtenfähig, da hier nicht die Besteuerung der Gesellschaft selbst, sondern die Einkommenssteuer eines jeden Gesellschafters Gegenstand des Verfahrens ist[59].

Besonderheiten gelten in Fällen des § 48 FGO. Danach sind in Angelegenheiten, die einen einheitlichen Feststellungsbescheid über Einkünfte aus Gewerbebetrieb, über den Einheitswert eines gewerblichen Betriebes oder über wirtschaftliche Untereinheiten von Gewerbebetrieben betreffen, nur bestimmte Gesellschafter und Gemeinschafter klagebefugt. Obwohl sich die Rechtskraft von Entscheidungen in solchen Gerichtsverfahren auch auf die nicht klageberechtigten Gesellschafter und Gemeinschafter erstreckt (§ 48 Abs. 1 Nr. 3 i.V.m. § 110 Abs. 1 S. 1 FGO), sind diese nach der ausdrücklichen Vorschrift des § 60 Abs. 3 S. 2 FGO nicht beiladungsfähig. Diese Vorschrift ist, da sie den Anspruch auf rechtliches Gehör tangiert, eng auszulegen; sie ist nur auf die konkret genannten steuerrechtlichen Sachverhalte anzuwenden und für die anderen Verfahrensordnungen nicht analogiefähig. Daher bleibt es im verwaltungs- und im sozialgerichtlichen Verfahren bei dem Grundsatz, daß die Beiladungsfähigkeit nicht davon abhängt, daß der Dritte in der Sache auch selbst klagebefugt wäre.

1.5.4. Nach keiner der drei Verfahrensordnungen ist beiladungsfähig, wer, insbesondere als Kläger oder Beklagter, schon Beteiligter des Rechtsstreits ist. Wer bereits Beteiligter ist, kann grundsätzlich auch nicht in anderer Eigenschaft beigeladen werden, z.B. bei Zuständigkeit einer Behörde für mehrere Sachgebiete[60].

Rechtlich selbständige Teile einer juristischen Person sind nicht automatisch Dritte i.S.d. Beiladungsvorschriften. Dies gilt z.B. im Verhältnis des Geschäftsführers zu den Selbstverwaltungsorganen einer Körperschaft und zum Widerspruchsausschuß[61]. Insoweit ist die Lage anders als in den Fällen der gewillkürten oder gesetzlichen Prozeßstandschaft, in denen auch die materiellrechtlichen Anspruchsinhaber beteiligtenfähig sein können[62].

Es ist aber, wenn auch ohne klare Abgrenzungskriterien, anerkannt, daß ausnahmsweise, und zwar nach den Grundsätzen des sog. Insichprozesses, eine als solche beteiligungsfähige Behörde auch zu einem Rechtsstreit des-

59 vgl. BFHE 140, 22
60 Ule S. 112; Bley S. 52; Kopp § 65 Rdn. 2
61 ebenso Peters/Sautter/Wolff § 75 Anm. 3; vgl. auch Meyer-Ladewig § 54 Rdn. 15 mit weiteren Beispielen
62 vgl. BSG SozR Nr. 35 zu § 75 SGG; BSGE 33, 64, 67; vgl. dazu auch unten Kap. 3.8.

selben Rechtsträgers gegen einen anderen beigeladen werden kann[63]. Voraussetzung hierfür ist entweder, daß der Gesetzgeber den Insichprozeß ausdrücklich zugelassen hat (so z.B. in § 19 Kriegsgefangenenentschädigungsgesetz und in § 35 Abs. 2 bzw. § 18 Abs. 2 KDVNG) oder daß sich im Wege der Auslegung der einschlägigen Bestimmungen ergibt, daß die andere Untergliederung des Rechtsträgers in eigenen Rechten verletzt sein kann und daß keine zur Klärung der Streitfragen kompetente gemeinsame Aufsichtsbehörde besteht.

1.5.5. Zusammenfassend läßt sich festhalten: Die FGO enthält im Ansatz die weiteste Regelung der Beteiligten- und damit der Beiladungsfähigkeit, grenzt aber andererseits auch bestimmte Personenkreise nach § 60 Abs. 3 aus, die nach SGG und VwGO beteiligtenfähig sind. Deshalb lassen sich Entscheidungen der Finanzgerichtsbarkeit zur Frage der Beiladungsfähigkeit nicht ohne weiteres auf die verwaltungs- und die sozialgerichtlichen Verfahren übertragen.

1.6. Die Prozeßfähigkeit

1.6.1. Wenngleich die Prozeßfähigkeit des Dritten als solche keine Beiladungsvoraussetzung ist[64], hat das Gericht sie vor einer Beiladungsentscheidung zu prüfen. Dritte, die nicht prozeßfähig sind, benötigen einen gesetzlichen Vertreter, um wirksam beigeladen werden zu können, denn die Prozeßfähigkeit ist Voraussetzung für die Wirksamkeit jeder einzelnen Prozeßhandlung, die von oder gegenüber einem Prozeßsubjekt vorgenommen wird[65].

Nach den übereinstimmenden Regelungen der §§ 71 SGG, 62 VwGO und 58 FGO ist prozeßfähig, wer sich durch Verträge verpflichten kann. Die Prozeßfähigkeit ist damit das prozessuale Gegenstück zur Geschäftsfähigkeit im Sinne des BGB. Danach haben die Fähigkeit, sich wirksam vertraglich verpflichten zu können, alle Volljährigen oder für volljährig erklärten Personen (§§ 2, 3 BGB), die weder unter Betreuung stehen, noch im konkreten Rechtsstreit durch einen Betreuer vertreten werden. Ist ein Betreuer für das Verfahren bestellt, greift vor allem der Einwilligungsvorbehalt des § 1903 BGB. Insoweit ist auch die Prozeßfähigkeit eingeschränkt[66]. Ausländer sind prozeßfähig, wenn sie nach deutschem Recht

63 vgl. BSGE 52, 294, 296; BSG SozR Nr. 17 zu § 70 SGG; BVerwG DÖV 1974, 817; Löwer S. 327; Kisker S. 704 ff.

64 ebenso Bley in SGB-SozVers-GK § 75 Anm. 5; a.A. Peters/Sautter/Wolff § 75 Anm. 3a; Rohwer-Kahlmann § 75 Rdn. 25; Seeliger S. 461

65 BFH BStBl II 1972, 541; 1977, 434, 436

66 vgl. Meyer-Ladewig § 71 Rdn. 4

oder nach der Rechtsordnung ihres Heimatlandes prozeßfähig sind (vgl. Art. 7 EGBGB).

1.6.2. Für Minderjährige unterscheidet sich die Rechtslage deshalb, weil es eine Reihe von Vorschriften gibt, die Minderjährige ab einem bestimmten Alter in Bezug auf einzelne Rechtsbereiche für handlungsfähig erklären[67].

Die in den sozialgerichtlichen Verfahren wichtigste, auch in verwaltungsgerichtlichen Prozessen anwendbare Vorschrift dieser Art ist § 36 SGB I. Danach kann Anträge auf Sozialleistungen stellen und verfolgen sowie Sozialleistungen entgegennehmen, wer das 15. Lebensjahr vollendet hat. Im Rahmen dieser Handlungsfähigkeit sind Minderjährige auch prozeßfähig[68] und damit beiladungsfähig.

Ähnliche Regelungen enthalten § 5 des Gesetzes über die religiöse Kindererziehung[69] in Verbindung mit landesrechtlichen Vorschriften[70], § 6 AsylVerfG, § 19 Abs. 5 und § 44 Abs. 1 WPflG sowie § 71 ZDG. Für das finanzgerichtliche Verfahren haben die genannten Vorschriften relativ geringe Bedeutung. Zu beachten ist allerdings, daß sich z.B. die Vorschriften über den Kirchenaustritt und die Bekenntnisfreiheit ab dem 14. Lebensjahr auch auf einen Kirchensteuerrechtsstreit des Minderjährigen auswirken.

Zu der Frage, ob dann, wenn der Minderjährige selbst handlungs- und beteiligtenfähig ist, außerdem noch Vertretungsrechte des gesetzlichen Vertreters bestehen, ist die Rechtsprechung nicht einheitlich. Das BSG hat die Auffassung vertreten, daß der gesetzliche Vertreter in solchen Fällen kein Vertretungsrecht mehr habe, er könne einen entsprechenden Prozeß also nicht als gesetzlicher Vertreter führen, sondern nur als Prozeßbevollmächtigter für den Minderjährigen[71]. In einem solchen Verfahren sei mangels eigener Rechtsposition des gesetzlichen Vertreters kein Raum für eine notwendige Beiladung. Allenfalls könne eine einfache Beiladung erfolgen.

Demgegenüber hat das BVerwG zum Recht der religiösen Kindererziehung ein Nebeneinander der Handlungsfähigkeit des Minderjährigen und der des gesetzlichen Vertreters angenommen[72]. In diesen Fällen kommt daher, je nach Lage des Einzelfalls, auch eine notwendige Beiladung des Minderjährigen in Betracht (vgl. auch unten Kap. 8 Anm. 3.8.). Ausdrückliche gesetzliche Regelungen im Sinne der Rechtsprechung des BVerwG finden sich in Art. 1 § 11 Abs. 1 KDVNG, § 19 Abs. 5 WPflG und § 76 ZDG.

67 vgl. Übersicht bei Wolff/Bachof § 33 VI e und Robbers S. 709
68 ebenso Niesel Rdn. 68; Udsching in Hdb SGV V Rdn. 32
69 vom 15.7.1921, RGBl S. 939
70 z.B. § 2 Abs. 1 Kirchenaustrittsgesetz Nordrhein/Westfalen v. 26.5.1981, GV S. 260
71 BSG SozR Nr. 2 zu § 71 SGG
72 BVerwGE 68, 17

1.7. Der konkrete Zeitpunkt

1.7.1. Wie bereits oben (Anm. 1.2.) ausgeführt, kann eine Beiladung logischerweise frühestens nach Anhängigkeit einer Klage oder eines Antrages bzw. eines Rechtsmittels ausgesprochen werden. In welchem konkreten Verfahrensstadium sie erfolgen sollte und bis zu welchem Zeitpunkt sie zulässig ist, bestimmen § 75 SGG und § 60 FGO nicht. § 65 VwGO umschreibt den Zeitraum dahingehend, daß das Verfahren noch nicht abgeschlossen oder in höherer Instanz anhängig sein darf. Fraglich ist in Anbetracht dieser Gesetzeslage, welches Gericht für einen erst nach Erlaß des erstinstanzlichen Urteils gestellten Beiladungsantrag zuständig ist, der judex a quo oder der judex ad quem. Auf der selben Ebene liegt das Problem, ob ein Gericht noch nach Verkündung seines Endurteils von Amts wegen Dritte beiladen darf.

Zur VwGO wird in extensiver Auslegung des Gesetzeswortlauts allgemein die Auffassung vertreten, ein Gericht könne eine Beiladung auch dann noch aussprechen, wenn es den Rechtsstreit bereits durch Urteil entschieden hat, dieses aber formell noch nicht rechtskräftig bzw. der Rechtsstreit noch nicht in höherer Instanz anhängig ist. Auch nach dieser weiten Auslegung kann eine Beiladung nicht mehr wirksam erfolgen ab Anhängigkeit der Sache in höherer Instanz, und dies gilt auch dann, wenn der Beiladungsantrag noch vor der Rechtsmitteleinlegung gestellt war[73]. Berufung und Anschlußberufung des erst im Berufungsverfahren Beigeladenen sind nach dieser Meinung unzulässig.

Der BFH ist, trotz des anderen Wortlauts des § 60 FGO, der Rechtsprechung des BVerwG insoweit gefolgt[74], als auch er nach dem Urteil des Finanzgerichts noch eine Beiladung durch dieses Gericht zum Zwecke der Rechtsmitteleinlegung für zulässig hält. Das finanzrechtliche Schrifttum stimmt dem zu[75].

Für das sozialgerichtliche Verfahren besteht nach wie vor Streit. Das BSG[76] und die h.M. im Schrifttum[77] halten eine nach Urteilserlaß ausgesprochene Beiladung zwar für verfahrensfehlerhaft, aber für wirksam, solange der Rechtsstreit vor der Instanz noch nicht abgeschlossen ist. Die von Brackmann[78] vertretene Gegenmeinung hält eine Beiladung nach Erlaß des Urteils für unzulässig.

73 vgl. BVerwGE 18, 124; 38, 290; Redeker/von Oetzen § 65 Rdn. 14

74 BFHE 139, 134 = BFHN § 60 Nr. 51; a.A. noch FG München EFG 1969, 184 für den Fall, daß nur noch Revision möglich ist

75 z.B. Bittner § 60 Rdn. 4; Tipke/Kruse § 60 Rdn. 2; Wallis in Hübschmann/Hepp/Spitaler § 60 Rdn. 9

76 BSG SozR 1500 § 62 SGG Nr. 6

77 vgl. z.B. Hennig/Danckwerts/König § 75 Anm. 2.1.; Meyer-Ladewig § 75 Rdn. 5

78 S. 234 w IV

Dieser Mindermeinung ist im Hinblick auf die folgenden, grundsätzlichen Erwägungen zuzustimmen: Die Sachbefugnis des Gerichts endet mit Erlaß des Urteils. Urteile sind nach ihrer Verkündung oder Zustellung nur noch im Rechtsmittelverfahren abänderbar (vgl. auch §§ 317, 318 ff. ZPO). Daran ändert sich auch dann nichts, wenn man davon ausgeht, daß das Verfahren als solches bis zur Rechtskraft oder Rechtsmitteleinlegung in der Instanz anhängig bleibt. Auch dann kann das Gericht nach Erlaß seines Urteils nur noch in zwei Fallkonstellationen weitere, den Rechtsstreit betreffende Entscheidungen fällen. Erstens, wenn dadurch die objektiven Urteilsgrundlagen nicht verändert werden und - zweitens - wenn diese zwar verändert werden, dies aber gesetzlich ausdrücklich erlaubt ist. Die nachträgliche Beteiligung eines Dritten durch Beschluß fällt unter keine der beiden Fallkonstellationen. Sie ist weder eine bloße Nebenentscheidung, wie dies z.B. bei der Bewilligung von Prozeßkostenhilfe oder der Entscheidung über Sachverständigenkosten der Fall ist, noch handelt es sich um eine gesetzlich ausdrücklich geregelte Veränderung der objektiven Urteilsgrundlagen[79], denn es sind weder die Voraussetzungen einer Urteilsberichtigung (§§ 138 SGG, 118 VwGO, 103 FGO), noch einer Urteilsergänzung (§§ 140 SGG, 120 VwGO, 109 FGO) erfüllt. Deshalb darf das Gericht nach Bekanntgabe seiner Sachentscheidung kein weiteres Prozeßrechtsverhältnis mehr begründen.

Für die Zulassung einer solchen Möglichkeit besteht im übrigen auch kein dringendes praktisches Bedürfnis, denn das Urteil bindet den nicht beteiligten Dritten nicht[80].

Damit verbleibt alleine die Frage, ob es rechtlich möglich und sinnvoll ist, dem übergangenen Dritten die Möglichkeit zu geben, verbunden mit einem Beiladungsantrag ein Rechtsmittel einzulegen und das Verfahren gegen den Willen der bis dahin am Prozeß Beteiligten in die nächste Instanz zu bringen. Hierfür sprechen prozeßökonomische Erwägungen. Diese erscheinen aber deswegen nicht allzu gewichtig, weil es, jedenfalls in Konstellationen einer notwendigen Beiladung, wegen dieses Versäumnisses und des darin liegenden Verfahrensfehlers, häufig doch zu einer Zurückverweisung der Sache an die Vorinstanz kommen dürfte. Wenn man - wie oben geschehen - die Zulässigkeit der Berufung nicht als Beiladungsvoraussetzung ansieht und auch unzulässigen Berufungen einen Devolutiveffekt beimißt, stehen auch diese grundsätzlichen Gesichtspunkte der Kombination von Berufung und Beiladungsantrag nicht entgegen. Hinzu kommt, daß auch im Zivilprozeß einem in der Vorinstanz nicht beteiligten Streitgehilfen eine mit seinem Beitritt verbundene Rechtsmittelbefugnis zugebilligt wird[81].

79 ebenso im Ergebnis Rosenberg/Schwab § 130 II 2; Hartmann in Baumbach/Lauterbach § 318 Anm. 1, 2

80 so schon Bettermann DVBl 1951, 72 f.

81 vgl. Thomas-Putzo § 511 Anm. 7

Durchgreifende Bedenken gegen die Zulassung einer solchen Möglichkeit ohne ausdrückliche gesetzliche Ermächtigung hierzu ergeben sich aber daraus, daß auch die nachträgliche Beiladung durch das Berufungsgericht nur dann die erforderliche Beschwer bewirkt, wenn man die Beiladungswirkung, dogmatisch etwas unorthodox, ex tunc eintreten läßt. Die h.M. muß sich schließlich auch entgegenhalten lassen, daß die Beiladung nach Urteilserlaß, wenn sie denn schon zugelassen wird, einer Urteilsergänzung in der Hauptsache (§§ 140 SGG, 120 VwGO, 109 FGO) und nicht einer Berichtigung offenbarer Unrichtigkeiten gleichsteht. Mithin wäre entsprechend dem Grundgedanken der §§ 138-140 SGG, 118, 120 VwGO und 107, 109 FGO die Beiladung eines Dritten nicht durch Beschluß, sondern allenfalls durch Urteil, und unter Beteiligung ehrenamtlicher Richter zulässig. Aus diesem Grund genügt auch die weite Fassung des Wortlauts des § 65 VwGO nicht den an eine gesetzliche Ermächtigung zur nachträglichen Änderung der objektiven Urteilsgrundlagen zu stellenden Anforderungen. Dies wird in der Disskussion bisher zu Unrecht völlig außer Acht gelassen.

Dogmatisch sauber, wenn auch nicht unbedingt immer prozeßökonomisch, erscheint daher de lege lata allein die Lösung, weder dem judex a quo, noch dem judex ad quem eine nachträgliche Beiladungsmöglichkeit auf Antrag des übergangenen Dritten zu eröffnen. Der Gesetzgeber sollte allerdings die Problematik ausdrücklich regeln. In Betracht käme für alle drei Prozeßordnungen eine Drittwiderspruchsklage, wie sie z.B. in Frankreich und Luxemburg bekannt ist (vgl. dazu schon oben Kap. 4 Anm. 2).

1.7.2. In der Revisionsinstanz sind Beiladungen nur noch unter den Voraussetzungen des § 168 SGG bzw. des § 142 VwGO statthaft. Im Gegensatz zu ihren in den fünfziger Jahren konzipierten Ursprungsfassungen, versuchen diese Vorschriften, notwendige Beiladungen noch zuzulassen, wenn dadurch für keinen Beteiligten Nachteile entstehen[82].

2. Der Beitritt

2.1. Die Beitrittserklärung

Der Beitritt des Vertreters des öffentlichen Interesses oder des Oberbundesanwalts in einen Verwaltungsrechtsstreit erfolgt gemäß §§ 35, 36 VwGO durch einseitige Erklärung gegenüber dem Gericht[83]. Die Möglichkeit zur Abgabe einer solchen Erklärung erhält er in der Regel dadurch,

82 vgl. dazu auch unten Kap. 12

83 vgl. Ule S. 84; Tipke/Kruse § 122 Rdn. 26; Wallis in Hübschmann/Hepp/Spitaler § 61 Rdn. 1-3

daß ihm die bei Gericht eingehenden Klagen und Anträge bzw. Rechtsmittel und die jeweiligen Erwiderungen zur Kenntnis zugeleitet werden[84]. Hierzu gibt es in den Bundesländern verschiedene Regelungen. Teilweise existieren sog. Positivlisten mit generellen Vorlagewünschen, teilweise sog. Negativlisten (vgl. Beispiel in Anhang Nr. 2.18.) mit generellen Verzichtserklärungen.

Auch der Beitritt nach § 61 FGO und § 122 Abs. 2 FGO erfolgt durch einseitige empfangsbedürftige Willenserklärung in schriftlicher Form.

Ob der Beitritt erklärt wird, steht im Ermessen des Beitrittsberechtigten[85]. Eine Zulassungsentscheidung des Gerichts ist weder in der VwGO noch in der FGO vorgesehen. Die bereits am Verfahren Beteiligten können den Beitritt eines Beitrittsberechtigten nicht verhindern[86].

2.2. Die Anhängigkeit der Streitsache

Wie die Beiladung setzt der Beitritt begriffsnotwendig die Anhängigkeit eines Rechtsstreits voraus. Aufgrund der gesetzlichen Differenzierungen hinsichtlich des Beitrittsberechtigten (vgl. dazu unten Kap. 10) kommt hinzu, daß der Rechtsstreit in der Instanz anhängig sein muß, für die das Beitrittsrecht vorgesehen ist. So können z.B. der Oberbundesanwalt und der Bundesminister der Finanzen in den Tatsacheninstanzen nicht beitreten, sondern erst nach Anhängigkeit des Rechtsstreits in der Revisionsinstanz[87]. Auch eine im voraus abgegebene Beitrittserklärung für den Fall, daß ein bestimmtes Verfahren in der Revisionsinstanz anhängig werden sollte, sieht das Gesetz nicht vor. Die Beschwerdebehörde i.S.d. § 61 FGO kann dagegen nur in der Tatsacheninstanz beitreten[88].

2.3. Die Verfahrensart

Der Beitritt ist weder nach der VwGO noch nach der FGO von einer bestimmten Klage- oder Verfahrensart abhängig[89]. Insbesondere kann sich der Vertreter des öffentlichen Interesses auch an Normenkontrollklagen beteiligen. Ausgeschlossen ist nach § 35 Abs. 1 S. 2 VwGO allerdings eine Be-

84 Bosch/Schmidt § 15 I
85 vgl. z.B. Bittner § 122 Rdn. 5; Kopp § 35 Rdn. 4
86 vgl. Bittner § 122 Rdn. 5; Redeker/von Oertzen § 35 Rdn. 9: auch keine Ablehnung wegen Besorgnis der Befangenheit
87 ebenso Kühn/Kutter/Hofmann § 122 Rdn. 2
88 ebenso Wallis in Hübschmann/Hepp/Spitaler § 61 Rdn. 3
89 auch in Rechtsprechung und Schrifttum sind keine Tendenzen einer Einschränkung des Anwendungsbereichs der Beitrittsvorschriften erkennbar.

teiligung des Oberbundesanwalts an Verfahren vor den Disziplinarsenaten und den Wehrdienstsenaten des Bundesverwaltungsgerichts.

2.4. *Die Zulässigkeit der Klage oder des Antrages*

Weder nach der VwGO noch nach der FGO ist die Zulässigkeit einer Klage oder eines Antrages bzw. eines Rechtsmittels eine Beitrittsvoraussetzung. Bei eindeutiger Unzulässigkeit wird aber in der Regel kein Anlaß für eine Beteiligung des Vertreters des öffentlichen Interesses, des Oberbundesanwalts oder des Bundesfinanzministers bestehen. Ungeachtet der Unterschiedlichkeit der von ihnen zu vertretenden Interessen beziehen sich diese nämlich primär auf die Auslegung des materiellen Rechts.

2.5. *Die Beitrittsfähigkeit*

Beitrittsfähig sind nur die im Gesetz ausdrücklich genannten Stellen, also nach der VwGO der Vertreter des öffentlichen Interesses bzw. der Oberbundesanwalt und nach der FGO die im außergerichtlichen Vorverfahren tätige Behörde i.S. d. § 61 sowie nach § 122 Abs. 2 der Bundesfinanzminister bzw. die zuständige oberste Landesbehörde[90]. In Bayern und Thüringen kommt allerdings eine zusätzliche Beteiligung des Vertreters des öffentlichen Interesses logischerweise dann nicht in Betracht, wenn die Landesanwaltschaft Prozeßvertreter des Landes ist.

Andere natürliche oder juristische Personen oder berufliche Organisationen wie beispielsweise die Bundessteuerbeamtenkammer sind nicht beitrittsfähig. Die Beitrittserklärung einer solchen Person oder Institution ist unwirksam; gegen das Grundgesetz, insbesondere Art. 3 oder 12 verstößt dies nicht[91].

2.6. *Die Postulationsfähigkeit*

Fraglich ist, ob die nach der VwGO Beitrittsberechtigten in allen Instanzen postulationsfähig sind oder vor dem BVerwG einen Prozeßvertreter benötigen (vgl. § 67 VwGO). Für den Oberbundesanwalt scheidet letzteres schon kraft seiner gesetzlichen Stellung aus. Hinsichtlich des Vertreters des öffentlichen Interesses eines Landes, der nicht Parteivertreter ist, hat das BVerwG entschieden, daß auch er nicht in den Anwendungsbereich des

90 Bittner § 122 Rdn. 3; Tipke/Kruse § 122 Rdn. 19
91 BFH BStBl 1984, 409

§ 67 VwGO fällt und deshalb selbst postulationsfähig ist[92]. Nach einer weiteren Entscheidung[93] sollte dies aber nicht für Vertreter des öffentlichen Interesses gelten, welche die Funktion eines Parteivertreters haben. Der Gesetzgeber hat dieses Urteil allerdings mit der Regelung des § 67 Abs. 1 S. 3 VwGO praktisch bedeutungslos gemacht, weil die Vertreter des öffentlichen Interesses regelmäßig die dort aufgestellten persönlichen Voraussetzungen erfüllen[94].

2.7. Der konkrete Zeitpunkt

2.7.1. Zu welchem Zeitpunkt der Beitritt nach Anhängigkeit der Streitsache erklärt wird, steht im Ermessen des Beitrittsberechtigten. Der Beitritt muß jedoch bis spätestens zum Ende der mündlichen Verhandlung erklärt sein. Teilt ein Beitrittsberechtigter zu Beginn des Verfahrens mit, er werde von seinem Beitrittsrecht keinen Gebrauch machen, hindert ihn dies nicht daran, zu einem späteren Zeitpunkt doch noch beizutreten[95]. Selbst wenn man in der ersten Erklärung einen Verzicht sehen könnte, wäre dieser jederzeit ohne Einverständnis der anderen Beteiligten widerrufbar. Insbesondere fänden die für einen Rechtsmittelverzicht geltenden Grundsätze hier keine Anwendung. Der Beitritt ist gegenüber der Rechtsmitteleinlegung ein aliud.

2.7.2. Von der h.M. wird, ähnlich wie bei der Beiladung, anerkannt, daß der bis dahin nicht beteiligte Vertreter des öffentlichen Interesses noch während des Laufs der Rechtsmittelfrist seine Beteiligung erklären kann[96], was insbesondere für den Vertreter des öffentlichen Interesses vor dem OVG bzw. dem VGH von Bedeutung ist, denn er bleibt, anders als der erstinstanzlich tätige Vertreter des öffentlichen Interesses, Beteiligter des Rechtsstreits in der nächsten Instanz. Als Begründung für die Zulassung eines Beitritts auch noch in diesem Verfahrensstadium wird ein praktisches Bedürfnis angeführt, und zwar mit folgender Begründung: Erst die in den Entscheidungsgründen des Urteils zu Tage tretende Rechtsauffassung des Gerichts könne der Anlaß für einen Eintritt des Vertreters des öffentlichen Interesses in das Verfahren sein, mit dem Ziel dieses Urteil anzugreifen.

Gegen diese Meinung lassen sich die gegen die Zulassung der Beiladung nach Urteilserlaß angeführten Argumente (vgl. oben Anm. 1.7.) zwar nicht in voller Tragweite anführen, denn es kommt wegen der konstitutiven

92 BVerwGE 13, 245; 31, 51
93 BVerwGE 12, 225
94 vgl. Redeker/von Oertzen § 67 Rdn. 3
95 BFHE 141, 405
96 vgl. BVerwGE 16, 265, 267; Redeker/von Oertzen § 132 Rdn. 3 m.w.N.

Wirkung der Beitrittserklärung nicht zu einer von den objektiven Urteilsgrundlagen abweichenden Entscheidung des Gerichts. Hinzu kommt, daß für den Vertreter des öffentlichen Interesses aufgrund seiner »Ursprungsfunktion«[97] ohnehin besondere Grundsätze gelten; so ist bspw. für die Zulässigkeit eines Rechtsmittels keine formelle Beschwer erforderlich. Vielmehr genügt es, daß der Vertreter des öffentlichen Interesses die angefochtene Entscheidung für falsch hält[98].

Dennoch kann der h.M. nicht zugestimmt werden. Der Vertreter des öffentlichen Interesses hat die Möglichkeit, sich in jedes Verfahren einzuschalten, und zwar von Anfang an. Er kann sich vom konkreten Streitgegenstand und vom Verfahrensstand Kenntnis verschaffen. Seine Aufgabe ist es, zu erkennen, ob das öffentliche Interesse tangiert sein kann oder nicht. Dies hängt im wesentlichen vom Streitgegenstand des einzelnen Rechtsstreits ab. Entscheidet er sich dazu, nicht beizutreten, so kann er diesen Entschluß bis zur letzten mündlichen Verhandlung noch revidieren. Es ist daher schwer einsehbar, worin das von der h.M. genannte »praktische Bedürfnis« für die Zulassung einer Beitrittsmöglichkeit nach Urteilserlaß liegen soll. Gegen ein solches Bedürfnis spricht auch, daß nach einem Rechtsmittel eines Beteiligten in der nächsten Instanz ohnehin die Beteiligungsmöglichkeit des Vertreters des öffentlichen Interesses bzw. des ebenfalls öffentliche Interessen wahrnehmenden Oberbundesanwalts gegeben ist. Es erscheint auch nicht zwingend geboten, im Revisionsverfahren zwei das öffentliche Interesse wahrnehmende Beteiligte zu haben.

Die Frage, ob ein praktischen Bedürfnis im Sinne der h.M. besteht, kann sich im übrigen nur im Hinblick auf solche Fälle stellen, in denen die bei Urteilserlaß Beteiligten die gerichtliche Entscheidung akzeptieren.

Insoweit ist zunächst zu bedenken, daß auch die Herstellung des Rechtsfriedens im öffentlichen Interesse steht. Es ist daher nicht ohne weiters einsehbar, worin das öffentliche Interesse liegen könnte, diesen wieder zu stören. Dies gilt auch für die nicht näher konkretisierte Behauptung, es gebe Fälle, in denen sich erst aus den Urteilsgründen ergebe, daß öffentliche Interessen tangiert sind. Diesbezüglich verbleibt daher der Eindruck, daß hier einer dem Rechtsstaat in dieser Form wesensfremden Überwachungsmöglichkeit der dritten Gewalt durch die Regierung bzw. die Verwaltungsbehörden Vorschub geleistet werden soll.

97 Redeker/von Oertzen § 36 Rdn. 6
98 BVerwG Buchholz 310 § 40 Nr. 164

3. Zwischenergebnis

Auch in Verfahren auf Gewährung vorläufigen Rechtsschutzes sind Beiladungen statthaft, aber grundsätzlich nicht notwendig, es sei denn es wird zulässigerweise die Hauptsacheentscheidung vorweggenommen.

Die im Hauptsacheverfahren ausgesprochene Beiladung wirkt in einem sich daraus entwickelnden Eilverfahren fort.

Auch in Normenkontrollverfahren ist eine Beiladung grundsätzlich statthaft.

Die Zulässigkeit der Klage ist keine Beiladungsvoraussetzung. Bei der einfachen Beiladung kann die Unzulässigkeit jedoch im Rahmen der gerichtlichen Ermessensentscheidung berücksichtigt werden. Sind die Voraussetzungen der notwendigen Beiladung erfüllt, kann eine Beiladung nur dann unterbleiben, wenn es an den Voraussetzungen einer wirksamen Klageerhebung fehlt.

Nach Bekanntgabe seines Urteils kann ein Gericht keine Beiladungen mehr aussprechen. Eine solche Möglichkeit könnte alleine der Gesetzgeber eröffnen. Die Schaffung einer Drittwiderspruchsklage für übergangene Dritte wird vorgeschlagen.

Für den Beitritt eines zuvor nicht beteiligten Vertreters des öffentlichen Interesses erst nach Erlaß des Urteils gibt es keine überzeugenden Argumente.

Kapitel 7 Die Beiladungsgründe der einfachen Beiladung i.S.v. § 75 Abs. 1 S. 1 SGG, § 65 Abs. 1 VwGO und § 60 Abs. 1 S. 1 FGO

1. Die Grundlagen

1.1. Zweck und Wesen der einfachen Beiladung werden übereinstimmend darin gesehen, dem Dritten, dessen Interessen durch den Rechtsstreit betroffen werden, rechtliches Gehör und die Möglichkeit zu geben, seine Belange im Rechtsstreit selbst geltend zu machen[1]. Außerdem soll, wenn auch nicht im gleichen Ausmaß wie bei der notwendigen Beiladung, die Entstehung weiterer Rechtsstreite und das Ergehen sich widersprechender gerichtlicher Entscheidungen verhindert werden. Dies wird dadurch erreicht, daß der Dritte gemäß den §§ 141 SGG, 121 VwGO und 110 FGO auch in Fällen der einfachen Beiladung in die Rechtskraftwirkung der gerichtlichen Entscheidung einbezogen wird[2].

1.2. Hinweise dafür, welche konkreten Fallgestaltungen der Gesetzgeber mit den Vorschriften über die einfache Beiladung erfassen wollte, enthalten die §§ 65, 66 VwGO und § 75 SGG nicht.

Dagegen ist in § 60 Abs. 1 FGO ein Beispielsfall aufgeführt. Danach kommt die Beiladung in sog. Dritthaftungsfällen in Betracht. Dabei handelt es sich um Fallgestaltungen, in denen unter bestimmten Umständen Dritte statt des in Anspruch genommenen Steuerpflichtigen nach den Steuergesetzen haften.

Eine solche Haftung trifft nach §§ 69 ff. AO insbesondere Betriebsübernehmer, Steuerhehler und Eigentümer von Grundstücken, die einem Unternehmen dienen. Auch kann der Arbeitnehmer zu dem Rechtsstreit seines wegen Lohnsteuer in Anspruch genommenen Arbeitgebers beigeladen werden[3].

1.3. Fraglich ist, ob das durch Benennung eines bestimmten Beiladungsgrundes in der FGO enthaltene *Wertungsmodell* auf die verwaltungs- und die sozialgerichtlichen Verfahren übertragen werden kann. Sinn und Zweck der Beiladungsvorschriften in VwGO und SGG stehen einer solchen

1 vgl. Konrad S. 481; Tipke/Kruse § 65 Rdn. 1; Peters/Sautter/Wolff § 75 Anm. 1
2 vgl. BVerwGE 77, 102, 106
3 BFHE 129, 310, 312

Schlußfolgerung nicht entgegen. In der Rechtsprechung wird zwar keine systematische Transformation des Modells vorgenommen; die Auswertung der Entscheidungen zur einfachen Beiladung zeigt jedoch, daß sowohl das BVerwG[4] als auch das BSG[5] in ihren Einzelfallentscheidungen häufig zu denselben Ergebnissen kommen, wie sie bei Heranziehung des Wertungsmodells erzielt würden.

1.3.1. Aus der m. E. zulässigen direkten Übertragung des Wertungsmodells ergibt sich für das sozialgerichtliche Verfahren beispielsweise, daß der nach § 28e Abs. 1 S. 1 SGB IV wie ein Bürge haftende Entleiher von Arbeitskräften zum Rechtsstreit des Arbeitgebers (= Verleiher) gegen die Einzugstelle von Sozialversicherungsbeiträgen beigeladen werden kann[6]. Eine vom Wertungsmodell erfaßte Situation ist auch in einem Rechtsstreit um die Zuordnung eines Arbeitsunfalls zu einem bestimmten Unternehmen gegeben; hier kann der Unternehmer (Arbeitgeber) beigeladen werden, denn seine Rechtssphäre wird dadurch berührt, daß er sich, je nach Ausgang des Verfahrens, in einem nachfolgenden Prozeß auf den Haftungsausschluß des § 636 RVO berufen kann oder nicht[7].

Ähnlich ist die Situation hinsichtlich der im Detail sehr umstrittenen Beiladung anderer Gesamtschuldner, wenn einer von ihnen auf Zahlung der Gesamtsumme verklagt wird. Zwar ist hier keine von vornherein gestufte, sondern eine alternative Haftung gegeben. Dennoch werden diese Fälle vom Wertungsmodell der Dritthaftungsfälle (noch) erfaßt. Im Ergebnis ist deshalb der Auffassung des BFH und des BVerwG zuzustimmen, wonach nur die Voraussetzungen einer einfachen, nicht aber die einer notwendigen Beiladung des anderen Gesamtschuldners erfüllt sind[8].

Die in der Rechtsprechung vor allem vom BSG vertretene Gegenmeinung[9] beruft sich darauf, daß die Leistung durch einen der Gesamtschuldner auch für die übrigen Gesamtschuldner leistungsbefreiend wirkt (§ 422 Abs. 1 S. 2 BGB) und zur Ausgleichspflicht gegenüber dem Leistenden führt (§ 426 Abs. 1 S. 1 BGB). Darin wird eine unmittelbare Wirkung der gerichtlichen Entscheidung auf die Rechtssphäre der anderen Gesamtschuldner gesehen[10].

4 vgl. z.B. BVerwGE 77, 102, 106
5 BSGE 11, 262, 265
6 vgl. BSG SozR 2200 § 179 RVO Nr. 19 in Abgrenzung zu Fällen notwendiger Beiladung
7 vgl. BSGE 11, 262, 265
8 vgl. BFHE 104, 45; 121, 142; BVerwGE 293, 296
9 z.B. BSG HV-Info 1984, 68; 1985, 36; ZfS 1988, 209 f.
10 Soweit auf S. 7 des Umdrucks des Urteils vom 30.3.1988 2/9b RU 18/87 von einer mittelbaren Einwirkung die Rede ist, handelt es sich wohl um einen Schreibfehler.

Außer den aufgeführten systematischen Erwägungen unter Berücksichtigung des in der FGO benannten Wertungsmodells ist gegen diese Meinung anzuführen, daß die Ausgleichspflicht des anderen Gesamtschuldners nicht erst mit der Befriedigung des Gläubigers durch den in Anspruch genommenen Gesamtschuldner entsteht, sondern von vornherein als Wesenselement der Gesamtschuld besteht[11]. Die Entscheidungswirkungen sind daher nicht unmittelbar rechtsgestaltend. Deshalb werden die Gesamtschuldner im Zivilprozeß auch nicht als notwendige, sondern nur als einfache Streitgenossen eingestuft[12].

Etwas anderes kann entgegen einer in einem Teil des finanzgerichtlichen Schrifttums vertretenen Mindermeinung[13] auch nicht in Fällen der gemeinsamen steuerlichen Veranlagung von Ehegatten gelten. Diese verfahrensrechtliche Verbindung ändert nichts daran, daß gegen beide Gesamtschuldner unterschiedliche Verwaltungsakte ergehen können und unterschiedliche Entscheidungen des Gerichts möglich sind.

Ebenfalls nur die Voraussetzungen einer einfachen Beiladung sind erfüllt, wenn eine gesamtschuldnerische Haftung von Arbeitgebern und Reedern nach § 28e Abs. 3 SGB IV in Betracht kommt.

1.3.2. Im verwaltungsgerichtlichen Verfahren ist aufgrund der Übertragung des Wertungsmodells z.B. eine Beiladung des Architekten bei einer Klage des Bauherrn zulässig, wenn die Versagung einer Genehmigung möglicherweise Schadensersatzansprüche des Bauherrn gegen den Architekten nach sich zieht[14]. Entsprechendes gilt für einen Beamten bei Gefahr von Schadensersatzansprüchen aufgrund der möglichen Rechtswidrigkeit einer von ihm getroffenen Entscheidung[15]. Auch kann der Rechtsvorgänger, der ein Grundstück verkauft und dabei zugesichert hat, daß die Erschließungskosten bezahlt sind, zum Rechtsstreit des Käufers gegen einen an ihn gerichteten Erschließungskostenbeitragsbescheid beigeladen werden[16].

2. Die Beiladungsvoraussetzungen im einzelnen

2.1. In welchen Konstellationen über die genannten Dritthaftungsfälle hinaus eine einfache Beiladung statthaft ist, muß durch Auslegung der gesetzli-

11 vgl. Palandt-Heinrichs § 426 Rdn. 3

12 vgl. BGHZ 35, 325; BGH NJW 1981, 1667; 1988, 134

13 vgl. Rössler S. 630; Ziemer/Haarmann/Lohse Anm. 2178; vgl. zum Problem auch Tipke/Kruse § 60 Rdn. 3 ff., 12 und Woerner S. 242, 243 jeweils m.w.N.

14 vgl. VGH Stuttgart NJW 1956, 646

15 vgl. OVG Münster NJW 1960, 1488

16 BVerwGE 64, 67

chen Tatbestandsmerkmale der §§ 75 Abs. 1 SGG, 65 Abs. 1 VwGO und 60 Abs. 1 FGO bestimmt werden. Diese Inhaltsbestimmung wird durch die Tatsache, daß die genannten Vorschriften unterschiedlich gefaßt sind, zwar erschwert; hierin liegt jedoch zugleich auch eine Erleichterung, weil die Aufstellung verschiedener Voraussetzungen Rückschlüsse auf den Willen des Gesetzgebers bezüglich der jeweils anderen Prozeßordnungen zuläßt. Darüberhinaus kommt dem Wertungsmodell des in der FGO gesetzlich benannten Beiladungsgrundes entscheidende Bedeutung im Sinne eines Auslegungsmaßstabes zu.

2.2. *Alle drei Verfahrensordnungen setzen das Berührtwerden bestimmter Interessen voraus.*

2.2.1. Nach § 75 Abs. 1 SGG ist erforderlich, daß durch die mit der Klage begehrte Entscheidung »berechtigte Interessen« des Dritten berührt werden können. Demgegenüber verwendet § 65 VwGO den Begriff des »rechtlichen Interesses«. § 60 FGO erachtete sogar nur »rechtliche Interessen nach den Steuergesetzen« für einschlägig. Eine weitere Einschränkung enthält § 60 Abs. 2 FGO für den Fall, daß bezüglich einer Steuer Verwaltungs- und Ertragshoheit auseinanderfallen, wie z.B. bei der Gewerbe- und der Kirchensteuer[17]. In einem solchen Fall kann der Abgabenberechtigte zu einem Beiziehungsrechtsstreit nicht beigeladen werden, obwohl seine rechtlichen Interessen eigentlich berührt werden.

Aus der vom Gesetzgeber gesehenen Notwendigkeit der Regelung dieses Sonderfalls in der FGO läßt sich im Umkehrschluß ableiten, daß ansonsten in ähnlich gelagerten Fällen, insbesondere denen der Prozeßstandschaft, jedenfalls die Voraussetzungen der einfachen Beiladung erfüllt sind, und zwar nicht nur im finanz-, sondern auch im verwaltungs- und im sozialgerichtlichen Verfahren[18].

2.2.2. Darüberhinaus gibt der Wortlaut der Beiladungsvorschriften keinen Anhaltspunkt für die Definition der Begriffe »rechtliche« bzw. »berechtige« Interessen.

Nach h.M.[19] haben die beiden Begriffe nicht die gleiche Bedeutung. Der Begriff des berechtigten Interesses ist weiter als der des rechtlichen Interes-

17 Wallis in Hübschmann/Hepp/Spitaler § 60 Rdn. 17; Gräber § 60 Rdn. 22

18 vgl. Hennig/Danckwerts/König § 75 Anm. 4.2.1.; zur Frage der Erfüllung der Voraussetzungen einer notwendigen Beiladung vgl. unten Kap. 8 Anm. 3.8.

19 z.B. BSGE 8, 1; Meyer-Ladewig § 75 Rdn. 8; Udsching in Hdb SGV V Rdn. 8; Peters/Sautter/Wolff § 75 Anm. 3b; Brackmann S. 234w V

ses, obwohl auch dieser nur schwer faßbar und damit als Abgrenzungskriterium kaum brauchbar ist[20].

Als rechtlicher Art können generell solche Interessen bezeichnet werden, die einen Bezugspunkt zur staatlichen Rechtsordnung oder zu privatrechtlich geschaffenen Regelungen haben[21]. Die bloße Stellung eines Beiladungsantrages begründet allerdings noch kein rechtliches Interesse[22].

Da es sich nicht um ein öffentlichrechtliches Interesse handeln muß, kann das erforderliche Interesse auch durch die Existenz eines privatrechtlichen Vertrages begründet sein, z.B. wenn eine Risikoklausel für den Fall besteht, daß eine zu errichtende Anlage nicht genehmigt wird[23]. Das gleiche gilt, wenn aufgrund vertraglicher Vereinbarung die Pflegekosten eines Verwandten übernommen werden müssen, falls kein Sozialversicherungsträger zur Leistung verpflichtet ist[24]. Beiladungsbegründend können schließlich beim Streit über die Rechtmäßigkeit einer atomrechtlichen oder sonstigen Genehmigung auch die zivilrechtlichen Interessen des Generalunternehmers sein, der mit der Errichtung eines Bauwerkes oder einer Anlage beauftragt ist.

Etwas anderes gilt für das finanzgerichtliche Verfahren. Aus der ausdrücklichen Beschränkung auf rechtliche Interessen nach den Steuergesetzen folgt, daß privatrechtliche Interessen hier grundsätzlich nicht beiladungsbegründend sein können[25]. Umstritten ist allerdings, ob ein nach bürgerlichem Recht (gesetzlich oder vertraglich) möglicherweise haftender Bürge beigeladen werden kann. Soweit das bejaht wird, erfolgt dies unter Hinweis auf § 192 AO[26]. Dem kann jedoch nicht gefolgt werden. Daraus, daß § 192 AO auf die Vorschriften des bürgerlichen Rechts verweist, werden die Interessen der Bürgen noch nicht zu Interessen nach den Steuergesetzen i.S.d. § 60 FGO[27]. Für dieses Ergebnis sprechen im übrigen die Regelungen des Vollstreckungsrechts. Da der Bürge nicht »nach den Steuergesetzen« verpflichtet ist, kann er auch nicht Vollstreckungsschuldner i.S.d. Vollstreckungsverfahrens der AO (§§ 249 ff.) sein[28]. Es handelt sich schließlich auch nicht um einen Fall widerstreitender Interessen i.S.d. § 174 AO, so daß auch nach dieser Vorschrift eine Verfahrensbeteiligung nicht möglich ist.

20 Martens S. 356
21 ebenso BVerwG NVwZ 1991, 486 m.w.N.; Hessischer VGH DÖV 1952, 414
22 vgl. HessVGH VRspr 1, 112
23 vgl. Mußgnug S. 33 ff.
24 ebenso im Ergebnis BVerwGE 64, 67, 70
25 z.B. Bittner § 60 Rdn. 12 ff.; Tipke/Kruse § 60 Rdn. 3; vgl. auch BFH BStBl 1975, 388
26 so Clemens S. 77; Seeliger S. 408; Tipke/Kruse Rdn. 3
27 ebenso Gräber § 60 Rdn. 16; im Ergebnis so wohl auch BFHE 67, 29
28 vgl. Kühn/Kutter/Hofmann § 192 AO Anm. 3

Der Begriff des berechtigten Interesses erfaßt neben den rechtlichen Interessen auch solche tatsächlicher, kultureller, sozialer, wirtschaftlicher und ideeller Art[29]. Ein ideelles Interesse kann z. B. das an einer Rehabilitierung sein[30].

Der die Gleichbehandlung der beiden Begriffe befürwortenden Gegenmeinung[31] kann schon aus systematischen Gründen nicht zugestimmt werden. Der Begriff des berechtigten Interesses wird von den drei Prozeßordnungen nämlich auch zur Umschreibung der Zulässigkeitsvoraussetzungen von Feststellungsklagen verwendet (vgl. §§ 55 SGG, 43 VwGO und 41 FGO). Insoweit aber ist allgemein anerkannt, daß der Begriff des berechtigten Interesses auch Interessen nicht rechtlicher Art einschließt[32], zumal aus der amtlichen Begründung[33] ersichtlich wird, daß nach Auffassung des Gesetzgebers wirtschaftliche Interessen und rechtliche Interessen nebeneinander bestehen können. Zu konzedieren ist der Gegenmeinung allerdings, daß gerade wirtschaftliche Interessen häufig einen rechtlichen Hintergrund haben und daher de facto zugleich auch rechtliche Interessen sein können.

2.3. Die Auswertung des vorstehenden Überblicks ergibt, daß die FGO im Ansatz die engste und das SGG die weiteste Regelung der drei Prozeßordnungen zur einfachen Beiladung enthält. Dies gilt umsomehr, als sich aus § 60 Abs. 3 FGO im Hinblick auf den Schutz des Steuergeheimnisses auch ein Verbot einfacher Beiladung von Gesellschaftern eines Unternehmens ergibt, die nach § 48 Abs. 1 FGO nicht klagebefugt sind[34].

2.4. Vor einer weiteren Inhaltsbestimmung der Vorschriften über die einfache Beiladung muß der Frage nachgegangen werden, ob die im Vergleich zu den Beiladungsvorschriften der VwGO weiteren oder engeren Regelungen in den Besonderheiten des Sozialrechts einerseits und des Steuerrechts andererseits ihre Rechtfertigung finden.

Ein besonderer Grund für die weite Fassung des § 75 Abs. 1 SGG läßt sich den Gesetzesmaterialien[35] nicht entnehmen. Allerdings war dem Gesetzgeber - wie bereits erwähnt - der Unterschied zwischen den Begriffen des berechtigten und des rechtlichen Interesses durchaus bewußt.

Die ratio legis des § 60 Abs. 1 FGO beruht auf der Anerkennung eines schützenswerten Interesses der Verfahrensbeteiligten daran, daß der Kreis

29 vgl. Dapprich S. 61; Bley S. 53
30 vgl. BVerwGE 17, 87, 90; zum rein wirtschaftlichen Interesse vgl. BSGE 36, 146 f
31 Martens S. 356; Schäfer S. 24; Grunsky S. 287 Fn. 3
32 vgl. z.B. BVerwGE 41, 346; BFHE 100, 288; Meyer-Ladewig § 55 Rdn. 15 m.w.N.
33 BT-Drucks. I/4357 zu § 4 SGO
34 vgl. Gräber § 60 Rdn. 11; offengelassen in BFHE 123, 17
35 BT-Drucks. I/4357

der Beteiligten möglichst klein gehalten wird[36]. Das Steuergeheimnis (§ 30 AO) ist der Grund dafür, privatrechtliche oder andere öffentlichrechtliche Interessen als solche nach den Steuergesetzen von vornherein auszuschließen. Zum wirksamen Schutz des Steuergeheimnisses wird im finanzgerichtlichen Schrifttum zudem gefordert, in Zweifelsfällen bei der Beiladungsentscheidung eine eher restriktive Ermessensabwägung vorzunehmen[37].

Ist aber das Steuergeheimnis der wesentliche Grund für die enge Fassung des § 60 Abs. 1 FGO, so erscheint eine Einschränkung des § 75 Abs. 1 SGG durch den Gesetzgeber als dringend erforderlich, und zwar aus folgender Überlegung heraus: Inzwischen ist in § 35 SGB I das Sozialgeheimnis als schützenswertes Recht anerkannt. Es soll einen dem Steuergeheimnis vergleichbaren Schutz gewährleisten[38]. Aus ihm müssen daher auch in prozessualer Hinsicht ähnliche Konsequenzen gezogen werden, wie aus dem Steuergeheimnis, zumal keine Besonderheiten des Sozialrechts erkennbar sind, welche die weite Fassung des § 75 Abs. 1 SGG gebieten könnten. Daher sollte das Tatbestandsmerkmal »berechtigte Interessen« in »rechtliche Interessen« umgewandelt werden. Bis zum Eintritt einer solchen Gesetzesänderung sollten die Sozialgerichte die derzeitige Fassung des § 75 Abs. 1 SGG verstärkt im Lichte des § 35 SGB I auslegen. Außerdem sollte in jedem Einzelfall eine sorgfältige Abwägung zwischen den Interessen des Dritten an einer Beteiligung am Rechtsstreit einerseits und dem Datenschutzinteresse der Hauptbeteiligten andererseits erfolgen. Letzteres gilt auch für die Verwaltungsgerichte, wenn sie über Angelegenheiten i.S. des Sozialgesetzbuches zu entscheiden haben.

2.5. Die vorgeschlagene grundsätzliche Beschränkung der Beiladung auch im sozialgerichtlichen Verfahren auf Fälle des rechtlichen Interesses führt allein noch nicht zu klaren Abgrenzungskriterien. Insbesondere ist damit noch nichts darüber ausgesagt, in welcher Art und Weise solche Interessen im Einzelfall berührt sein müssen, um eine Beiladung zu rechtfertigen.

2.5.1. Die Auswertung von Rechtsprechung und Schrifttum zur näheren Inhaltsbestimmung der Vorschriften über die einfache Beiladung zeigt zum einen, daß insoweit erhebliche Begründungsschwierigkeiten bestehen; zum anderen scheint sie die These Bleys[39] von der »Unerschöpflichkeit der Beiladungsmöglichkeiten« zu bestätigen. Zu den Beiladungsvorschriften hat sich nämlich in den letzten Jahrzehnten eine unübersichtliche Kasuistik entwickelt, die bei weitgehendem Verzicht auf eine Subsumtion unter die

36 vgl. BFHE 115, 5
37 vgl. Bittner Rdn. 13; Tipke/Kruse Rdn. 3
38 BT-Drucks. 8/4022
39 SGB-SozVers-GK § 75 Anm. 6

einzelnen Tatbestandsmerkmale der Beiladungsvorschriften die konkrete Lösung fast ausschließlich in den Besonderheiten des jeweiligen Einzelfalls sucht. Hinzu kommt, daß häufig die Frage der Abgrenzung der notwendigen gegenüber der einfachen Beiladung allzusehr in den Vordergrund tritt. Zu einer Abgrenzung der einfachen Beiladung zur »Nichtbeiladung« kommt es nur selten; in Grenzfällen neigen die Gerichte dazu, »vorsorglich« beizuladen. Diese »Flucht in den Einzelfall« trägt nicht zur Rechtssicherheit und -klarheit bei, sondern führt bei genauer Betrachtung immer wieder zu nicht unerheblichen Wertungs- und Begründungsunterschieden in gerichtlichen Entscheidungen.

Als Beispiel sei das Problem der Beiladung eines Normgebers in Verfahren genannt, in denen die Entscheidung über den konkreten Klageanspruch von der Gültigkeit einer von ihm erlassenen Vorschrift abhängt.

Nach Auffassung des BVerwG[40] stellt das nicht fallbezogene allgemeine Interesse an der Auslegung und an der Gültigkeit einer Norm keinen Beiladungsgrund dar. Nach dieser Rechtsprechung sind also noch nicht einmal die Voraussetzungen der einfachen Beiladung erfüllt. Mit der gleichen Argumentation wird auch das Interesse einer Aufsichtsbehörde an der Entscheidung der Frage, ob eine Satzung einer Selbstverwaltungskörperschaft der Genehmigung bedurft hätte, als nicht ausreichend angesehen[41].

Die Rechtsprechung des BSG ist teilweise anders. So hat der 6. Senat des BSG mit Urteil vom 3.9.1987[42] die Auffassung vertreten, in einem Rechtsstreit zwischen Kassenarzt und kassenärztlicher Vereinigung um die Zulassung zur Abrechung bestimmter Gebührenpositionen sei die Beiladung der Vertragspartner der Bundesmantelverträge dann nicht nur möglich, sondern sogar notwendig, wenn es um die Gültigkeit von Regelungen gehe, welche diese Gremien erlassen haben. Ob eine solche generell-abstrakte Regelung gültig sei oder nicht, könne wegen dessen Gesamtverantwortung für das Funktionieren des Leistungssystems auch gegenüber dem Normgeber nur einheitlich entschieden werden. Mit Urteil des selben Senats vom 26.10. 1989[43] wurde diese Rechtsprechung in einem die Großgeräterichtlinien betreffenden Fall ausdrücklich fortgeführt und die Abgrenzung zwischen einfacher und notwendiger Beiladung dahingehend konkretisiert, daß letztere vorliege, wenn zumindest gewichtige Gründe für eine Unvereinbarkeit mit vorrangigen Rechtsnormen vorhanden seien. Diese Rechtsprechung hat der Senat schließlich mit Urteil vom 1.10.1990[44] nochmals bestä-

40 Buchholz 310 § 65 Nr. 17
41 BVerwG Buchholz 310 § 65 Nr. 28
42 BSGE 62, 124 = SozR 1500 § 75 Nr. 67
43 BSGE 66, 24 = SozR 1500 § 75 Nr. 79
44 BSGE 67, 256 = SozR-3 2500 § 92 Nr. 1

tigt, obwohl sie im Schrifttum nicht nur Zustimmung gefunden hatte[45]. Gegenwärtig ist allerdings eine Tendenzwende zu erkennen; der Senat rückt von dieser Rechtsprechung teilweise wieder ab. Mit Urteil vom 8.4.1992[46] hat er erklärt, er halte an der Auffassung, es könnten in solchen Fällen die Voraussetzungen der notwendigen Beiladung erfüllt sein, nur noch für eine Übergangszeit fest. Als rechtlich zulässig werde künftig allein die einfache Beiladung angesehen. Damit sind die Wertungsunterschiede gegenüber der eingangs zitierten Entscheidung des BVerwG zwar geringer geworden, aber noch immer nicht völlig beseitigt, denn das BVerwG hat - wie bereits erwähnt - nicht nur die notwendige, sondern auch die einfache Beiladung für unstatthaft erklärt.

2.5.2. Auf der Suche nach klaren, allgemeingültigen Abgrenzungskriterien der einfachen Beiladung gegenüber den Fällen der Nichtstatthaftigkeit einer Beiladung bieten sich die in allen drei Prozeßordnungen enthaltenen Tatbestandsmerkmale »deren«, »durch«, »die Entscheidung« und »berührt werden« an. Ihr Inhalt muß unter Berücksichtigung von Sinn und Zweck der Beiladung und den Gegebenheiten des oben genannten Wertungsmodells näher bestimmt werden. Außerdem ist zu berücksichtigen, daß, im Gegensatz zur notwendigen Beiladung, eine Beteiligung am streitigen »Rechtsverhältnis« kein Tatbestandsmerkmal der einfachen Beiladung ist. Dies ergibt sich zum einen aus dem Gesetzeswortlaut und wird zum anderen durch das Wertungsmodell der Dritthaftungsfälle bestätigt.

2.5.2.1. Ausgangspunkt aller Betrachtungen ist »die Entscheidung« des Gerichts. Durch sie muß das Drittinteresse berührt werden. Gemeint ist damit die am Ende des Verfahrens stehende Hauptsacheentscheidung, denn sie kann sich rechtsgestaltend auswirken. Alle anderen Entscheidungen sind nur dann relevant, wenn sie unmittelbar rechtsgestaltende Wirkung haben, wie z.B. Teilurteile. Daraus folgt, daß ein Betroffensein des Dritten durch den Sachvortrag der Hauptbeteiligten oder eines bereits beteiligten Dritten nicht ausreicht. Außerdem können vorbereitende Maßnahmen des Gerichts, wie z.B. Beweis- und Aufklärungsbeschlüsse nach der ratio legis nicht beiladungsbegründend sein.

2.5.2.2. Aus dem Tatbestandsmerkmal »deren« ist abzuleiten, daß es sich um eigene Interessen des Dritten handeln muß. Interessen anderer, z.B. bereits beigeladener oder sonstiger Dritter oder Interessen der Hauptbeteiligten, scheiden deshalb von vornherein aus.

45 zustimmend z.B. Meyer-Ladewig § 75 Rdn. 8; a.A. insbesondere Plagemann S. 499, 501 f.

46 BSG SozR-3 1500 § 75 Nr. 16 bzw. 5533 Nr. 1 = NZS 1992, 73

Da nach dem Gesetzeswortlaut die relevanten Interessen des Dritten »durch die Entscheidung« des Gerichts, berührt werden müssen, kann der Auffassung, das Drittinteresse müsse in Bezug auf die Hauptbeteiligten[47] bzw. auf die Hauptbeteiligten oder den Streitgegenstand[48] bestehen, nicht uneingeschränkt zugestimmt werden. Alleiniger Bezugspunkt ist die prozessual mögliche Bandbreite von gerichtlichen Entscheidungen über den streitigen Lebenssachverhalt.

Auch die Interessen des Gerichts oder der bereits am Rechtsstreit Beteiligten an einer hinreichenden Aufklärung des Sachverhalts rechtfertigen keine Beiladung. Die leichtere und umfassendere Aufklärung des Sachverhalts ist zwar eine der von der Drittbeteiligung unter Umständen ausgehenden Wirkungen, jedoch kein die Statthaftigkeit der Beiladung begründender Umstand[49].

2.5.2.3. Welche Interessen »durch« die Entscheidung, in der Regel also durch das Urteil, tangiert werden, hängt von den möglichen Entscheidungswirkungen ab. Das Tatbestandsmerkmal »berührt« verdeutlicht, daß nicht jede Art von entferntem Betroffenwerden ausreicht, sondern eine bestimmte Intensität des Kontakts mit der Interessensphäre des Dritten gegeben sein muß.

Die Urteilswirkungen lassen sich im Grundsatz leicht umschreiben. Sie liegen primär in der Gestaltungs- und der Rechtskraftwirkung (vgl. §§ 141 SGG, 121 VwGO und 110 FGO), erschöpfen sich hierin jedoch nicht. Von den weiteren Wirkungen haben die analog § 318 ZPO eintretende Innenbindung und die von der Rechtskraftwirkung ausgehende Präklusionswirkung[50] grundsätzlich keinen direkten Drittbezug. Dagegen beziehen sich Tatbestands- und Feststellungswirkung des Urteils auch auf Dritte. Urteilswirkungen im vorgenannten Sinne gehen aber nur vom Entscheidungstenor aus. Deshalb reicht es nicht aus, daß Elemente der Entscheidungsbegründung die Interessen des Dritten berühren können. Abzustellen ist alleine auf den Teil der Entscheidung, der die streitige Rechtsbeziehung gestalten kann, also den Entscheidungstenor[51].

Schwieriger ist die Festlegung von Art und Intensität des erforderlichen Einflusses auf den Dritten.

So herrscht bereits Streit über die Frage, ob nur mögliche belastende Wirkungen ein rechtliches Interesse begründen können oder ob auch mög-

47 so Meyer-Ladewig § 75 Rdn. 8

48 so VGH Kassel NJW 1987, 1036

49 anders wohl BSGE 7, 183, 185 und früher z.B. §§ 5 ff. Titel 17 der preußischen allgemeinen Gerichtsordnung, zitiert nach Bauer S. 189 f; mißverständlich insoweit auch die amtliche Begründung in BT-Drucks. I/4357

50 vgl. dazu LSG Nordrhein/Westfalen SGb 1974, 117 und Behn S. 424 ff.

51 ebenso Redeker/von Oertzen § 65 Rdn. 5; Gräber § 60 Rdn. 19; Schäfer S. 32 m.w.N.

liche begünstigende Wirkungen ausreichend sind. Insoweit muß mit der h.M.[52] auf den nicht einschränkend formulierten Gesetzestext verwiesen werden. Danach ist es als Voraussetzung der Beiladung gerade nicht erforderlich, daß die vom Kläger begehrte Entscheidung für den Dritten irgendwie abträglich ist. Die belastende Wirkung der möglichen Entscheidung für den Dritten wird zwar in praxi häufig der Anlaß der Beiladung sein, sie ist jedoch weder zwingende Voraussetzung der einfachen Beiladung, noch liegt darin ein entscheidender Unterschied zwischen der einfachen und der notwendigen Beiladung.

Auf das Vorliegen einer Beschwer des Dritten kommt es nach allgemeinen Grundsätzen nur dann an, wenn es um die Frage geht, ob ein von ihm eingelegtes Rechtsmittel zulässig ist. MaW: Insoweit dürfen Voraussetzungen und Rechtsfolgen der Beiladung nicht verwechselt werden.

Im übrigen ist noch nicht einmal die zur Abgrenzung verwendete Terminologie einheitlich. So wird z.T. als Voraussetzung der einfachen Beiladung verlangt, daß die Drittinteressen »unmittelbar« durch die Entscheidung berührt werden[53]. Andere halten auch oder nur mittelbare Urteilswirkungen für ausreichend[54]. Schließlich wird z.T. in der Unterscheidung zwischen mittelbaren und unmittelbaren Urteilswirkungen gerade das entscheidende Abgrenzungskriterium zwischen einfacher und notwendiger Beiladung gesehen[55].

Die nähere Betrachtung führt allerdings zu der etwas überraschenden Erkenntnis, daß trotz unterschiedlicher Terminologie im Ergebnis häufig Einigkeit besteht. Neben der Festlegung möglichst konkreter Abgrenzungskriterien bedarf es also auch der näheren Bestimmung von Begriffsinhalten.

Aus der Unterscheidung zur notwendigen Beiladung ergibt sich, daß das Berührtwerden qualitativ unterhalb der unmittelbaren Rechtsgestaltung liegen muß. Denn wenn Rechte des Dritten durch die Entscheidung selbst gestaltet werden, kann sie wirksam auch ihm gegenüber nur einheitlich ergehen, so daß die Voraussetzungen der notwendigen Beiladung erfüllt sind (vgl. dazu im einzelnen Kap. 7). Für eine solche Grenzziehung spricht auch der Sinn des Wortes »berühren« im allgemeinen Sprachgebrauch, der zwar einen über das bloße Betroffensein hinausgehenden direkten Kontakt, aber nicht eine Zustandsveränderung des berührten Objekts verlangt.

Aus dem gesetzlichen Wertungsmodell des in der FGO benannten Beiladungsgrundes und dem Fehlen der Voraussetzung der Beteiligung am streitigen Rechtsverhältnis läßt sich ableiten, daß zwar - einerseits - keine

52 z.B. OVG Münster OVGE 1, 21 und NVwZ RR 1991, 486; BVerwG 64, 67; Schäfer S. 70; Redeker/von Oertzen § 65 Rdn. 4; a.A. Stahl S. 47, 52; Grunsky S. 293; Konrad S. 483 f. hinsichtlich der notwendigen Beiladung; Stettner S. 17, 60 ff.

53 Rohwer-Kahlmann § 75 Anm. 30; Kopp § 65 Rdn. 9

54 vgl. Stahl S. 48 f; Martens S. 360; Schäfer S. 31

55 z.B. BSG SozR 3 5533 Nr. 1 = NZS 1992, 73

Beteiligung des Dritten an dem Lebenssachverhalt erforderlich ist, der den Streitgegenstand bildet, daß aber - andererseits - wenigstens ein Bezug zu dem konkreten und individualisierten Lebenssachverhalt bestehen muß, in den das streitige Rechtsverhältnis eingebettet ist. Für dieses Erfordernis spricht auch, daß der Dritte »durch die Entscheidung« also die rechtliche Regelung eines einzelnen Lebenssachverhalts »berührt« werden muß. Dies ist nicht der Fall, wenn der Dritte zu diesem Lebenssachverhalt keinen, ihn von anderen Bürgern unterscheidenden, individuellen Bezug tatsächlicher Art hat. Andernfalls handelt es sich um ein bloßes, und als Beiladungsgrund deshalb nicht ausreichendes Tangieren des theoretisch bei jedem Bürger bestehenden allgemeinen Interesses an der Beantwortung von Rechtsfragen durch die Gerichte[56].

2.6. Zusammenfassend läßt sich daher festhalten: Rechtliche Interessen werden durch die Entscheidung nur dann »berührt«, wenn zwei Komponenten erfüllt sind.

Zum einen (erste Komponente) muß die Möglichkeit bestehen, daß das Obsiegen oder Unterliegen der Hauptbeteiligten zwar nicht durch die Gestaltungswirkung des Entscheidungstenors, aber durch dessen Folgewirkungen, z.B. den Erlaß eines Verwaltungsaktes oder die Ingangsetzung eines anderen Rechtsstreits, positive oder negative Auswirkungen auf die individuelle Rechtsstellung des Dritten haben kann.

Zum anderen (zweite Komponente) muß eine sachliche und/oder persönliche Beziehung des Dritten zum streitigen Lebenssachverhalt bestehen oder künftig entstehen können. Diese Beziehung muß nicht notwendig zum Streitgegenstand in prozessualem Sinne vorhanden sein; es reicht vielmehr aus, wenn sie sich auf den individualisierten Lebenssachverhalt in weiterem Sinne erstreckt, aus dem die konkrete Streitfrage erwachsen ist[57].

Auf der Grundlage dieser Zwei-Komponenten-Theorie läßt sich auch die streitige Terminologiefrage klären. Dabei bietet sich in Anlehnung an die (im Hinblick auf Verjährungsfragen) von der zivilgerichtlichen Rechtsprechung zu § 635 BGB entwickelte Unterscheidung zwischen Mangelschäden einerseits sowie unmittelbaren und mittelbaren Mangelfolgeschäden andererseits[58] folgende Begriffsbildung an: Wird die Rechtsstellung des Dritten zwangsläufig von der Gestaltungswirkung erfaßt, so handelt es sich um eine unmittelbare, grundsätzlich zur Notwendigkeit der Beiladung führende Urteilswirkung. Alle anderen Urteilswirkungen auf Dritte sind Folgewirkungen; sie lassen sich in solche unmittelbarer und solche mittelbarer Art unterteilen. Sind beide o.g. Komponenten erfüllt, kann das Urteil für

56 im Ansatz ähnlich wohl BayLSG Breith 1954, 665, 667 f; a.A. ausdrücklich Peters/Sautter/Wolff § 75 Anm. 3b

57 vgl. dazu auch unten Kap. 9 Anm. 2.2.

58 vgl. Soergel in Münchener Kommentar § 635 Rdn. 47 ff.

den Dritten unmittelbare Folgewirkungen haben; er kann beigeladen werden. Fehlt es an einer der beiden Komponenten, so hat das Urteil allenfalls mittelbare Folgewirkungen für den Dritten; seine Beiladung ist deshalb unstatthaft.

3. Die praktische Umsetzung

Die Anwendung der oben umschriebenen Zwei-Komponenten-Theorie zur einfachen Beiladung führt in den in der Rechtsprechung häufiger vorkommenden Fallgestaltungen zu folgenden Lösungsvorschlägen:

3.1. Bei den bereits erwähnten Fallgestaltungen betreffend die Beiladung von Normgebern ergibt sich folgendes: Der Normgeber hat ein eigenes Interesse am Ausgang des Rechtsstreits, und zwar unabhängig davon, ob es um die Auslegung oder die Frage der Gültigkeit der Norm geht. Wer eine Rechtsnorm erlassen hat, hat logischerweise auch ein Interesse daran, daß diese Norm wirksam ist und daran, daß sie in dem gewünschten Sinne ausgelegt wird. Dies ergibt sich nicht zuletzt aus der jeden Normgeber treffenden Gesamtverantwortung für den zu regelnden Lebensbereich.

Der Auffassung[59], es handele sich dabei nicht um ein Interesse rechtlicher Art, kann schon aufgrund des Wortsinns nicht zugestimmt werden[60].

Dennoch liegt weder ein Fall der einfachen, noch der notwendigen Beiladung vor. Die Voraussetzungen der notwendigen Beiladung sind schon deshalb nicht erfüllt, weil das Urteil mangels Verwerfungskompetenz des Gerichts mit Wirkung über den Einzelfall hinaus keine unmittelbare Gestaltungswirkung gegenüber dem Normgeber hat. Bezüglich der einfachen Beiladung fehlt es zum einen daran, daß sich der einen einzelnen Lebenssachverhalt betreffende Tenor der gerichtlichen Entscheidung, als deren Vorfrage sich das Problem der Auslegung oder Gültigkeit der Norm stellt, nicht auf die Rechtssphäre des Normgebers auswirken kann. Es sind also »nur« die Entscheidungsgründe, die für den Normgeber von Interesse sein können. Zum anderen fehlt es auch an der erforderlichen tatsächlichen Beziehung des Normgebers zum konkret streitigen Lebenssachverhalt. Das Urteil kann für ihn mithin nur mittelbare Folgewirkungen i.S. obiger Definition haben. Es kann daher weder der früheren Rechtsprechung des sechsten Senats des BSG, noch der vor kurzem angekündigten Änderung voll zugestimmt werden, wonach jedenfalls die einfache Beiladung zulässig sein soll (vgl. dazu auch schon obere Anm. 2.5.1.).

59 so z.B. BVerwG NJW 1972, 221; DVBl 1974, 236
60 wie hier wohl OVG Lüneburg VRspr 16, 153

3.2. Aus ähnlichen Erwägungen heraus ist auch die Beiladung von Personen unstatthaft, die sich lediglich in der gleichen Rechtssituation befinden wie die Hauptbeteiligten des Rechtsstreits. Die Entscheidung hat für sie keine unmittelbaren, sondern nur mittelbare Folgewirkungen. Sie beinhaltet auch keine mögliche Vorfrage eines Zweitprozesses, wie dies bei den sog. Dritthaftungsprozessen der Fall ist.

Dies gilt vor allem bei sog. Musterprozessen, also Prozessen, in denen einer von vielen gleichgelagerten Fällen vereinbarungsgemäß exemplarisch durchgeführt werden soll und die anderen Verfahren - sei es auf Verwaltungsebene, sei es auf Gerichtsebene - bis zu dessen Entscheidung nicht fortgeführt werden. Allein eine solche verfahrensmäßige Disposition ist nicht geeignet, den erforderlichen unmittelbaren Zusammenhang zu den Folgewirkungen des Urteils herzustellen.

Anders verhält es sich allerdings dann, wenn durch rechtlich wirksame, vertragliche Vereinbarung eine unmittelbare Bindung des Urteils im Musterverfahren auch für den Dritten festgelegt ist. Dann ist der Vertrag das erforderliche Bindeglied tatsächlicher und rechtlicher Art. Das Urteil hat, obwohl es eigentlich einen ganz anderen Sachverhalt betrifft, für den Dritten unmittelbare Folgewirkung[61]. Das gleiche gilt wegen der Sonderregelungen des § 93a VwGO auch dann, wenn das Gericht von mehr als fünfzig bei ihm anhängigen gleichartigen Verfahren eines als Musterverfahren vorab durchführt[62].

3.3. Die eigene Klagebefugnis, also Möglichkeit des Dritten, selbst das erkennende Gericht anzurufen, ist nach der Zwei-Komponenten-Theorie weder eine Voraussetzung der einfachen Beiladung[63], noch steht sie ihr entgegen. Dies ergibt sich für das verwaltungs- und das sozialgerichtliche Verfahren im übrigen schon daraus, daß auch die Betroffenheit zivilrechtlicher Positionen einen Beiladungsgrund darstellen kann (vgl. dazu oben Anm. 2.2.). Für das finanzgerichtliche Verfahren läßt es sich daraus ableiten, daß der Gesetzgeber (wenn auch in Bezug auf die notwendige Beiladung) bezüglich einer bestimmten Fallkonstellation in § 60 Abs. 3 FGO ausdrücklich etwas anderes geregelt hat.

Besteht die Klagebefugnis in einem anderen Rechtsweg, ist dies allerdings bei der Ermessensentscheidung über die einfache Beiladung zu berücksichtigen[64].

61 ebenso im Ergebnis OVG Münster OVGE 28, 200

62 so wohl auch Redeker/von Oertzen § 65 Rdn. 7

63 im Ergebnis ebenso BFHE 109, 502, 504; BVerwG NVwZ RR 1990, 242; OVG Münster DÖV 1981, 385; vgl. auch BSG SozR Nr. 13 zu § 19 BVG

64 zur Frage der Rechtswegkollision vgl. Baden S. 142 ff.

3.4. Im Bereich des Sozialrechts stellt sich aufgrund des gegliederten Systems der sozialen Sicherheit mit seinen komplexen Zuständigkeitsregelungen (vgl. grundlegend die Abs. 2 und 3 der §§ 18 bis 29 SGB I) die Frage, ob andere Leistungsträger, bei denen der Kläger des anhängigen Rechtsstreits wegen desselben Lebenssachverhalts gleiche oder ähnliche Leistungen beantragt hat, beigeladen werden können oder müssen.

Letzteres ist aufgrund der unmittelbaren Gestaltungswirkung der gerichtlichen Entscheidung für und gegen den anderen Leistungsträger dann der Fall, wenn die in Betracht kommenden Leistungsträger theoretisch nach derselben gesetzlichen Vorschrift Leistungen erbringen können, aber rechtlich nur einer zuständig sein kann. Eine solche Situation liegt z.B. vor, wenn ein Unfallverletzter wegen desselben Unfalls bei mehreren Unfallversicherungsträgern eine Entschädigung beantragt hat und gegen einen von ihnen Klage erhebt, bevor die Verwaltungsverfahren der anderen Versicherungsträger abgeschlossen sind[65]. Hat der Kläger bei dem anderen Leistungsträger noch keinen Antrag gestellt, fehlt es noch an der unmittelbaren Auswirkung auf dessen Rechtssphäre; dennoch muß das Gericht auch ihn beiladen, wenn er als leistungspflichtig in Betracht kommt, und zwar nach § 75 Abs. 2 Alt 2 SGG[66].

Anders ist die Rechtslage beim Zusammentreffen von Leistungsansprüchen aufgrund verschiedener gesetzlicher Vorschriften in den einzelnen Versicherungszweigen. Hier handelt es sich im Grundsatz um ähnliche Fallgestaltungen wie sie dem den Dritthaftungsfällen entnommenen Wertungsmodell zugrunde liegen. Der andere Leistungsträger hat zwar ein rechtliches Interesse am Ausgang des Erstverfahrens; er ist je nach dessen Ausgang auch aufgrund desselben Lebenssachverhalts im Sinne der Zwei-Komponenten-Theorie möglicherweise zu Leistungen verpflichtet, so daß die Voraussetzungen der einfachen Beiladung erfüllt sind. Die Entscheidung des Erstverfahrens gestaltet jedoch nicht ohne weiteres die Rechtssphäre des anderen Leistungsträgers, so daß seine Beiladung nicht notwendig ist. Solche Konstellationen sind zum Beispiel gegeben hinsichtlich des Krankenversicherungsträgers, wenn der Arbeitsunfähige statt Krankengeld vom Unfallversicherungsträger Verletztengeld begehrt, für den Rentenversicherungsträger, wenn es im Rechtsstreit auf Zahlung von Krankengeld um die Frage der längerfristigen Arbeitsunfähigkeit geht oder bezüglich der Bundesanstalt für Arbeit, wenn im Rahmen eines Rechtsstreits über die Gewährung einer Rente wegen Berufs- oder Erwerbsunfähigkeit die Frage der infolge der gesundheitsbedingten Leistungseinbußen eingeschränkten Verfügbarkeit auf dem allgemeinen Arbeitsmarkt

65 vgl. BSG Urt. v. 27.3.1990 - 2 RU 32/89
66 vgl. dazu unten Kap. 9 Anm. 1

im Streit ist[67]. Ähnliches gilt für den Sozialhilfeträger, der aufgrund seiner nachrangigen Zuständigkeit (vgl. § 2 BSHG) unter Umständen dann Leistungen erbringen muß, wenn kein anderer Leistungsträger zur Leistung verpflichtet ist.

Leider machen die Gerichte in den vorgenannten Fallkonstellationen von der Möglichkeit der einfachen Beiladung kaum Gebrauch. Nach dem Ergebnis der Aktenauswertung war z.B. in keinem der Rechtsstreite um die Gewährung von Rente wegen Berufs- oder Erwerbsunfähigkeit der Krankenversicherungsträger, die Bundesanstalt für Arbeit oder der Sozialhilfeträger beteiligt.

Für eine Intensivierung der Beiladungspraxis in diesen Fällen sprechen - objektiv betrachtet - gewichtige Interessen des Sozialleistungsempfängers. Zwar tritt durch die Einbeziehung eines oder mehrerer anderer Sozialleistungsträger u.U. eine leichte Verzögerung des anhängigen Rechtsstreits ein; die Einbeziehung kann aber die Zahl der Fälle reduzieren, in denen der Sozialleistungsberechtigte oft jahrelang gegen verschiedene Leistungsträger klagen muß, bis eine endgültige Klärung herbeigeführt ist. In vielen Fällen könnte durch Beiladungen jedenfalls ein unzweckmäßiges, kostenaufwendiges Nebeneinander von Ermittlungen vermieden werden. Der Beiladung käme eine Art Konzentrationswirkung zu.

3.5. Eine weitere, gerade in der sozialgerichtlichen Praxis häufiger vorkommende Fallkonstellation ist die, daß im Verhältnis zum Dritten bereits ein bindend gewordener Verwaltungsakt (vgl. § 77 SGG) vorliegt.

Nach h.M.[68] ist dann weder eine notwendige, noch eine einfache Beiladung zulässig. Dies wird damit begründet, daß aufgrund der bindenden Gestaltung der Rechtslage gegenüber dem Dritten dessen rechtliche Interessen nicht mehr berührt werden könnten. Durch die Beiladung dürften ihm keine neuen Angriffsmöglichkeiten eröffnet werden.

Nach der Gegenmeinung hat die Bindungswirkung keinen Einfluß auf die Beiladungsfrage[69].

Eine Mittelmeinung[70] hält in diesen Fällen eine einfache Beiladung für statthaft.

Für diese Meinung spricht, daß durch die weitreichenden Vorschriften über Rücknahme und Widerruf von Verwaltungsakten gerade im sozialrechtlichen Bereich (vgl. §§ 44 ff. SGB X, gegebenenfalls i.V.m. spezielleren Vorschriften in den einzelnen Leistungsbereichen) die Bindungswirkung

67 vgl. dazu Gräßer S. 307 ff.

68 vgl. z.B. BSGE 8, 1 f; BVerwGE 74, 705; Meyer-Ladewig § 75 Rdn. 8; VGH Mannheim VRspr 12, 769; Eyermann-Fröhler § 75 Anm. 19

69 Kopp § 65 Rdn. 21

70 Redeker/von Oertzen § 65 Rdn. 16; vgl. auch Hennig/Danckwerts/König § 65 Anm. 2.1.

auch eines unanfechtbaren Verwaltungsaktes in den meisten Fällen nachträglich wieder beseitigt werden kann. Ähnliche Wirkungen gehen von den §§ 66 und 67 SGB I aus. Ein rechtliches Interesse des Dritten am Ausgang des Rechtsstreits wird daher in diesen Fällen in der Regel genauso bestehen, wie die erforderliche Beziehung zum Lebenssachverhalt im weiteren Sinne. Die Entscheidung eröffnet dem Dritten u.U. die Möglichkeit, ein neues Verwaltungsverfahren in Gang zu setzen. Seine Situation ist daher durchaus vergleichbar mit derjenigen des Dritten in den als Wertungsmodell dienenden Dritthaftungsfällen, mit dem Unterschied, daß es hier für ihn häufig nicht um mögliche belastende, sondern begünstigende Folgewirkungen geht.

Neue Anfechtungsmöglichkeiten werden dem Dritten durch die Beiladung in diesen Fällen im übrigen nicht eröffnet, denn aufgrund der ihm gegenüber bestehenden Bindungswirkung wird er durch die nun ergehende Entscheidung nicht beschwert.

Es läßt sich daher festhalten, daß wegen der gegenüber dem Dritten bestehenden Bindungswirkung zwar nicht die Situation der notwendigen, wohl aber die der einfachen Beiladung vorliegt. Etwas anderes kann nur gelten, wenn eine nachträgliche Aufhebung des bindend gewordenen Verwaltungsakts von vornherein als ausgeschlossen erscheint, sei es, daß keine mit den §§ 44 ff. SGB X vergleichbaren Vorschriften eingreifen, sei es daß die danach zu beachtenden Fristen eindeutig verstrichen sind.

Im übrigen müßte man selbst bei Zugrundelegung der h.M. jedenfalls dann eine Beiladung für statthaft halten, wenn gerade umstritten ist, ob die Entscheidung gegenüber dem Dritten bindend geworden ist.

3.6. Auch die Interessen beteiligungsfähiger Verbände können die einfache Beiladung rechtfertigen. Ihre Interessen können neben ideeller, sozialer oder wirtschaftlicher[71] auch rechtlicher Art[72] sein. Allerdings ist hier eine Differenzierung geboten.

Es genügt als Beiladungsgrund nicht, daß der Verband in solchen Positionen betroffen ist, die seinem satzungsgemäßen Zweck zuzuordnen sind, wie etwa die Durchsetzung der Rechte der Verbandsmitglieder oder die Wahrung bestimmter gesellschaftlicher Allgemein- oder Gruppeninteressen. In diesem Fall hat das Urteil für den Verband nur mittelbare Folgewirkungen. Nicht ausreichend ist daher beispielsweise das nicht einzelfallbezogene Interesse des Verbandes der Haftpflicht-, Unfall-, Auto- und Rechtsschutzversicherer für seine Beiladung zu einem Rechtsstreit, in dem ein Versicherungsnehmer gegen die auf sichtsbehördliche Genehmigung

71 vgl. dazu OVG Münster VRspr 3, 135
72 a.A. OVG Münster DVBl 1952, 84

eines Unternehmenstarifs klagt[73]. Genausowenig wird das rechtliche Interesse einer zur Verhinderung einer bestimmten Großanlage gegründeten Bürgerinitiative mit der Entscheidung in einem Genehmigungsrechtsstreit unmittelbar betroffen[74].

Erforderlich ist vielmehr, daß der Interessenzusammenschluß nicht nur im Rahmen seiner Aufgabenstellung, und damit in einem allgemeinen Sinne, sondern auf der Grundlage eines konkreten Lebenssachverhalts in eigenen Rechten und Pflichten berührt werden kann[75]. Dies ist z.B. dann der Fall, wenn dem Verband für die Entscheidung des konkreten Einzelfalls gesetzlich ein Anhörungs- oder sonstiges Mitwirkungsrecht oder sogar ein Klagerecht eingeräumt wird[76]. In diesen Fällen ist die gesetzliche Regelung das Bindeglied, welches die als zweite Komponente erforderliche Beziehung zum konkreten Lebenssachverhalt herstellt[77].

Besteht nicht nur ein eigenes Klagerecht, sondern sogar ein Zustimmungserfordernis, können sogar die Voraussetzungen der notwendigen Beiladung erfüllt sein[78].

4. Zwischenergebnis

Die vergleichende Betrachtung der unterschiedlichen gesetzlichen Voraussetzungen an das die einfache Beiladung rechtfertigende Interesse führt zu der Forderung, § 75 Abs. 1 SGG dahingehend zu ändern, daß nur noch rechtliche Interessen die Beiladung rechtfertigen. Wesentlicher Grund hierfür sind die Ausstrahlungen des Sozialgeheimnisses (§ 35 SGB I) auf das Prozeßrecht. Im übrigen sollten sowohl die Verwaltungs-, als auch die Sozialgerichte die Beiladungsentscheidungen verstärkt im Lichte des Sozialgeheimnisses treffen.

Zur Inhaltsbestimmung der derzeitigen gesetzlichen Tatbestandsmerkmale der einfachen Beiladung in SGG und VwGO kann der in § 60 Abs. 1 FGO benannte Beiladungsgrund der Dritthaftungsfälle als Wertungsmodell sowohl direkt als auch als Auslegungshilfe herangezogen werden.

Die Auslegung unter Heranziehung dieses *Wertungsmodells* führt dazu, daß neben dem begrifflich kaum eingrenzbaren rechtlichen Interesse als zweite Komponente eine persönliche und/oder sachliche Beziehung des Dritten zu dem individualisierten Lebenssachverhalt bestehen muß (oder

73 ebenso BVerwG Buchholz 310 § 65 Nr. 83
74 vgl. VGH Kassel NJW 1978, 181
75 Kopp § 65 Rdn. 13
76 vgl. Landesverwaltungsgericht Rheinland/Pfalz VRspr 4, 197
77 vgl. auch BSGE 29, 65 f
78 vgl. BSG SozR Nr. 13 zu § 19 BVG

entstehen kann), in den der konkrete Streitgegenstand des Rechtsstreits eingebettet ist (sog. Zwei-Komponenten-Theorie).

In Anwendung der *Zwei-Komponenten-Theorie* ist terminologisch zu unterscheiden zwischen den unmittelbaren Entscheidungswirkungen bezüglich des streitigen Rechtsverhältnisses einerseits und den Folgewirkungen der Entscheidung auf andere Personen oder Rechtsverhältnisse andererseits. Unter den Folgewirkungen ist in Bezug auf den Dritten weiter zu differenzieren zwischen solchen unmittelbarer und solchen mittelbarer Art. Die Voraussetzungen der einfachen Beiladung sind nur im Fall der unmittelbaren Folgewirkungen erfüllt. Um solche handelt es sich, wenn beide Komponenten der o.g. Theorie gegeben sind.

Die Gerichte der Sozialgerichtsbarkeit sollten in Fällen des Streits über die Voraussetzungen der Gewährung einer Rente wegen Berufs- oder Erwerbsunfähigkeit nach den Vorschriften des SGB VI häufiger den Krankenversicherungsträger, die Bundesanstalt für Arbeit und/oder den Sozialhilfeträger beiladen. Der Beiladung kann auch in solchen Verfahren eine Art Konzentrationswirkung zukommen.

Kapitel 8 Die Beiladungsgründe der notwendigen Beiladung i.S. von § 75 Abs. 2 Alt. 1 SGG, § 65 Abs. 2 VwGO und § 60 Abs. 3 FGO

1. Die Grundlagen

1.1. Nach dem übereinstimmenden Sprachgebrauch der drei Prozeßordnungen ist eine Beiladung notwendig, wenn ein Dritter am streitigen Rechtsverhältnis derart beteiligt ist, daß die gerichtliche Entscheidung auch ihm gegenüber nur einheitlich ergehen kann (§ 75 Abs. 2 Alt. 1 SGG, § 65 Abs. 2 VwGO und § 60 Abs. 3 FGO). Dies muß im Zeitpunkt der Beiladungsentscheidung noch nicht sicher feststehen, vielmehr genügt die Möglichkeit solcher Wirkungen[1].

Die Notwendigkeit einheitlicher Entscheidung muß aus Rechtsgründen bestehen[2]. Nicht ausreichend ist es deshalb, wenn aufgrund der tatsächlichen Verhältnisse nur eine einheitliche Entscheidung logisch und folgerichtig erscheint[3]. Von der im Einzelfall in Betracht kommenden Klageart hängt die Notwendigkeit der Beiladung nicht ab[4].

Im Vergleich zu den Beiladungsvorschriften der VwGO erweitert § 75 Abs. 2 SGG die notwendige Beiladung um einen weiteren Beiladungsfall. Nach seiner 2. Alt. muß eine Beiladung auch dann erfolgen, wenn sich im Verfahren ergibt, daß bei Ablehnung des Anspruchs ein anderer Versicherungsträger oder in Angelegenheiten der Kriegsopferversorgung ein Land als leistungspflichtig in Betracht kommt. Die sozialgerichtliche Rechtsprechung und das Schrifttum bezeichnen diese Fälle als »unechte«[5], die der Alt. 1 als »echte« notwendige Beiladung.

Dagegen grenzt § 60 Abs. 3 S. 2 FGO bestimmte Fälle von der notwendigen Beiladung aus, nämlich solche, in denen es sich bei den Dritten um Mitberechtigte handelt, die nach § 48 FGO nicht klagebefugt sind.

Somit läßt sich festhalten, daß das SGG nicht nur zur einfachen[6], sondern auch zur notwendigen Beiladung die weiteste und die FGO jeweils die engste Regelung der drei Prozeßordnungen enthält.

1 vgl. Kopp § 65 Rdn. 14; Barske/Woerner S. 30 ff.; Hennig/Danckwerts/König § 75 Anm. 4.1. m.w.N.
2 BVerwGE 18, 124 f; Eyermann/Fröhler § 65 Rdn. 27; Schäfer S. 40 ff., 51
3 vgl. BVerwGE 55, 8, 11
4 ebenso Krebs S. 240; Kopp § 65 Rdn. 16
5 vgl. dazu im einzelnen unten Kap. 9
6 vgl. oben Kap. 7 Anm. 2.2. und 2.3.

1.2. Unter welchen Voraussetzungen eine »Beteiligung« des Dritten am streitigen Rechtsverhältnis im Sinne der echten notwendigen Beiladung vorliegt und wann das Tatbestandsmerkmal der »Einheitlichkeit« erfüllt ist, wird gesetzlich nicht näher umschrieben. Auch die Gesetzesmaterialien enthalten keine konkreten, für alle Einzelfälle gleichermaßen geltenden Abgrenzungskriterien. Nach dem Willen des Gesetzgebers sollte es offensichtlich Rechtsprechung und Lehre überlassen bleiben, eine klare Dogmatik zu entwickeln. Es läßt sich daher zunächst nur schlußfolgern, daß der Gesetzgeber der fünfziger und sechziger Jahre mit der Bezeichnung der Beiladung als notwendig erzwingen wollte, daß Dritte in bestimmten Fallkonstellationen selbst dann am Verfahren beteiligt werden, wenn es sich um größere Streitkomplexe handelt, die Verfahrenserledigung aufgrund ihrer Einbeziehung also eher erschwert als erleichtert wird. Allein ausschlaggebendes Kriterium soll sein, daß gegenüber den Fällen der einfachen Beiladung die Betroffenheit des Dritten von qualitativ derart gesteigerter Intensität ist, daß es in einem rechtsstaatlichen Verfahren nicht im Ermessen des Gerichts stehen kann, ob der Dritte beteiligt wird oder nicht. Hierfür sprechen im übrigen auch die erst vor kurzem erfolgten Neuregelungen zur Beiladung in Massenverfahren[7].

Das Rechtssstaatsprinzip ist mithin die eigentliche verfassungsrechtliche Grundlage der notwendigen Beiladung. Im Verhältnis zum Dritten konkretisiert sich dies im Anspruch auf rechtliches Gehör, im Verhältnis zum Staat als Pflicht, das Verfahrensrecht so auszugestalten, daß wirksame Entscheidungen nicht über die Köpfe betroffener Dritter hinweg getroffen werden können.

Die Richtigkeit dieser *These von der Doppelnatur der notwendigen Beiladung* zeigt auch folgende Überlegung: Wäre allein der Anspruch des Dritten auf rechtliches Gehör der Grund der Notwendigkeit der Beiladung, so könnte der Dritte wirksam auf sie verzichten, was nach herrschender Auffassung[8] aber nicht zulässig ist, eben weil die Beiladung wesentlicher Bestandteil der Grundordnung des Verfahrens ist.

1.3. In Rechtsprechung und Schrifttum werden - einzeln oder in Kombination mit anderen - folgende Gesichtspunkte als Abgrenzungskriterien der notwendigen Beiladung angeführt:

- die Identität des Streitgegenstandes[9];
- die notwendige Streitgenossenschaft[10];

7 vgl. dazu oben Kap. 5 Anm. 1.6.
8 vgl. z.B. Konrad S. 481 ff.; Kopp § 65 Rdn. 2
9 BSG SozSich 1986, 318; Meyer-Ladewig § 75 Rdn. 10; Eyermann-Fröhler § 65 Rdn. 27; Hennig/Danckwerts/König § 75 Anm. 4.1.
10 BSGE 13, 217, 219 = SozR Nr. 8 zu § 75 SGG; Menger S. 700

- die Art und die Intensität der Entscheidungswirkungen[11];
- die prozessuale Notwendigkeit der Erstreckung der Rechtskraft[12];
- die Dauer der Rechtsbeeinträchtigung[13];
- die prozeßökonomische Vorgehensweise des Gerichts[14];
- das prozessuale Erfordernis eines Korrektivs zur Untersuchungsmaxime[15];
- der Verfassungsrang genießende Grundsatz des rechtlichen Gehörs[16].

Klare Abgrenzungskriterien für alle Einzelfälle sind damit aber noch nicht bezeichnet. Die verbliebene Unsicherheit im Umgang mit den Vorschriften über die notwendige Beiladung zeigt sich im übrigen an der häufig anzutreffenden, leicht pleonastisch wirkenden Formulierung, aus diesem oder jenem Grund stehe fest, daß der Dritte »notwendig beigeladen werden muß«[17].

Wie schwer sich gerade auch die Rechtsprechung mit der Umsetzung der Vorschriften über die notwendige Beiladung tut, verdeutlichen die Entscheidungen des BSG zu § 141n AFG, einer Vorschrift, nach der das zuständige Arbeitsamt auf Antrag der Einzugstelle Pflichtbeiträge zur gesetzlichen Kranken- und Rentenversicherung sowie Beiträge zur Bundesanstalt für Arbeit entrichten muß, die auf Arbeitsentgelte für die letzten der Konkurseröffnung vorausgehenden drei Monate eines Arbeitsverhältnisses entfallen und bei Eröffnung des Konkursverfahrens über den Betrieb des Arbeitgebers noch nicht gezahlt worden sind (sog. Konkursausfallversicherung).

Der 12. Senat des BSG hat mit Urteil vom 1.3.1978[18] ausgeführt, in entsprechenden Verfahren seien weder die betroffenen Arbeitnehmer, noch der Arbeitgeber oder der Konkursverwalter notwendigerweise beizuladen. Bei einem Erfolg der Klage sei allein die Beklagtenseite verpflichtet, Beiträge zu entrichten. Die Pflichten des Arbeitgebers und daraus folgend die Ansprüche gegen die Konkursmasse sowie die Versicherungsverhältnisse der Arbeitnehmer würden durch die Entscheidung allenfalls dadurch mittelbar betroffen, daß sich wegen einer eventuell eintretenden Rentenminderung Schadensersatzansprüche ergeben könnten.

Der 10. Senat des BSG hat dem mit Urteil vom 29.2.1984[19] zugestimmt und zusätzlich ausgeführt, daß auch die betroffenen Rentenversicherungs-

11 Martens S. 224; Loytved S. 510 ff.
12 BVerwG Buchholz 310 § 65 Nr. 44
13 Stahl S. 82
14 vgl. Bettermann DVBl 1951, 74; Selle S. 207
15 Bettermann DVBl 1951, 72, 74
16 Schäfer S. 52 ff., 60 m.w.N.; Marotzke S. 165 ff.
17 statt vieler vgl. BSG NZS 1992, 73 f; ähnlich sind auch die Formulierungen zu werten, daß »Dritte notwendig beizuladen sind«, vgl. dazu Redeker/von Oertzen § 65 Rdn. 16
18 SozR 4100 § 141n AFG Nr. 1
19 SozR 1500 § 75 SGG Nr. 51

träger nicht beigeladen werden müssen. Der Anspruch der Einzugstelle nach § 141n AFG sei rechtlich selbständig; er betreffe weder die Versicherungsverhältnisse selbst noch die Beitragsansprüche der Versicherungsträger bzw. der Einzugstelle. Die Entscheidung der Bundesanstalt über den Antrag der Einzugstelle habe keine bindende Wirkung gegenüber den Versicherten, dem Beitragsschuldner und den Versicherungsträgern, weil über Inhalt und Umfang der Beitragspflicht alleine die Einzugstelle zu entscheiden habe.

In Abweichung hiervon hat derselbe Senat mit Urteil vom 12.12.1984[20] entschieden, die Rentenversicherungsträger müßten doch beigeladen werden; sie seien von der gerichtlichen Entscheidung unmittelbar betroffen. Die von der Bundesanstalt zu treffende Regelung über die Beitragsentrichtungspflicht erfasse nämlich alle Anspruchsvoraussetzungen.

Schließlich hat der 10. Senat mit Urteil vom 12.12.1989[21] ausgeführt, daß außer den Rentenversicherungsträgern auch die betroffenen Arbeitnehmer notwendigerweise beigeladen werden müssen.

Damit ist die Rechtsprechung wieder auf dem Stand, der vor der zuerst genannten Entscheidung aus dem Jahre 1978 bestanden hat. Nach einer weiteren Entscheidung des 10. Senats[22] soll der Rentenversicherungsträger sogar auch dann beigeladen werden müssen, wenn es nicht um die Beitragsansprüche selbst, sondern um Säumniszuschläge geht.

Schwierigkeiten der beschriebenen Art bestehen keineswegs nur in der Sozialgerichtsbarkeit. Ein Blick auf die Kommentierung zu § 65 VwGO bei Kopp[23] zeigt, wie vielfältig die Meinungen zur notwendigen Beiladung auch bezüglich des verwaltungsgerichtlichen Verfahrens sind. So hat beispielsweise der 4. Senat des BVerwG mit Urteil vom 21.5.1976[24] entschieden, der Träger der Straßenbaulast (Bund) sei notwendigerweise beizuladen, wenn mit einer Verpflichtungsklage eine Schutzauflage nach § 17 Abs. 4 FStrG begehrt werde. Wenn das Land als Planfeststellungsbehörde zur Erteilung der streitigen Auflage verurteilt werde, so wirke sich das auch unmittelbar belastend auf die Rechtsposition des Trägers der Straßenbaulast aus.

Bereits mit Urteil vom 15.4.1977[25] hat derselbe Senat diese Auffassung wieder aufgegeben. Zur Begründung hat er ausgeführt, die nur das Bund-Länder-Verhältnis berührende, interne Finanzierungspflicht des Bundes vermöge eine Beiladungspflicht nicht zu begründen. Außerdem sei zu berücksichtigen, daß die Länder die Aufgaben des Trägers der Straßenbaulast

20 SozR 4100 § 141n AFG Nr. 10
21 SozR 4100 § 141n AFG Nr. 18
22 SozR-3 1500 § 75 Nr. 9
23 Rdn. 14 ff.
24 BVerwGE 51, 6
25 BVerwGE 52, 226

im Wege der Auftragsverwaltung wahrnehmen. Mit Rücksicht auf diesen Umstand komme allenfalls eine einfache Beiladung des Bundes in Betracht.

1.4. Die Analyse der vorstehenden Erklärungsansätze und Entscheidungen läßt mehrere Schlußfolgerungen zu.
Erstens zeigt sie, daß in Rechtsprechung und Schrifttum auch bei der notwendigen Beiladung unter weitgehendem Verzicht auf eine Subsumtion unter die gesetzlichen Tatbestandsmerkmale der Beiladungsvorschriften und die Aufstellung möglichst konkreter Abgrenzungskriterien die Problemösungen zu häufig nur in den Besonderheiten des Einzelfalles gesucht werden. Dabei wird die notwendige Beiladung zwar als ein *multifunktionales Institut*, oft aber nicht in ihrer - in dem Tatbestandsmerkmal der Einheitlichkeit zum Ausdruck kommenden - *Monokausalität* erfaßt. Nicht die Wirkungen der einmal ausgesprochenen Beiladung, sondern allein die materiellrechtlichen Wirkungen der möglichen gerichtlichen Entscheidungen bilden nach dem eindeutigen Gesetzeswortlaut die Meßlatte für die Frage der Notwendigkeit der Drittbeteiligung.

Zweitens wird deutlich, daß die Frage der Notwendigkeit der einheitlichen Entscheidung sehr eng mit der Gestaltung und Auslegung des materiellen Rechts verbunden ist. Vor der Beurteilung einer Beiladungsfrage bedarf es deshalb einer gründlichen materiellrechtlichen Prüfung.

Schließlich ist - drittens - erkennbar, daß die These Konrads[26], die notwendige Beiladung sei eine »Obskurität« des Prozeßrechts, gerade wegen der starken Einzelfallbezogenheit und dem häufigen Wechsel von Auffassungen nicht ohne weiteres von der Hand zu weisen ist.

2. Die Beiladungsvoraussetzungen im einzelnen

2.1. Die entscheidenden Abgrenzungskriterien gegenüber der einfachen Beiladung sind in Auslegung der Tatbestandsmerkmale »Rechtsverhältnis«, »beteiligt«, »ihnen gegenüber«, »einheitlich« und »entschieden werden« festzulegen.

2.2. Welche konkreten Vorstellungen der Gesetzgeber zur Auslegung dieser Tatbestandsmerkmale hatte, läßt sich nur schwer feststellen. Allerdings kann anhand der Gesetzesmaterialien eine typische Fallgestaltung der notwendigen Beiladung bezeichnet werden: Der Gesetzgeber stellte sich vor allem diejenigen Fälle vor, in denen schon nach der damals herrschenden Rechtsprechung und Lehre die Beiladung notwendig war[27]. Dabei handelt

26 aaO S. 481 f
27 vgl. Schäfer S. 49 und 35

es sich um die Anfechtungsklagen gegen Verwaltungsakte mit belastender Drittwirkung. Diese bildeten schon in der Rechtsprechung des preußischen OVG den typischen Anwendungsfall der notwendigen Beiladung[28]. Das Charakteristische dieser Fallgestaltung ist, daß der Verwaltungsakt nicht nur eine Rechtsfolge gegenüber dem Adressaten setzt, sondern uno actu auch rechtsgestaltende Wirkung gegenüber einem oder mehreren Dritten hat.

Im sozialgerichtlichen Verfahren geht es im Rahmen von Leistungsbewilligungen oder -rückforderungen häufig nur um zweiseitige Rechtsverhältnisse, dennoch sind Verwaltungsakte mit Drittwirkung nicht selten. So haben fast alle an den Arbeitgeber gerichtete Beitragsbescheide der Einzugstellen im Sinne von § 28 h SGB IV Drittwirkung in dem Sinne, daß sie zugleich den Arbeitgeber belasten und den Arbeitnehmer begünstigen. Zu nennen sind außerdem Verwaltungsakte über die Gewährung von Hinterbliebenenrenten aus der gesetzlichen Renten- oder Unfallversicherung, wenn mehrere Hinterbliebene vorhanden sind. Hier wirkt sich das Hinzutreten eines weiteren Anspruchsberechtigten wegen der gesetzlichen Höhenbegrenzung (vgl. §§ 598 RVO, 91 SGB VI) u.U. unmittelbar belastend auf die Höhe der Leistungsansprüche der anderen Hinterbliebenen aus[29]. Die Rentenansprüche der einzelnen Hinterbliebenen sind zwar grundsätzlich sachlichrechtlich und verfahrensrechtlich unabhängig voneinander, insbesondere besteht keine Rechtsgemeinschaft. Die Rechtspositionen mehrerer Hinterbliebener desselben Versicherten sind jedoch voneinander abhängig, wenn entweder jeder von ihnen nur einen Teil einer einzelnen Rente beanspruchen kann oder die ihnen zu gewährenden mehreren Renten zu kürzen sind, weil sie zusammen einen bestimmten Höchstbetrag nicht übersteigen dürfen. Ein anderer Beispielsfall ist die Entscheidung über einen Streit um die Bewilligung von Kindergeld oder Erziehungsgeld für eine von mehreren nach § 2 BKGG bzw. § 1 BErzGG grundsätzlich berechtigten Personen[30]. Das gleiche gilt, wenn nach dem Tod der Mutter Kindererziehungszeiten grundsätzlich sowohl vom Vater als auch von der Pflegemutter beansprucht werden können[31].

Auch den Vorschriften über die notwendige Beiladung liegt also ein in praxi verwertbares *Wertungsmodell,* nämlich das des Verwaltungsaktes mit Drittwirkung zugrunde, das sowohl direkt angewandt, als auch als Grundlage für die Aufstellung allgemeingültiger Abgrenzungskriterien herangezogen werden kann. Der Klarheit wegen ist aber darauf hinzuweisen, daß es für die Frage der Notwendigkeit einer Beiladung nicht entscheidend auf die Wirkungsweise des den Verfahrensgegenstand bildenden Verwaltungs-

28 vgl. z.B. PrOVG 13, 214, 219; 51, 24, 27; 75, 88

29 vgl. BSG SozR 1500 § 75 SGG Nr. 8 im Anschluß an BSG SozR Nr. 36 zu § 75 SGG

30 vgl. BSG SozR 1500 § 75 SGG Nr. 64

31 vgl. BSG SozR-3 1500 § 75 SGG Nr. 3

aktes ankommt. Allein entscheidend sind die aufgrund der Sachanträge der Hauptbeteiligten möglichen Entscheidungen des Gerichts[32].

2.3. Erfolgt die notwendige Inhaltsbestimmung der gesetzlichen Tatbestandsmerkmale unter Beachtung des vorgenannten Wertungsmodells als Auslegungshilfe, so ergibt sich folgendes:

Mit der gerichtlichen Entscheidung ist, genau wie bei der einfachen Beiladung[33], der den Streitgegenstand regelnde Tenor des Urteils (bzw. anderer Entscheidungsformen, wie Vorbescheid oder Gerichtsbescheid) gemeint. Nicht maßgebend sind also insbesondere Ausführungen des Gerichts zu materiellrechtlichen Fragen in den Entscheidungsgründen wie etwa die Behandlung präjudizieller Rechtsverhältnisse. Das gleiche gilt für tatsächliche Feststellungen des Gerichts.

Aus dem Tatbestandsmerkmal »ihnen gegenüber« folgt, daß es sich um eigene Rechte und Pflichten des Dritten handeln muß[34].

Was ein »Rechtsverhältnis« im Sinne des Gesetzes ist, läßt sich mit der hM[35] wie folgt bestimmen: Gemeint sind die Rechtsbeziehungen zwischen natürlichen und/oder juristischen Personen oder von Personen in Bezug auf Sachen, die sich aus einem konkreten Lebenssachverhalt aufgrund einer rechtlichen Vorschrift oder Regelung ergeben. Da die Sozialgerichte, die allgemeinen Verwaltungsgerichte und die Finanzgerichte, von wenigen Ausnahmen abgesehen[36], nur über öffentlichrechtliche Streitigkeiten zu entscheiden haben, kommt hinzu, daß unter die Beiladungsvorschriften grundsätzlich nur Rechtsverhältnisse öffentlichrechtlicher Art[37] fallen.

Demgegenüber muß die Beziehung des Dritten zu diesem Rechtsverhältnis nicht notwendigerweise öffentlichrechtlicher Art sein, sondern kann auch privatrechtlichen Charakter haben[38].

Die Beantwortung der Frage, wann der Dritte mit dem Rechtsverhältnis derart verbunden ist, daß von einer Beteiligung gesprochen werden kann, verlangt eine vergleichende Beurteilung mit den Fällen der einfachen Beiladung und denen des o.g. Wertungsmodells. Das »Beteiligtsein« fordert eine stärkere Beziehung als das »Berührtwerden« i.S. der Vorschriften über die einfache Beiladung. Erforderlich ist nicht nur ein Kontakt mit dem streiti-

32 a.A. wohl Redeker/von Oertzen § 65 Rdn. 9

33 vgl. oben Kap. 7 Anm. 2.5.2.1.

34 vgl. oben Kap. 7 Anm. 2.5.2.2.

35 z.B. BSGE 43, 148, 150; BVerwGE 14, 235 f; BFHE 109, 4, 7

36 vgl. § 51 Abs. 2 Nr. 3 SGG, wonach die Sozialgerichtsbarkeit auch zur Entscheidung über privatrechtliche Verträge zwischen Krankenkassen und anderen Leistungserbringern, z.B. Masseuren, Optikern und Orthopädiefachgeschäften, zuständig ist

37 vgl. dazu ausführlich Krasney in Hdb SGV II Rdn. 15 ff.; Kopp § 40 Rdn. 6 ff.; Gräber § 33 Rdn. 7 ff.

38 vgl. z.B. BSGE 11, 262, 265; Lammenett S. 52; Schäfer S. 25; Redeker/von Oertzen § 65 Rdn. 8

gen Lebenssachverhalt in weiterem Sinne, sondern daß der Dritte in Bezug auf das streitige Rechtsverhältnis eigene Rechte und/oder Pflichten hat.

Das Tatbestandsmerkmal der Einheitlichkeit ist nicht schon dann erfüllt, wenn irgendwelche Rechte und Pflichten aus dem Rechtsverhältnis im Streit sind, sondern nur dann, wenn es sich um solche handelt, welche auch die Rechtsstellung des Dritten beeinflussen können. Nicht Voraussetzung ist allerdings, daß die Entscheidung die Rechtssphäre des Dritten auch im gleichen Sinne gestaltet wie diejenige von Kläger und/oder Beklagtem, oder daß sie das Spiegelbild dazu darstellt[39]. Deshalb erscheint die Theorie von der Identität des Streitgegenstandes als zu eng[40]. Das Tatbestandsmerkmal verlangt vielmehr nur, daß die Entscheidung gleichzeitig i.S. von uno actu auch die Rechtsposition des Dritten gestaltet.

Von einer Gestaltungswirkung kann ausgegangen werden, wenn die Entscheidung selbst es ist, die Rechtsfolgen setzt. Der Dritte muß also mögliches Objekt der Entscheidung sein. Wer aber Objekt einer Entscheidung sein kann, muß unter der Geltung des Rechtsstaatsprinzips auch Subjekt des sie betreffenden Verfahrens sein. Insoweit ist dem Ansatz des 7. Senats des BVerwG[41] zuzustimmen, wonach eine Beiladung dann notwendig ist, wenn eine der möglichen Entscheidungen bei objektiver Betrachtung unmittelbar Rechtsfolgen gegenüber dem Dritten setzt, diese aber - wegen der Regelungen des § 121 VwGO (bzw. § 141 SGG und § 110 FGO) - prozessual nur nach Einbeziehung des Dritten setzen kann.

2.4. Unter Berücksichtigung der vorstehenden Inhaltsbestimmung läßt sich als Abgrenzungsformel der notwendigen Beiladung folgende, gegenüber derjenigen der einfachen Beiladung[42] enger gefaßte *Zwei-Komponenten-Theorie* formulieren:

Zum einen (erste Komponente) ist erforderlich, daß eine der möglichen gerichtlichen Entscheidungen, die Beiladung des Dritten einmal unterstellt, dessen Rechte und Pflichten, wie sie aufgrund gesetzlicher oder bindender vertraglicher Regelungen bestehen, aus Rechtsgründen uno actu, also selbst und unmittelbar gestaltet.

Zum anderen (zweite Komponente) darf der Dritte nicht nur wie jede andere, sich in ähnlicher Situation befindliche Rechtsperson von der gerichtlichen Entscheidung betroffen sein; er muß vielmehr in tatsächlicher Hinsicht nicht nur am individualisierten Lebenssachverhalt im weiteren Sinne beteiligt sein, sondern an dem konkreten Lebenssachverhalt, der den Streitgegenstand in prozessualem Sinne bildet.

39 vgl. OVG Münster NVwZ RR 1991, 486; Kopp § 65 Rdn. 14
40 ähnlich Kopp § 65 Rdn. 15
41 Buchholz 310 § 65 Nr. 44
42 vgl. oben Kap. 7 Anm. 2.5.bis 3; vgl auch Kap. 9 Anm. 2.2.

3. Die praktische Umsetzung

Die Anwendung der vorstehend entwickelten *Zwei-Komponenten-Theorie* zur »echten« notwendigen Beiladung führt in den für die Rechtsprechung typischen Fallgestaltungen zu folgenden Lösungsvorschlägen:

3.1. In den bereits angesprochenen Fällen des § 141n AFG geht es darum, ob zu dem bestehenden Rechtsverhältnis zwischen Arbeitgeber, Arbeitnehmer und den Versicherungsträgern neben dem Arbeitgeber ein zweiter, u.U. sogar vorrangig verpflichteter Beitragsschuldner hinzukommt. Durch die Beantwortung dieser Frage werden, ihre Beiladung einmal unterstellt, die Rechte der betroffenen Arbeitnehmer und Rentenversicherungsträger uno actu, also durch die Entscheidung selbst und unmittelbar im Sinne einer Besserstellung gestaltet. Sie stehen in tatsächlicher Hinsicht auch nicht nur in Beziehung zum Lebenssachverhalt im weiteren Sinne, sondern sind an dem konkreten tatsächlichen Geschehen beteiligt, das den Streitgegenstand bildet. Mithin ist der neuen Tendenz in der Rechtsprechung auch ohne besondere Vertiefung von Fragen der Konkursausfallversicherung zuzustimmen. Hinzuweisen ist allerdings darauf, daß die Entscheidung des Gerichts in einem solchen Rechtsstreit zwar auch Rechtsfolgen für den Arbeitgeber hat, jedoch nicht im Sinne unmittelbarer Gestaltungswirkung. Für ihn sind nur die Voraussetzungen der einfachen Beiladung erfüllt. Seine Verpflichtung zur Beitragszahlung entfällt durch den Eintritt der Bundesanstalt nicht (§ 141n Abs. 2 AFG). Die Bundesanstalt erwirbt mit der Entrichtung von Beiträgen weder einen Ausgleichsanspruch gegen den Arbeitgeber, noch geht die Beitragsforderung gegen diesen auf sie über. Zahlt der Arbeitgeber, nachdem die Bundesanstalt bereits eingetreten ist, an die Einzugstelle, kann die Bundesanstalt allerdings von dieser die Erstattung ihrer Beiträge verlangen.

3.2. Ein anschauliches Beispiel bilden die sog. Konkurrentenklagen, die auch im sozialgerichtlichen Verfahren (insbesondere im Kassenarztrecht) von Bedeutung sind.

Wendet sich der Kläger gegen eine seinen Konkurrenten begünstigende Maßnahme, so ist dieser beizuladen. Die gerichtliche Entscheidung über die Rechtmäßigkeit der Begünstigung wirkt, seine Beteiligung einmal unterstellt, uno actu auch gegenüber dem Begünstigten. Seine tatsächliche Beteiligung am streitigen Rechtsverhältnis steht außer Frage[43]. Etwas anderes gilt aber schon dann, wenn (etwa infolge von Fristablauf) von vornherein feststeht, daß dem Dritten die erhaltene Vergünstigung nicht mehr entzogen werden kann, der nicht begünstigte Konkurrent aber zur Verhinderung von

43 ebenso im Ergebnis BVerwG NVwZ 1984, 507

Wiederholungen Klage auf Feststellung der Rechtswidrigkeit der Maßnahme erhebt. Dann ist zwar die zweite, nicht aber die erste Komponente erfüllt. Wendet sich der Konkurrent des Begünstigten zwar nicht gegen dessen Besserstellung, verlangt er aber die gleiche Leistung an sich, fehlt es sogar an beiden Komponenten.

Entsprechend dem oben Ausgeführten muß bei Klagen von Mitbewerbern (sei es im Kassenarztrecht, im Beamtenrecht oder in sonstigen öffentlichrechtlichen Bereichen, wie z.B. dem Güterfernverkehr), die einen bevorrechtigten Anspruch auf eine vergebene Position oder Konzession zu haben glauben, derjenige beigeladen werden, der die Position oder Erlaubnis erhalten hat[44]. Über das Bestehen des geltend gemachten Anspruchs kann nur uno actu gegenüber dem klagenden abgelehnten und dem erfolgreichen Mitbewerber entschieden werden.

Im Hinblick auf alle anderen abgelehnten Mitbewerber sind die Voraussetzungen der notwendigen Beiladung nicht erfüllt. Sie stehen zwar in tatsächlicher Hinsicht mit dem Lebenssachverhalt im weiteren Sinne, nicht aber mit dem konkreten Streitgegenstand in Verbindung. Die Entscheidung über den individuellen Anspruch des Klagenden gestaltet nicht unmittelbar die Rechte der anderen erfolglosen Mitbewerber. Die Entscheidung kann für sie allerdings unmittelbare Folgewirkungen i.S.d. Zwei-Komponenten-Theorie zur einfachen Beiladung haben; das Nebeneinander von selbständig einklagbaren Ansprüchen führt zwar grundsätzlich nicht einmal zur einfachen Beiladung, weil es an der erforderlichen tatsächlichen Beziehung zu einem bestimmten Lebenssachverhalt fehlt. Die gemeinsame Bewerbung um ein und dieselbe Position oder Konzession stellt jedoch die erforderliche Verbindung tatsächlicher Art her.

3.3. Bezüglich der Fälle der Beiladung eines Normgebers wird auf die Ausführungen in Kap. 7 (Anm. 3.1.) verwiesen. Hier sind beide Komponenten nicht erfüllt. Zum einen fehlt es an der Gestaltungswirkung der Entscheidung in Bezug auf die Rechtssphäre des Normgebers, zum anderen steht der Normgeber auch zu dem Lebenssachverhalt, der den Streitgegenstand bildet, nicht in sachlicher Beziehung.

3.4. Keine Fälle notwendiger Beiladung sind diejenigen, in denen die Entscheidung des Gerichts für den Dritten Tatbestands- oder Feststellungswirkung hat[45]. Hier besteht zwar eine sehr enge tatsächliche und rechtliche Verknüpfung des Dritten mit dem Rechtsstreit, denn er muß die Entscheidung des Gerichts hinnehmen und zur Grundlage seines eigenen Handelns machen. Es fehlt jedoch an der erforderlichen Gestaltungswirkung uno

44 ebenso BVerwGE 60, 25, 29; BVerwG BayVBl 1988, 501; BVerwG NVwZ 1984, 507

45 vgl. BSG SozR-3 2500 § 92 SGB V Nr. 1; BSG SozR Nr. 13 zu § 19 BVG; BVerwGE 39, 135, 137

actu. Die Beteiligung des Dritten würde nicht dazu führen, daß das Urteil eo ipso seine Rechte und Pflichten gestaltet. Vielmehr werden auch hier nur Vorfragen eines eventuellen weiteren, rechtlich aber völlig eigenständigen Rechtsverhältnisses des Dritten geklärt.

3.5. Bei den erwähnten Hinterbliebenenleistungsfällen ist die zweite Komponente immer erfüllt, weil sich alle Ansprüche auf denselben Versicherungsfall, nämlich den Tod des Versicherten beziehen. Die erste Komponente ist dagegen nur dann gegeben, wenn die weitere Leistungsbewilligung wegen Ausschöpfung der gesetzlichen Höchstgrenzen zu einer Kürzung der Ansprüche des Dritten führen würde.

3.6. Bei mitwirkungsbedürftigen Verwaltungsakten sind die Voraussetzungen der notwendigen Beiladung nicht in jedem Fall gegeben. Zwar ist die zweite Komponente, also die in tatsächlicher Hinsicht erforderliche Verbindung der anderen Behörde oder Stelle mit dem Streitgegenstand aufgrund des Mitwirkungserfordernisses gegeben. Die Voraussetzungen der ersten Komponente sind dagegen nur dann erfüllt, wenn die Mitwirkungsbefugnisse Ausfluß eigener subjektiv-öffentlicher Gestaltungsrechte sind. Ein Fall notwendiger Beiladung liegt deshalb vor, wenn die Mitwirkung in der Abgabe einer Einverständnis- oder Zustimmungserklärung liegt[46], nicht dagegen, wenn sie nur in der fachlichen Beratung der den Verwaltungsakt erlassenden Behörde oder einer anderen Art behördeninterner Mitwirkung ohne direkten Einfluß auf die zu treffende Entscheidung besteht[47]. Ebensowenig ausreichend ist es, wenn der Dritte nur anzuhören ist, die Entscheidung also letztlich nicht beeinflussen kann[48].

Genausowenig genügt es, wenn eine so enge Verknüpfung mit der Rechtssphäre des Dritten besteht, daß die Entscheidung des Gerichts zwar nicht de jure, aber doch de facto auch diese gestaltet, etwa wenn eine rechtlich selbständig handelnde Behörde de facto nur als Zahlstelle einer anderen fungiert und im Nachhinein ein Finanzausgleich stattfindet[49]. Etwas anderes gilt ausnahmsweise nur dann, wenn die Kostentragungspflicht des Dritten ein Tatbestandsmerkmal des im Einzelfall geltend gemachten Anspruchs ist[50].

Selbst beim Bestehen eines Zustimmungserfordernisses ist eine Beiladung nicht in allen Fällen notwendig. So hat in der Regel keine Beiladung einer anderen Behörde desselben Rechtsträgers zu erfolgen, denn die beklagte Körperschaft ist grundsätzlich mit allen ihren Behörden am Rechtsstreit

46 ebenso im Ergebnis BSG SozR 1500 § 75 Nr. 49
47 vgl. Redeker/von Oertzen § 65 Rdn. 9
48 vgl. BSG SozR-3 2500 § 92 SGB V Nr. 1
49 vgl. BSG SozR Nr. 6 zu § 75 SGG
50 vgl. BVerwGE 51, 269, 275

beteiligt. Etwas anderes gilt nur, wenn ansonsten die Voraussetzungen des ausnahmsweise zulässigen[51] Insichprozesses erfüllt wären. Das BSG[52] hat hierzu ausgeführt, zum Rechtsstreit einer bundesunmittelbaren Krankenkasse (in diesem Fall der Bundespostbetriebskrankenkasse), gegen den Bund, vertreten durch das Bundesversicherungsamt, wegen der Rechtmäßigkeit einer Aufsichtsanordnung sei der Bund, vertreten durch den Bundesrechnungshof, beizuladen, wenn durch die angefochtene Aufsichtsmaßnahme eine Verpflichtung der Krankenkasse gegenüber dem Bundesrechnungshof geregelt werden solle, denn der Bundesrechnungshof verfüge bei der Durchführung seiner Prüfungsaufgaben über keine Zwangsmittel.

Diese Grundsätze gelten nicht nur auf Bundesebene[53], sondern auch auf Landesebene, und zwar auch dann, wenn das Land von der ihm eingeräumten Ermächtigung Gebrauch gemacht hat, daß auch Landesbehörden die Beteiligtenfähigkeit erhalten können. Daß die Behörden dadurch in bestimmten Fällen für das Land handeln können, erfüllt allein aber noch nicht die an die Zulässigkeit eines Insichprozesses zu stellenden Anforderungen[54].

Ist die Zustimmungserklärung des anderen Versicherungsträgers ein selbständig anfechtbarer Verwaltungsakt und ist insoweit bereits Bindungswirkung eingetreten, entfällt grundsätzlich die Notwendigkeit der Beiladung[55].

3.7. Mögliche Rechtsnachfolger sind grundsätzlich nicht notwendigerweise beizuladen. Sie haben zwar möglicherweise einen tatsächlichen Bezug zum Streitgegenstand, die Entscheidung gestaltet ihre Rechtslage aber (noch) nicht[56]. Etwas anderes gilt, wenn während des Rechtsstreits die Rechtsnachfolge eintritt[57]. Das Urteil gestaltet in diesem Fall, eine Beiladung einmal unterstellt, die Rechtssphäre des Rechtsnachfolgers unmittelbar, zumal gegf. auch der Klageantrag auf Leistung an den Rechtsnachfolger umgestellt werden muß[58].

Die Notwendigkeit der Beiladung entfällt hier auch nicht im Hinblick darauf, daß gemäß den §§ 141 SGG, 121 VwGO und 110 FGO der Rechtsnachfolger auch ohne Beteiligung am Rechtsstreit von der Rechtskraft des Urteils erfaßt wird. Wie zu Beginn dieses Kapitels bereits ausgeführt, hat

51 vgl. dazu ausführlich oben Kap. 6 Anm. 1.5.4.
52 BSGE 52, 294, 296
53 vgl. dazu BVerwGE 72, 165
54 vgl. BVerwG NVwZ 1989, 158
55 vgl. BSG SGb 1987, 251; ähnlich Kopp § 65 Rdn. 18 m.w.N.; BayVGH BayVBl 1978, 211
56 vgl. auch § 202 SGG, § 173 VWGO bzw. § 155 FGO i.V.m. § 265 Abs. 2 ZPO
57 vgl. Meyer-Ladewig § 141 Rdn. 18 m.w.N.; Redeker/von Oertzen § 65 Rdn. 9
58 ähnlich BVerwG BayVBl 1988, 501; OVG Münster DVBl 1973, 226; a.A. BVerwG NJW 1985, 281

das Rechtsinstitut der notwendigen Beiladung zwar u.a. die Funktion, die Rechtskraft auf den Dritten zu erstrecken; der Grund seiner Existenz ist jedoch das Rechtsstaatsprinzip, das nicht nur dem Bürger ein Recht auf Anhörung gibt, sondern den Staat von vornherein verpflichtet, unmittelbar am Streitgegenstand beteiligten Bürgern im gerichtlichen Verfahren aktive Gestaltungsmöglichkeiten einzuräumen.

Rechtsnachfolger eines verstorbenen Beigeladenen rücken im übrigen nicht automatisch in dessen prozessuale Stellung nach; sie müssen ausdrücklich beigeladen werden[59].

3.8. Das genannte Beispiel zeigt, daß in allen Fällen der Prozeßstandschaft der Inhaber des Rechts »Dritter« im Sinne der Beiladungsvorschriften ist[60], es sei denn der Prozeßstandschafter ist eine Unterabteilung desselben Rechtsträgers (z.B. Landesbehörde im Verhältnis zum Land). Daher ist bspw. der Sozialleistungsberechtigte auch dann beizuladen, wenn der Sozialhilfeträger als Prozeßstandschafter nach § 91a BSHG Ansprüche geltend macht. Ähnliches gilt, wenn der Sozialhilfeträger einen nach § 90 BSGH auf sich übergeleiteten Anspruch geltend macht, sofern die Rechtmäßigkeit der Überleitung als solche im Streit ist oder ein beim Sozialleistungsberechtigten verbliebenes Stammrecht in seiner Gestaltung betroffen wird und bei Klagen nach Abzweigungen i.S. von § 48 SGB 1[61].

Aus dem Umstand, daß es sich in Bezug auf den Rechtsinhaber und den Prozeßstandschafter um ein und denselben materiellrechtlichen Anspruch handelt, läßt sich nichts anderes ableiten, denn die Beiladungsvorschriften stellen nicht auf Drittansprüche, sondern auf Drittbetroffene, also auf andere natürliche oder juristische Personen ab[62]. Gerade in Fällen dieser Art ist nicht nur ein tatsächlicher Bezug des neuen Rechtsinhabers zum streitigen Lebenssachverhalt im Sinne der zweiten Komponente, sondern sogar eine Identität des Streitgegenstandes gegeben[63].

Nicht erforderlich ist für die Beiladungspflicht, daß dem Rechtsinhaber neben dem Prozeßstandschafter (hilfsweise) ein eigenes Klagerecht zusteht[64]. Wie bereits ausgeführt, ist das Bestehen eigener Klagebefugnis grundsätzlich weder Voraussetzung noch Hinderungsgrund der Beiladung. Nicht zugestimmt werden kann daher auch der Auffassung, die eine Beiladung des Rechtsinhabers mit der Begründung nicht für erforderlich hält, daß dies der dem Prozeßstandschafter gesetzlich eingeräumten Klagebefugnis zuwiderlaufen würde. So argumentiert z.B. das BSG bezüglich der

59 BSG SozR 1500 § 75 Nr. 73; BFHE 110, 1; vgl. auch Schäfer S. 71
60 ebenso BSG SozR Nr. 3 zu § 69 SGG; Bley in SGB-SozVers-GK § 75 Anm. 3 f. cc
61 vgl. SozR 1200 § 48 SGB I Nr. 12; zum Problem ausführlich Loytved S. 510 ff.
62 a.A. allerdings BVerwGE 35, 347 f. im Hinblick auf § 19 WehrPflG
63 ebenso im Ergebnis BSG SozSich 1982, 84 = Breith 1971, 1023
64 a.A. Peters/Sautter/Wolff § 75 Anm. 3b unter Bezugnahme auf BSGE 33, 64, 67

Beiladung der Arbeitnehmer als Inhaber von Wintergeld- und Schlechtwettergeldansprüchen in entsprechenden Rechtsstreiten der gesetzlich klagebefugten Arbeitgeber[65]. Wäre diese Begründung zutreffend, dann bräuchten - entgegen der herrschenden Meinung[66] - auch zu Beitragsstreitigkeiten der Einzugsstelle die betroffenen Versicherungsträger nicht beigeladen zu werden. Etwas anderes kann nur gelten, wenn dies im Gesetz so eindeutig bestimmt ist, wie z.B. in § 60 Abs. 3 FGO.

Schließlich kann auch der Meinung[67] nicht zugestimmt werden, die unterscheiden will zwischen »echten« Prozeßstandschaftern (= solche ohne materiellrechtliche Beteiligung am streitigen Rechtsverhältnis) und »unechten« Prozeßstandschaftern (= solche, in denen das Prozeßführungsrecht auch deshalb besteht, um eigene Interessen verfolgen zu können, wie dies z.B. beim Sozialhilfeträger der Fall ist, der für einen Bürger die Feststellung von Sozialleistungsansprüchen betreibt) und eine Beiladung nur in Fällen »unechter Prozeßstandschaft« für notwendig hält. Nicht die Art der Prozeßstandschaft ist für die Beiladungsfrage entscheidend, sondern allein der Umstand der unmittelbaren Rechtsbetroffenheit des Dritten.

3.9. Mit den Fällen der notwendigen Streitgenossenschaft hat sich Stettner ausführlich befaßt. Da er bestreitet, daß die Beiladung zur Rechtskrafterstreckung auf den Dritten führt[68], decken sich dessen Ergebnisse nicht mit denen der hier aufgestellten Zwei-Komponenten-Theorie.

Nach dieser muß in Fällen notwendiger Streitgenossenschaft der nicht klagende Streitgenosse beigeladen werden. Allerdings sind die Auswirkungen der Beiladung nicht in allen Fällen gleich. Sofern ein auch einzeln klagebefugter Streitgenosse Klage erhebt, wird das Fehlen des oder der anderen Streitgenossen durch ihre Beiladung ersetzt[69]. Sind die Mitberechtigten dagegen nur gemeinsam klagebefugt oder können sie nur gemeinsam verklagt werden, kann das Fehlen eines Klägers oder Beklagten nicht durch dessen Beiladung ersetzt werden. Die Klage ist vielmehr im erstgenannten Fall als unzulässig und im anderen Fall als unbegründet abzuweisen[70]. Dies ändert aber nichts daran, daß zuvor eine Beiladung erfolgen muß, denn sie hängt nicht von der Zulässigkeit oder Begründetheit der Klage, sondern nur von einer als solchen wirksamen Klageerhebung ab[71].

65 vgl. z.B. BSG SozR 4100 § 86 AFG Nr. 1; im Ergebnis wie hier LSG Rheinland/Pfalz Breith 1965, 339

66 vgl. BSG SozR-3 § 75 SGG Nr. 9 m.w.N.

67 z.B. Calavros S. 55; Schäfer S. 73 ff.

68 Stettner S. 79, 110; kritisch dazu Bettermann ZZP 1977, 121 ff.

69 ebenso BFHE 147, 224, ähnlich BFHE 122, 437; Meyer-Ladewig § 74 Rdn. 5

70 str.: vgl. Bley in SGB-SozVers-GK § 75 Anm. 8; Meyer-Ladewig § 74 Rdn. 5; BGHZ 30, 195; 36, 187

71 vgl. dazu oben Kap. 6 Anm. 1.4.

3.10. Wird im finanzgerichtlichen Verfahren mit der Klage die Ablehnung eines Antrages auf einheitliche Gewinnfeststellung einer Gesellschaft angegriffen, so sind alle an dem angeblichen Mitunternehmerverhältnis Beteiligten beizuladen[72]. Macht der Kläger gegenüber der Feststellung von Einkünften aus Vermietung und Verpachtung einer Gesellschaft bürgerlichen Rechts geltend, der ihm zugeordnete Anteil an den Einkünften stehe Dritten zu, sind neben den Dritten auch alle anderen Gesellschafter notwendigerweise beizuladen. Für bereits ausgeschiedene Gesellschafter gilt dies, sofern ihre rechtliche Stellung durch die Entscheidung noch unmittelbar gestaltet werden kann[73].

3.11. Die Möglichkeit, daß sich aufgrund der Entscheidung im Rechtsstreit (z.B. der Zuerkennung eines Zahlungsanspruches) möglicherweise gegen den Dritten ein Erstattungsanspruch ergibt, ist grundsätzlich genausowenig ausreichend für die Notwendigkeit der Beiladung des Dritten wie das mögliche Entstehen eines Schadensersatzanspruchs. Hier handelt es sich um Anwendungsfälle des der einfachen Beiladung zugrundeliegenden Wertungsmodells der Dritthaftungsfälle. Das BSG hat deshalb den Leistungsanspruch des Versicherten einerseits und den Erstattungsanspruch des Leistungsträgers andererseits zu Recht als grundverschiedene Streitgegenstände behandelt[74]. So hat es z.B. in ständiger Rechtsprechung entschieden, daß der Krankenversicherungsträger des Unfallverletzten nicht zu dessen Entschädigungsrechtsstreit gegen den Unfallversicherungsträger und umgekehrt der Verletzte nicht zum Ersatzstreit des Krankenversicherungsträgers gegen den Unfallversicherungsträger nach § 1504 RVO beigeladen werden muß. Zwar sei für beide Ansprüche maßgebend, ob der streitige Unfall ein Arbeitsunfall gewesen sei, es handele sich aber um voneinander unabhängige Streitgegenstände. So habe z.B. die Bindungswirkung eines gegen den Verletzten ergangenen Bescheids für den Erstattungsanspruch aus § 1504 RVO keine Bedeutung, weil diese Vorschrift einen Ausgleich für eine nach materiellem Recht rechtsgrundlose Vermögensverschiebung herbeiführen wolle[75]. Etwas anderes galt konsequenterweise nur dann, wenn ein Leistungsträger nicht einen Erstattungsanspruch, sondern in Prozeßstandschaft einen Leistungsanspruch des Bürgers geltend machte[76].

Fraglich ist allerdings, ob sich insoweit die Rechtslage nach Inkrafttreten des § 107 SGB X geändert hat. Der 7. Senat des BSG hat eine Abweichung

72 BFHE 89, 328; 121, 129; 134, 505

73 BFHE 113, 428

74 vgl. BSG SozR 2200 § 182 RVO Nr. 104; BSGE 57, 15, 18; BSG Beschluß v. 23.2.1990 - 2 BU 138/89 -

75 z.B. BSGE 46, 232 f.

76 vgl. BSG USK 79232 und 81295

von der früheren Rechtsprechung nicht für erforderlich gehalten[77]. Dagegen haben der 8. und der 5. Senat des BSG[78] entschieden, daß wegen der Erfüllungsfiktion des § 107 SGB X der Sozialleistungsberechtigte zum Erstattungsstreit des leistenden Sozialhilfeträgers gegen den zuständigen Kranken- bzw. Rentenversicherungsträger notwendigerweise beizuladen sei. Der 2. Senat hat zu § 1504 RVO an der alten Auffassung festgehalten, sich dabei aber insoweit aus dem Streit herausgehalten, als er sich auf den Standpunkt zurückgezogen hat, bei dieser Vorschrift handele es sich um einen Erstattungsanspruch eigener Art, auf den § 107 SGB X nicht anwendbar sei[79]. Inzwischen ist § 1504 RVO aber außer Kraft getreten[80], mit der Folge, daß auch hier nun dieselben Vorschriften gelten wie in den anderen Fällen.

M.E. hätten der 8. und der 5. Senat die Streitsache vor ihren Entscheidungen dem Großen Senat des BSG vorlegen müssen. Entgegen den Ausführungen des 8. Senats liegt nämlich ein Widerspruch zu dem vorher ergangenen, oben erwähnten Urteil des 7. Senats vor, weil für den Sozialhilfeträger - anders als nach alter Rechtslage - keine Besonderheiten mehr gelten.

Nach der hier vertretenen Zwei-Komponenten-Theorie ist zwischen verschiedenen Fallgestaltungen zu differenzieren: Zur Klage des Sozialleistungsberechtigten bedarf es schon deshalb keiner Beiladung eines anderen Leistungsträgers (also z.B. des Krankenversicherungsträgers zum Streit des Unfallverletzten gegen den Unfallversicherungsträger über die Gewährung von Entschädigungsleistungen aus der gesetzlichen Unfallversicherung), weil insoweit die Erfüllungsfiktion des § 107 nach dem Wortlaut des Gesetzes nicht eingreift[81]. Eine einfache Beiladung dürfte hier allerdings häufig sinnvoll sein. Aber auch in der umgekehrten Fallkonstellation (Frage der Beiladung des Sozialleistungsberechtigten zum Erstattungsstreit zweier Sozialleistungsträger) bedarf es nicht zwingend einer Beiladung. Sinn und Zweck des § 107 SGB X liegen alleine darin, Doppelleistungen zu verhindern. Der Bürger soll nicht die zuerst erhaltene Leistung unter dem Schutz der §§ 44 ff. SGB X behalten und zusätzlich noch eine weitere Leistung gegen den anderen Leistungsträger geltend machen können[82]. Die Erfüllungsfiktion führt also nicht etwa zum Wegfall der Bindungswirkung des dem Sozialleistungsberechtigten erteilten Verwaltungsaktes über die zunächst erfolgte Sozialleistung. Sie gibt vielmehr »nur« dem anderen Leistungsträger, sollte auch er in Anspruch genommen werden, ein Leistungs-

77 BSGE 57, 15, 18
78 SozR 1500 § 75 SGG Nr. 60 und Nr. 80
79 Urt. v. 26.4.1990 - 2 RU 39/89 -
80 durch Art. 5 Nr. 36 des Gesundheitsreformgesetzes v. 20.12.1988, BGBl I, 2477
81 vgl. BSG SozR 2200 § 182 RVO Nr. 104
82 vgl. Begründung zu § 113 E-SGB X BT-Drucks. 9/95, S. 26

verweigerungsrecht. Der Anspruch gegen ihn fällt also nicht weg, sondern wird »einredebehaftet«. Die Entscheidung über den Erstattungsanspruch ist damit weiterhin nur Vorfrage einer u.U. noch erforderlichen Entscheidung über den anderen Leistungsanspruch. Sie hat für den Sozialleistungsberechtigten zwar unmittelbare Folgewirkungen i.S. der einfachen Beiladung, wegen des Bestehenbleibens der Bindungswirkung des ihm zuerst erteilten Verwaltungsaktes jedoch keine unmittelbar rechtsgestaltende Wirkung i.S. der notwendigen Beiladung.

3.12. Besondere Abgrenzungsschwierigkeiten ergeben sich bei den sog. Wahlanfechtungsklagen, die sowohl die Sozial- als auch die allgemeinen Verwaltungsgerichte beschäftigen. Das SGB enthält hierfür sogar in § 57 seines Vierten Buches eine eigenständige Regelung. Da die Wahl kein Verwaltungsakt ist, wird die Klage prozessual als Feststellungsklage angesehen[83]. Ist sie erfolgreich, steht mit der Rechtskraft des Urteils fest, daß die gewählten Personen nicht Organmitglieder geworden sind.

Während das BSG[84] entschieden hat, daß weder die Wähler, noch der Landeswahlbeauftragte[85], noch die einzelnen Gewählten beigeladen werden müssen[86], hat das BVerwG[87] die Auffassung vertreten, daß zwar nicht die wahlberechtigten Einzelpersonen oder Gremien, wohl aber die Gewählten beigeladen werden müssen[88].

Die hier vertretene Zwei-Komponenten-Theorie führt zu folgenden Ergebnissen: Bezüglich der Wahlberechtigten fehlt es bereits an der möglichen Verletzung eigener Rechte, denn sie haben durch die Wahl keine eigenen Rechte erlangt. Die Vorschriften über das Wahlanfechtungsverfahren dienen grundsätzlich nur der Einhaltung des objektiven Wahlrechts. Dagegen haben aufgrund ihrer besonderen Stellung im Wahlverfahren die unterlegenen Mitbewerber und der Wahlbeauftragte an der Frage der Gültigkeit der Wahl ein rechtliches Interesse i.S. der Vorschriften über die einfache Beiladung. Das Urteil kann für sie zwar keine unmittelbare Gestaltungswirkung, aber unmittelbare Folgewirkungen haben.

Die Voraussetzungen der notwendigen Beiladung sind nur in Bezug auf die Gewählten erfüllt. Nur für sie hat das Urteil rechtsgestaltende Wirkung i.S. der Regelung individueller Rechte.

Zuzustimmen ist schließlich auch der Entscheidung des BVerwG[89], wonach in einem Klageverfahren des gewählten kommunalen Wahlbeamten

83 Argument aus § 131 Abs. 4 SGG; vgl. Meyer-Ladewig § 55 Rdn. 23
84 BSGE 54, 104 = SGb 1983, 194
85 insoweit in Abweichung von BSGE 39, 244, 252
86 ähnlich auch noch OVG Münster NVwZ 1983, 425
87 NVwZ 1982, 243; Buchholz 310 § 65 Nrn. 44, 60 und 93
88 so nun auch OVG Münster NVwZ RR 1991, 420
89 NVwZ RR 1990, 94; a.A. als Vorinstanz noch der VGH Kassel

gegen eine Gemeinde, die seine Wahl für ungültig erklärt hat, der frühere Dienstherr des Gewählten auch dann nicht notwendigerweise beizuladen ist, wenn das zu ihm bestandene Dienstverhältnis wegen der Wahl erloschen ist. Das Urteil eines entsprechenden Rechtsstreits hat für den früheren Dienstherrn zwar unmittelbare Folgewirkungen, aber keine unmittelbaren Gestaltungswirkungen. Nicht das Urteil ist es, das möglicherweise die Rechtsfolgen gegen den früheren Dienstherrn setzt, sondern das frühere Beamtenverhältnis und seine Fortwirkungen. Insofern ist die Situation durchaus vergleichbar mit den sonstigen Fällen der Tatbestands- oder Feststellungswirkung von Entscheidungen für Dritte.

3.13. Im Rechtsstreit über die Erteilung einer Baugenehmigung besteht für Nachbarn aufgrund des Nachbarschaftsverhältnisses die in tatsächlicher Hinsicht erforderliche Beziehung zum Streitgegenstand. Im einzelnen ergeben sich insoweit folgende Vorschläge:

- Klagt der Nachbar gegen die erteilte Baugenehmigung, muß der Bauherr beigeladen werden, denn die Rechtmäßigkeit der Baugenehmigung kann nur uno actu gegenüber beiden festgestellt werden. Auch andere Nachbarn, die ebenfalls in ihren Rechten verletzt sein können, müssen beigeladen werden[90].

- Nichts anderes kann gelten, wenn der Bauherr auf die Erteilung einer ihm unter Hinweis auf nachbarschützende Normen versagten Bauerlaubnis klagt. Hier müssen die geschützten Nachbarn beigeladen werden[91]. Der von der Gegenmeinung[92] vorgebrachten Argumentation, es sei nicht zu erkennen, wie der z.B. durch ein Bauverbot geschützte Dritte an dem streitigen Rechtsverhältnis beteiligt sein solle, kann nicht zugestimmt werden. Es handelt sich vielmehr um einen eher typischen Fall des als Wertungsmodell der notwendigen Beiladung dienenden Verwaltungsaktes mit belastender Drittwirkung. Die nachbarschützenden Normen selbst sind es, die den Dritten mit dem Streitgegenstand derart verbinden, daß er daran »beteiligt« im Sinne der Beiladungsvorschriften ist. Existieren drittschützende Normen, ist das Rechtsverhältnis betreffend die Frage der Erteilung einer Genehmigung kraft Gesetzes nicht zweiseitiger, sondern mehrseitiger Art. Diese Auffassung kann zwar zu praktischen Schwierigkeiten führen, wenn die möglicherweise in ihren Rechten betroffenen Dritten zahlreich und/ oder schwer zu bestimmen sind; diesen Schwierigkeiten kann aber nicht

90 a.A. BVerwG NJW 1975, 70, mit der Begründung, daß mehrere Ansprüche gleichen Inhalts keine Beteiligung am streitigen Rechtsverhältnis vermitteln
91 ebenso Hessischer VGH Bundesbaublatt 58, 630; Kopp § 65 Rdn. 20 m.w.N.
92 z.B. VGH Mannheim ESVGH 6, 39 und BVerwGE 45, 309

dadurch aus dem Weg gegangen werden, daß man von vornherein die Voraussetzungen der notwendigen Beiladung verneint[93].

- Klagt der Nachbar auf ein ordnungsrechtliches Einschreiten der Baubehörde gegen den Bauherrn oder auf Folgenbeseitigung, muß der Bauherr notwendigerweise beigeladen werden.
- Klagt der Bauherr gegen der Baugenehmigung hinzugefügte Nebenbestimmungen, ist der Nachbar dann beizuladen, wenn mit den Nebenbestimmungen die Einhaltung nachbarschützender Normen bezweckt wird. Andernfalls können höchstens die Voraussetzungen der einfachen Beiladung erfüllt sein.

Auch zu der Klage des Betreibers einer nach § 4 BISchG genehmigungspflichtigen Anlage sind die nicht präkludierten Nachbarn beizuladen[94].

3.14. In den letzten Jahren häufen sich die Fallkonstellationen, bei denen es um die Frage geht, ob beim Streit über die Rechtmäßigkeit der Ausweisung eines Ausländers dessen Ehepartner beigeladen werden muß.

In der Rechtsprechung ist dieses Problem unterschiedlich behandelt worden. So hat das BVerwG mit Urteil vom 3.5.1973 die Auffassung vertreten, daß im Ausweisungsrechtsstreit eines Ausländers auch dessen deutscher Ehegatte notwendigerweise beigeladen werden müsse[95]. Hiervon ist derselbe Senat jedoch schon mit Urteil vom 25.10.1977 wieder abgewichen[96]. Streitiges Rechtsverhältnis sei allein der vom Ausländer geltend gemachte Anspruch auf Aufhebung der gegen ihn erlassenen Ausweisungsverfügung. An diesem Rechtsverhältnis sei der Ehepartner nicht beteiligt. Er habe allenfalls einen Anspruch gleichen Inhalts[97]. Der VGH Kassel geht sogar noch weiter[98]. Er hält die Beiladung des Ehegatten in diesen Fällen noch nicht einmal für zweckmäßig i.S. der Vorschriften über die einfache Beiladung, ohne dies allerdings näher zu begründen.

Im Schrifttum wird die Beiladung überwiegend als nicht notwendig bezeichnet[99]. Die von Ehlers[100] und Kopp[101] vertretene Gegenmeinung stützt sich vor allem auf die Ausstrahlungen des Art 6 GG und - bezüglich der

93 a.A. insoweit BSGE 59, 87; wie hier Kopp § 65 Rdn. 21; vgl. auch Martens S. 240
94 ebenso Redeker/von Oertzen § 65 Rdn. 9; a.A. VGH Mannheim NJW 1977, 1308: nur einfache Beiladung
95 VRspr 25 Nr. 85
96 BVerwGE 55, 8, 10 ff.
97 ähnlich zur Asylgewährung BVerwG NVwZ 1983, 38 f.
98 NVwZ RR 1990, 650
99 z.B. Konrad S. 484; Stettner JA 1982, 399
100 NJW 1975, 2125, 2126 f.
101 § 65 Rdn. 20a

Ausweisungsverfahren - auf § 45 AuslG, wonach auch die Belange der Angehörigen zu berücksichtigen sind.

Unter Zugrundelegung der Zwei-Komponenten-Theorie ist dieser Mindermeinung zuzustimmen. Das streitige Rechtsverhältnis ist im Hinblick auf § 45 AuslG und Art. 6 GG genausowenig nur zweiseitig, wie es bei den baurechtlichen Sachverhalten beim Eingreifen nachbarschützender Normen oder bei Streitigkeiten über Verwaltungsakte, die Rechtsgemeinschaften schaffen, ändern oder aufheben[102] der Fall ist. Die Ausweisungsverfügung ist ein Verwaltungsakt mit belastender Wirkung auch der Ehefrau gegenüber. Sie stellt einen Eingriff in das bestehende Gemeinschaftsverhältnis (vgl. § 1353 BGB) dar, das nicht nur die Partner untereinander verpflichtet, sondern vom Staat in besonderer Weise zu schützen ist. Da die in der Familie lebenden Kinder Mitglieder derselben Rechtsgemeinschaft sind und auch ihre Rechtsposition grundgesetzlich in besonderem Maße geschützt ist, sind sie ebenfalls beizuladen.

4. Zwischenergebnis

Die notwendige Beiladung ist zwar ein multifunktionales, aber monokausales Institut.

Den Regelungen über die notwendige Beiladung liegt als *Wertungsmodell* die Fallkonstellation der Entscheidung über einen Verwaltungsakt mit belastender Drittwirkung zugrunde.

Das Rechtsstaatsprinzip ist die eigentliche verfassungsrechtliche Grundlage der notwendigen Beiladung. Im Verhältnis zum Dritten konkretisiert sich dies im Anspruch auf rechtliches Gehör, im Verhältnis zum Staat als Pflicht, das Verfahrensrecht so auszugestalten, daß wirksame Entscheidungen nicht über die Köpfe betroffener Dritter hinweg getroffen werden können (These von der Doppelnatur der notwendigen Beiladung).

Die ausgehend hiervon und in Auslegung der gesetzlichen Tatbestandsmerkmale aufgestellte, gegenüber derjenigen der einfachen Beiladung enger gefaßte *Zwei-Komponenten-Theorie* (vgl. oben Anm. 2.4.) führt vor allem zu dem Ergebnis, daß das Beteiligtsein des Dritten am streitigen Rechtsverhältnis von der durchaus nicht einheitlichen Rechtsprechung grundsätzlich zu eng gefaßt wird. Das Beteiligtsein fordert nicht, daß der Dritte in gleicher Weise wie die Hauptbeteiligten von der Entscheidung betroffen ist, sondern nur, daß uno actu zugleich und unmittelbar auch seine eigenen Rechte gestaltet werden.

102 vgl. dazu Meyer-Ladewig § 75 Rdn. 10a

Kapitel 9 Sonderfälle der Beiladung nach SGG, VwGO und FGO

1. Die »unechte« notwendige Beiladung nach § 75 Abs. 2 Alt. 2 SGG

1.1. Ergibt sich im Rechtsstreit, daß bei der Ablehnung eines geltend gemachten Anspruchs ein anderer Versicherungsträger oder in Angelegenheiten der Kriegsopferversorgung ein Land als leistungspflichtig in Betracht kommt, so muß nach § 75 Abs. 2 Alt. 2 SGG eine Beiladung dieses Leistungsträgers erfolgen. Die Vorschrift greift entgegen ihrem Wortlaut auch dann ein, wenn sich die Leistungspflicht nicht während des Rechtsstreits ergibt (z.B. aufgrund einer Gesetzesänderung), sondern von vornherein die Möglichkeit der Drittleistungspflicht bestanden hat[1].

Von den in den untersuchten Aktenfällen ausgesprochenen Beiladungen betrafen 1,5% solche nach dieser Vorschrift.

Die volle Bedeutung der Alt. 2 des Abs. 2 wird erst im Zusammenhang mit der Sondervorschrift des § 75 Abs. 5 SGG klar. Danach kann der nach Abs. 2 beigeladene Dritte - wenn auch nur subsidiär - sogar zur Gewährung der streitigen Leistung verurteilt werden[2].

Beiladungsgrund ist hier nicht die Notwendigkeit einheitlicher Entscheidung, sondern die mögliche Passivlegitimation des Dritten. Die Vorschriften der Abs. 2 und 5 des § 75 SGG sind daher als prozessuale Antwort auf das gegliederte System der sozialen Sicherung mit seinen für den Bürger oft undurchschaubaren Zuständigkeitsregelungen und den daraus resultierenden Kompetenzkonflikten zu verstehen. Sie dienen in erster Linie der Prozeßökonomie; aus rechtsstaatlichen Gründen und zur Wahrung des rechtlichen Gehörs des Dritten wären sie nicht erforderlich[3].

Es findet jedoch kein Parteiwechsel statt. Der Dritte kann zwar wegen der Verurteilungsmöglichkeit hinsichtlich der Auswirkungen der gerichtlichen Entscheidung in die Situation eines Hauptbeteiligten kommen, er wird aber nicht zum Beklagten[4]. Er tritt weder an die Stelle, noch »neben den Beklagten«, wie es das BSG einmal mißverständlich formuliert hat[5]. Er

1 BSG SozR Nr. 40 zu § 75 SGG
2 vgl. im einzelnen Zeihe S. 555 f; Schäfer S. 83 ff.
3 vgl. BSG NJW 1964, 2180; Schäfer S. 84
4 a.A. Hofmann/Schroeter § 75 Anm. 3
5 vgl. BSGE 24, 103 f

wird auch nicht, wie Meyer-Ladewig ausführt[6], der Sache nach Beklagter, was sich schon an seinen eingeschränkten Gestaltungsmöglichkeiten bezüglich der Verfahrensbeendigung ohne Urteil zeigt (vgl. dazu unten Kap. 11 Anm. 1.4). Richtig ist allerdings, daß – nach hier jedoch nicht geteilter – Auffassung des BSG eine Verurteilung des Beigeladenen auch dann in Betracht kommt, wenn die Klage gegen den Beklagten zurückgenommen und der Klageantrag nur noch gegen den Beigeladenen gerichtet wird[7].

1.2. Natürliche Personen scheiden nach dem klaren Gesetzeswortlaut als Dritte i.S. des § 75 Abs. 2 Alt. 2 von vornherein aus. Es kommen nur Länder oder Versicherungsträger in Betracht.

1.2.1. Der Begriff der Kriegsopferversorgung umschreibt den Anwendungsbereich der Vorschrift allerdings nur unzureichend. Darunter fallen grundsätzlich alle Sozialleistungsbereiche, die für die Leistungserbringung auf das BVG verweisen[8]. Es wird also derjenige von den Ländern ausgeführte Teilbereich des Sozialrechts erfaßt, der früher als Versorgungsrecht und heute überwiegend als soziales Entschädigungsrecht bezeichnet wird, wozu insbesondere gehören: die Entschädigung der Opfer von Gewalttaten nach dem OEG, die Entschädigung von Soldaten nach dem SVG und von Zivildienstleistenden nach dem ZVG.

1.2.2. Unter das Tatbestandsmerkmal »Versicherungsträger« fallen nicht nur die Sozialversicherungsträger i.S. des § 4 Abs. 2 SGB I. Hierzu gehört auch die Bundesanstalt für Arbeit, obwohl sie teilweise keine Versicherungsleistungen, sondern aus Steuermitteln finanzierte Leistungen erbringt (so z.B. bei der Arbeitslosenhilfe, vgl. § 188 AFG).

1.2.3. § 75 Abs. 2 Alt. 2 SGG greift im übrigen nicht nur dann ein, wenn sich die Klage gegen einen Versicherungsträger richtet und ein anderer Versicherungsträger oder ein Land als leistungspflichtig in Betracht kommt, sondern auch im umgekehrten Fall, also wenn ein Anspruch aus dem Recht der Kriegsopferversorgung gegen ein Land geltend gemacht wird, aber die Leistungspflicht eines Versicherungsträgers in Betracht kommt. Nur eine solche weite Auslegung der Vorschrift wird ihrem Sinn und Zweck, weitere Rechtsstreite zu vermeiden und zugleich abschließende Entscheidungen für die Gebiete der Kriegsopferversorgung und der Sozial-

6 aaO § 75 Rdn. 12
7 vgl. BSG SGb 1966, 150; zu der hier vertretenen Auffassung vgl. unten Kap. 11, Anm 1.5. 4.
8 Insoweit gilt dasselbe wie für den Begriff der Kriegsopferversorgung in § 75 Abs. 1 S. 2 SGG, vgl. dazu Peters/Sautter/Wolff § 75 Anm. 4; Hennig/Danckwerts/König § 75 Anm. 3.2.; a.A. Bley in SGB-SozVers-GK § 75 Anm. 7a

versicherung zu ermöglichen, gerecht[9]. Das gleiche gilt für die mögliche Leistungspflicht zweier Sozialversicherungsträger oder beim Streit zweier Länder über ihre Zuständigkeit als Träger der Kriegsopferversorgung. Anders soll es in der zuletzt genannten Fallkonstellation allerdings dann sein, wenn kraft gesetzlicher Bestimmung durch den Wohnsitzwechsel eines Versorgungsberechtigten ein anderes Land in dem Rechtsstreit passiv legitimiert wird, also an die Stelle des bisher verklagten Landes tritt[10].

Ein typischer Anwendungsfall der 2. Alt. ist z.B. die Beiladung des Krankenversicherungsträgers zur Klage auf Leistungen nach dem BVG, wenn unklar ist, ob die vom Kläger geltend gemachten Gesundheitsstörungen auf einer Wehrdienstbeschädigung oder einem Arbeitsunfall i.S. von § 548 RVO beruhen. Auch ist die Beiladung des Krankenversicherungsträgers des Erkrankten zur Klage eines Sozialhilfeträgers gegen einen Rentenversicherungsträger auf Leistungserstattung wegen nach dem BSHG gewährter Tuberkulosehilfe als notwendig angesehen worden[11].

Nicht beigeladen werden kann nach § 75 Abs. 2 Alt. 2 SGG dagegen ein Sozialhilfeträger, auch wenn seine Leistungspflicht nahe liegt. Zum einen fallen die Sozialhilfeträger nicht unter den Begriff des Versicherungsträgers; zum anderen könnten sie von den Gerichten der Sozialgerichtsbarkeit auch nicht nach § 75 Abs. 5 SGG verurteilt werden[12]. Dies liegt daran, daß § 51 SGG für Ansprüche dieser Art den Sozialrechtsweg nicht eröffnet. Diese Gesetzeslage erscheint gerade im Hinblick auf Sinn und Zweck des § 75 Abs. 2 Alt. 2 SGG und das schützenswerte Interesse des Bürgers daran, nicht eine Vielzahl von Prozessen führen zu müssen, um die ihm gesetzlich zustehende Sozialleistung zu erhalten, veränderungsbedürftig, zumal keine zwingenden sozialrechtlichen Gesichtspunkte für die vorhandene Rechtswegaufspaltung bestehen. Der Anwendungsbereich der Vorschrift sollte m.E. auf alle Sozialleistungsträger i.S.v. § 12 SGB I erweitert werden[13].

1.3. Das Tatbestandsmerkmal »leistungspflichtig« ist nicht eng auszulegen. Die Vorschrift ist deshalb nicht nur auf verbundene Anfechtungs- und Leistungsklagen nach § 54 Abs. 4 SGG und Verpflichtungsklagen nach § 54 Abs. 1 SGG anzuwenden, sondern insbesondere auch dann, wenn im Rahmen einer Feststellungsklage (§ 55 SGG) die Beteiligung eines anderen Leistungsträgers in Betracht kommt[14].

Fraglich ist, ob es genügt, wenn die Leistungspflicht des anderen Leistungsträgers erst nach Aufhebung eines bindend gewordenen (vgl. § 77

9 BSGE 24, 103 f
10 vgl. BSGE 27, 200, 202 im Gegensatz zu BSG Breith 1963, 547
11 BSG Breith 1975, 626
12 vgl. dazu im einzelnen unten Kap. 11 Anm. 1.5.4.
13 ähnlich im Ergebnis wohl Bley § 75 Anm. 9b
14 ebenso Bley in SGB-SozVers-GK § 75 Anm. 9a; Schäfer S. 85 m.w.N.

SGG) Verwaltungsakts in Betracht kommt. Hierfür spricht zwar, daß es zu einer Beiladung und Verurteilung des Dritten nach § 75 Abs. 2 und 5 SGG grundsätzlich keines vorangegangenen Bescheids des Dritten, ja nicht einmal eines bei diesem gestellten Leistungsantrages bedarf. Andererseits ist die Bindungswirkung eines Verwaltungsaktes auch von den Gerichten zu beachten. Deshalb kann der Meinung, die auch in diesen Fällen § 75 Abs. 2 und 5 für anwendbar erklärt[15], nicht gefolgt werden. Hinzu kommt, daß § 75 Abs. 2 Alt. 2 SGG nach seinem Sinn und Zweck vor allem auch verhindern will, daß dem Bürger ein Nachteil daraus entsteht, daß er den falschen Leistungsträger verklagt hat. Damit aber knüpft diese Vorschrift gerade an Fallgestaltungen an, in denen eine erstmalige Entscheidung des Beigeladenen noch nicht getroffen, zumindest aber die Möglichkeit einer Leistungsklage gegen ihn noch offen ist. Dafür, daß eine Verurteilung nach § 75 Abs. 5 SGG in diesen Fällen ausgeschlossen sein soll, spricht im übrigen auch die die Existenz der §§ 180, 181 SGG[16]. Die Abs. 2 und 5 des § 75 SGG enthalten auch keine anderen Bestimmungen i.S.d. § 77 SGG, mit denen die Schranke der Bindungswirkung durchbrochen werden könnte[17].

1.4. Voraussetzung hinsichtlich des möglichen Leistungsanspruchs gegen den Dritten ist, daß er entweder mit dem gegen den Beklagten geltend gemachten Anspruch inhaltlich deckungsgleich ist oder zu diesem in einem derartigen Konkurrenzverhältnis steht, daß sich die beiden Ansprüche gegenseitig ausschließen[18]. Letzteres soll nach der Rechtsprechung des BSG[19] auch bezüglich eines Anspruchs auf Krankengeld gegeben sein, falls der Kläger mit seinem geltend gemachten Anspruch auf Konkursausfallgeld nicht durchdringt: Hat der Arbeitgeber keine Lohnfortzahlung im Krankheitsfall geleistet und ist der Anspruch auf Ausgleich des ausgefallenen Arbeitsentgelts (Konkursausfallgeld) nach §§ 141a ff. AFG streitig, so kommt bei Ablehnung des Anspruchs auf Konkursausfallgeld die Krankenkasse als leistungspflichtig in Betracht.

Die Notwendigkeit der Beiladung entfällt nicht dadurch, daß sich der Dritte bereit erklärt, nach den für ihn geltenden Vorschriften zu leisten, falls die Klage gegen den in Anspruch genommenen Leistungsträger abgewiesen wird[20].

Eine Beiladung hat auch dann zu erfolgen, wenn bei einem auf einen bestimmten Zeitraum bezogenen Anspruch für einen Teil der Zeit der Be-

15 so z.B. BSGE 50, 111 = 7. Senat; Hennig/Danckwerts/König § 75 Anm. 5 und 9 m.w.N.
16 ebenso BSG SozR 1500 § 75 SGG Nr. 38 = 11. Senat
17 BSG Urt. v. 31.5.1988 - 2 RU 67/87 -
18 vgl. Hennig/Danckwerts/König § 75 Anm. 9; Meyer-Ladewig § 75 Rdn. 12
19 Breith 1983, 90
20 vgl. BSG Breith 1975, 626

klagte, für einen anderen Teil aber ein anderer Leistungsträger als leistungspflichtig in Betracht kommt. Zu pauschal ist allerdings die Aussage, es sei nicht erforderlich, daß sich die Leistungspflicht des Beigeladenen auf denselben Zeitraum beziehe, für den der Anspruch gegen den Beklagten geltend gemacht wird[21]. Kommt die Leistungspflicht nur für einen von der Klage nicht erfaßten Zeitraum in Betracht, liegen zwar möglicherweise die Voraussetzungen der einfachen, nicht aber die der notwendigen Beiladung nach § 75 Abs. 2 Alt. 1 oder 2 SGG vor[22].

2. Die Beiladung nach § 75 Abs. 1 S. 2 SGG

2.1. Die Beiladung der Bundesrepublik Deutschland nach § 75 Abs. 1 S. 2 SGG in Angelegenheiten der Kriegsopferversorgung ist insofern eine notwendige, als sie erfolgen muß, wenn die Bundesrepublik selbst dies beantragt. Ein Antrag eines anderen Verfahrensbeteiligten genügt nicht[23]. Aus der Beiladungspflicht des Gerichts folgt jedoch nicht, daß es sich inhaltlich um eine Sonderform der notwendigen Beiladung i.S. des § 75 Abs. 2 SGG handelt. In Bezug auf die sich aus ihr ergebenden Rechte ist sie vielmehr - was sich auch aus ihrer systematischen Stellung ergibt - eine Sonderform der einfachen Beiladung nach § 75 Abs. 1 S. 1 SGG[24]. Sie hat deshalb zu erfolgen, weil die berechtigten, genauer gesagt, die wirtschaftlichen Interessen der Bundesrepublik als Kostenträger durch die Entscheidung berührt werden.

2.2. § 75 Abs. 1 S. 2 SGG bestätigt damit auch indirekt die Richtigkeit der oben zur einfachen und zur notwendigen Beiladung aufgestellten Zwei-Komponenten-Theorien. Ohne diese Sonderregelung könnte die Bundesrepublik nicht beigeladen werden. Trotz ihres berechtigten Interesses am Ausgang des Rechtsstreits i.S. des § 75 Abs. 1 S. 1 SGG fehlt es an dem für die einfache Beiladung nach dieser Vorschrift neben dem berechtigten Interesse erforderlichen tatsächlichen Bezug zum individualisierten Lebenssachverhalt, in den das im konkreten Einzelfall streitige Rechtsverhältnis eingebettet ist. Bezüglich der notwendigen Beiladung fehlt es sogar an beiden Komponenten. Auch deshalb mußte der Gesetzgeber diesen Fall, wollte er eine Beiladung der Bundesrepublik überhaupt ermöglichen, gesondert regeln.

21 so noch BSGE 24, 103, 105; vgl. auch Peters/Sautter/Wolff § 75 Anm. 5b
22 ebenso Hennig/Danckwerts/König § 75 Anm. 5
23 vgl. Meyer-Ladewig § 75 Rdn. 9 m.w.N.
24 ebenso BSG SozR Nrn. 29 und 38 zu § 75 SGG; Dapprich S. 62; a.A. Hofmann/Schroeter § 75 Anm. 4; Hessisches LSG Breith 1959, 959

2.3. Im Gesetzgebungsverfahren war die Notwendigkeit des § 75 Abs. 1 S. 2 umstritten[25]. Die Praxis scheint ihre Überflüssigkeit zu bestätigen. Von den untersuchten Aktenfällen enthielt keiner einen Beiladungsantrag nach dieser Vorschrift. Ergänzend sei erwähnt, daß dem Verfasser in seiner mehrjährigen Praxis im Bereich des Rechts der Kriegsopferversorgung kein einziger Fall begegnet ist, in dem die Bundesrepublik ihre Beiladung nach § 75 Abs. 1 S. 2 SGG beantragt hat.

Diese fehlende praktische Relevanz verdeutlicht darüberhinaus, daß im sozialgerichtlichen Verfahren die Einrichtung von Beitrittsmöglichkeiten für bestimmte Ministerien nicht erforderlich ist. Sollte der Gesetzgeber weiterhin eine Beteiligungsmöglichkeit der Bundesrepublik für geboten halten, wäre es im übrigen konsequenter, diese Form der Beteiligung als Beitritt zu bezeichnen. Schließlich wäre dann zu auch überlegen, ob nicht ähnliche Möglichkeiten in anderen Rechtsgebieten bestehen sollten, in denen der Bund die Kosten trägt, wie dies z.B. bei der Arbeitslosenhilfe der Fall ist.

3. Die Beiladung der Aufsichtsbehörde nach § 99 Abs. 2 S. 2 VwGO und § 86 Abs. 3 S. 2 FGO

Im verwaltungs- und im finanzgerichtlichen Verfahren enthalten § 99 Abs. 2 S. 2 VwGO bzw. § 86 Abs. 2 S. 2 FGO besondere Formen der Beiladung. Nach den Ausgangstatbeständen dieser Normen kann die zuständige oberste Aufsichtsbehörde die Vorlage von Urkunden oder Akten verweigern, wenn das Bekanntwerden bestimmter Fakten das Wohl des Bundes beeinträchtigen oder einem Bundesland Nachteile bereiten könnte. Ob diese Voraussetzungen vorliegen, entscheidet das Gericht der Hauptsache erforderlichenfalls durch Beschluß. In diesem Verfahren ist die oberste Aufsichtsbehörde, nach § 99 Abs. 2 S. 2 VwGO bzw. § 86 Abs. 2 S. 2 FGO beizuladen. Die entsprechende Vorschrift des SGG (§ 119) sieht ein solches Beschlußverfahren nicht vor[26].

Die Beiladung der Aufsichtsbehörde bezieht sich, anders als die Beiladungen nach § 65 VwGO und § 60 FGO, nicht auf das Hauptsacheverfahren. Die Aufsichtsbehörde wird nicht etwa Beteiligte des Rechtsstreits, sondern nur des Zwischenverfahrens über die Berechtigung der Verweigerung der Amtshilfe. Bei genauer Betrachtung ist es sogar so, daß die Aufsichtsbehörde der eigentliche Antragsgegner des Zwischenstreits ist[27], ähn-

25 vgl. BT-Drucks. I/4357, S. 41 Nr. 12; S. 48 zu Nr. 12
26 vgl. Meyer-Ladewig § 119 Rdn. 6
27 vgl. OVG Koblenz NJW 1977, 266

lich wie ein Zeuge in einem Zwischenstreit nach § 387 ZPO über sein Zeugnisverweigerungsrecht[28]. Daher erscheint die Regelung einer Beiladungspflicht als im Grundsatz überflüssig[29], die Bezeichnung der Aufsichtsbehörde als Beigeladene zudem als irreführend. Zumindest sollte deshalb das Wort »beiladen« in den beiden Vorschriften durch ein anderes, z.B. das Wort »zuziehen«, ersetzt werden.

4. Zwischenergebnis

Die »unechte« notwendige Beiladung i.S. von § 75 Abs. 2 Alt. 2 SGG ist in Verbindung mit der Verurteilungsmöglichkeit des Abs. 5 eine für die Sozialgerichtsbarkeit sinnvolle Ergänzung der Beiladungsmöglichkeiten.

Die Grenzen dieser Beiladungsart werden aber dadurch sehr eng gezogen, daß nur bestimmte Sozialleistungsträger erfaßt werden und die Gerichte der Sozialgerichtsbarkeit nach § 51 SGG nicht die sachliche Zuständigkeit für alle Angelegenheiten i.S. des Sozialgesetzbuches haben. Dies sollte geändert werden.

Die Vorschrift des § 75 Abs. 1 S. 2 SGG erscheint überflüssig. Allerdings ist ihre Existenz ein zusätzliches Argument für die Richtigkeit der oben aufgestellten Zwei-Komponenenten-Theorie.

Die Beiladung der Aufsichtsbehörde nach § 99 Abs. 2 S. 2 VwGO und § 86 Abs. 3 S. 2 FGO sollte gestrichen oder wenigstens anders bezeichnet werden.

28 Kopp § 99 Rdn. 16
29 ebenso Redeker/von Oertzen § 99 Rdn. 13

Kapitel 10 Die besonderen Voraussetzungen des Beitritts

1. Der Beitritt nach der VwGO

1.1. Vorbemerkung

Bevor Aussagen zu einzelnen Fragen gemacht werden, muß in Erinnerung gerufen werden, daß die VwGO im Grundsatz drei Erscheinungsformen der Vertretung des öffentlichen Interesses kennt:

Erstens die Interessenwahrnehmung durch den Oberbundesanwalt, der als weitgehend unabhängige Institution der Rechtspflege tätig wird und im Gegensatz zu anderen Dritten keine persönlichen Interessen wahrnimmt. Er ist Vertreter des öffentlichen Interesses (fast) im Reinformat.

Zweitens gibt es den, nicht nur institutionell, sondern auch hinsichtlich des Umfangs seiner Unabhängigkeit grundsätzlich eine Stufe tiefer angesiedelten Vertreter des öffentlichen Interesses in den Ländern, in denen er nicht zugleich Prozeßvertreter ist.

Die dritte Erscheinungsform ist die der Doppelfunktion, bei der trotz anderslautender Stellungnahmen[1] von vornherein große Zweifel bestehen müssen, ob die Wahrnehmung des öffentlichen Interesses wirklich in einer von den Interessen der Streitparteien abgehobenen Form erfolgen kann.

1.2. Der Oberbundesanwalt

Der Oberbundesanwalt kann sich nach den gesetzlichen Bestimmungen grundsätzlich an jedem Verfahren vor dem BVerwG beteiligen. Voraussetzung ist allein, daß er selbst die Wahrnehmung des öffentlichen Interesses für geboten hält. Gesetzlich ausgenommen sind nur Verfahren vor den Disziplinar- und den Wehrsenaten des BVerwG. Wie bereits in Kap. 2 und 5 erwähnt, gibt es in der Praxis allerdings zusätzlich Absprachen, die in bestimmten Sachgebieten eine Beteiligung zur Ausnahme machen. So hat

1 vgl. z.B. Berner BayVBl 1981, 129; Fischer S. 39 ff.

der Oberbundesanwalt z.B. für alle Nichtzulassungsbeschwerden einen Generalverzicht ausgesprochen[2].

In persönlicher Hinsicht ist für den Vertreter der Bundesanwaltschaft erforderlich, daß er die Befähigung zum Richteramt hat (§ 37 Abs. 1 VwGO) oder die Voraussetzungen des § 110 S. 1 DRiG erfüllt.

1.3. Der Vertreter des öffentlichen Interesses auf Landesebene

In den Ländern, in denen die Vertreter des öffentlichen Interesses nicht zugleich auch Prozeßvertreter sind, entscheiden sie - wie der Oberbundesanwalt - nach eigenem Ermessen über ihre Beteiligung am Rechtsstreit. Sie haben allerdings nicht die weitgehende Weisungsfreiheit des Oberbundesanwalts[3]. So kann beispielsweise in NRW gemäß § 5 der Dienstanordnung sogar ein Regierungspräsident auf den Inhalt der Prozeßerklärungen des Vertreters des öffentlichen Interesses Einfluß nehmen. Relativ weit ist demgegenüber wegen des Fehlens einer Dienstanweisung der Handlungsfreiraum des Vertreters des öffentlichen Interesses in Baden-Württemberg. Ist der Vertreter des öffentlichen Interesses zugleich Prozeßvertreter des Landes, nimmt er in dieser Funktion ohnedies am Prozeß teil. Seine Weisungsgebundenheit hat eine besondere, durch die Doppelfunktion geprägte Qualität.

Auch auf Landesebene muß der Vertreter des öffentlichen Interesses grundsätzlich die Befähigung zum Richteramt haben. Nach § 174 Abs. 1 VwGO genügt aber auch die Befähigung zum höheren Verwaltungsdienst.

1.4. Die Wahrung des öffentlichen Interesses als Beitrittsgrund

1.4.1. Der unbestimmte Gesetzesbegriff des »öffentlichen Interesses« wird in der VwGO nicht näher erläutert. Auch wenn die Entscheidung, ob es im Einzelfall tangiert ist, alleine und unüberprüfbar dem Vertreter des öffentlichen Interesses obliegt, erscheint es erforderlich, den Begriff in allgemeingültiger Form zu definieren. Nur bei klarer Inhaltsbestimmung dieses Begriffs läßt sich letztlich auch die Frage nach der Notwendigkeit und Nützlichkeit der Institution des Vertreters des öffentlichen Interesses beantworten.

2 vgl. Niederschrift v. 20.10.1992 über die Konferenz der Vertreter des öffentlichen Interesses v. 15.10.1992 in Erfurt

3 vgl. Redeker/von Oertzen § 36 Rdn. 4

1.4.2. In den bereits erwähnten Dienstordnungen wird in allgemeiner Form ausgeführt, der Vertreter des öffentlichen Interesses solle bewirken, daß das Recht sich durchsetzt und das Gemeinwohl keinen Schaden erleidet. Das BVerwG hat dies - mit Blick auf die Aufgaben des Oberbundesanwalts - dahingehend konkretisiert, daß es sich nicht primär um Interessen der Prozeßbeteiligten, sondern um solche der Allgemeinheit handeln müsse[4]. Dies folge beim Oberbundesanwalt schon daraus, daß er eine qualifizierte Einrichtung der Rechtspflege zur Unterstützung des Gerichts, nicht aber Sprachrohr der Verwaltung sei.

Die Dienstordnungen enthalten zur Konkretisierung dieser theoretischen Ansätze verschiedene Beilspielsfälle[5]. Danach soll das öffentliche Interesse insbesondere dann betroffen sein, wenn

- die Entscheidung weite Bevölkerungskreise tangiert
- grundsätzliche Fragen der Rechtsanwendung im Streit sind,
- ein Verfahren große finanzielle Auswirkungen hat,
- Fragen der Abgrenzung der Gerichtsbarkeiten untereinander betroffen sind,
- das Verfahren erhebliche politische Bedeutung hat,
- es um die Gültigkeit einer Norm oder einer öffentlichen Wahl geht.

Diese Beispiele verdeutlichen, daß gegenüber dem bis in die Nachkriegszeit hineinreichenden Verständnis der Aufgaben des Vertreters des öffentlichen Interesses[6] eine Änderung zu verzeichnen ist. Meyer-Hentschel spricht sogar vom einem Funktionswandel[7]. Nicht mit diesem Verständnis des Vertreters des öffentlichen Interesses in einem von der Gewaltenteilung geprägten modernen Rechtsstaat zu vereinbaren ist dagegen die Meinung von Schultz-Hardt[8], diese Institution solle den Mangel vieler Verwaltungsrichter an Verwaltungserfahrung ausgleichen. Dabei wird nicht genügend berücksichtigt, daß es eigentlich darum geht, einen Gegenpol dazu zu bilden, daß der Verwaltungsprozeß als kontradiktorischer Parteienprozeß ausgestaltet ist und deshalb die Gefahr besteht, daß die beteiligte Behörde, ihr Prozeßziel vor Augen, die Bedeutung der Sache über den Einzelfall hinaus verkennt oder mißachtet und deshalb die eigentlich von ihr auch wahrzunehmenden Interessen der Allgemeinheit vernachlässigt[9].

4 BVerwGE 18, 205, 207
5 vgl. z.B. die Dienstanordnung für Mecklenburg-Vorpommern
6 zu den verschiedenen Inhaltsbestimmungen im früheren Schrifttum vgl. schon oben Kap. 3 Anm. 2
7 aaO S. 118
8 aaO S. 560 f
9 vgl. Baum S. 429

Etwas zu eng erscheint die Definition Fischers[10], wonach das öffentliche Interesse dann gegeben sei, wenn es um die objektive und einheitliche Verwirklichung des Rechts unter besonderer Berücksichtigung von staatspolitischen, verwaltungspraktischen und rechtspolitischen Gesichtspunkten und der individuellen Interessen der betroffenen Bürger gehe. Gerade wenn in einem Rechtsstreit die Gültigkeit von materiellem Recht im Streit ist, wird deutlich, daß das materielle Recht in seiner Gesamtheit nicht der entscheidende Orientierungspunkt für die Bestimmung des öffentlichen Interesses i.S.d. hier maßgebenden Vorschriften sein kann.

Unter Berücksichtigung der vorstehenden Teilaspekte und in der Erkenntnis der Tatsache, daß verschiedene Arten von öffentlichen Interessen existieren (z.B. Landesinteressen und Bundesinteressen) ergibt sich folgende definitorische Umschreibung des Begriffs des öffentlichen Interesses i.S.d. Beitrittsvorschriften der VwGO:

Öffentliche Interessen i.S.d. §§ 35 ff. VwGO sind solche, die bei Zugrundelegung der Werteordnung des Grundgesetzes, insbesondere der Grundrechte, der Staatszielbestimmungen und der organisationsrechtlichen Vorschriften, und/ oder konkreter staatspolitischer Zielsetzungen zwar nicht notwendigerweise gemeinnützig sind, aber doch im allgemeinen Interesse der Gesellschaft stehen, weil ihre Wahrnehmung für bestimmte gesellschaftliche Gruppen oder die Gestaltung von Gemeinschaftsanliegen von Bedeutung ist[11]. Sie können, müssen aber nicht identisch sein mit dem öffentlichen Sonderinteresse der beteiligten Behörde oder einer bestimmten Körperschaft.

Daraus folgt zugleich, daß auch der Auffassung Fischers[12], der Vertreter des öffentlichen Interesses sei der Vertreter der schweigenden Mehrheit, nicht zugestimmt werden kann. Seine Aufgabe kann und muß vielmehr auch im Schutz von Minderheiten vor der Mehrheitsauffassung liegen.

Setzt sich der Vertreter des öffentlichen Interesses in diesem Sinne ein, wird seine Beteiligung zwar nicht zum unverzichtbaren Wesenselement eines rechtsstaatlichen Verfahrens, sie kann jedoch sowohl für das Gericht als auch - bei objektiver Betrachtung - für die Parteien nützlich sein.

Da eine solche Handlungstendenz der Prozeßführung jedoch nur bei völliger Unabhängigkeit des Vertreters des öffentlichen Interesses von der Verwaltung gewährleistet scheint, ist die Streichung sämtlicher Weisungsbefugnisse zu fordern. Als verlängerter Arm der Exekutive hat der Vertreter des öffentlichen Interesses keine Existenzberechtigung[13]. Auch die Ausübung der Tätigkeit des Vertreters des öffentlichen Interesses durch Lan-

10 aaO S. 36
11 vgl. dazu Neis S. 233 ff.
12 aaO S. 145
13 im Ergebnis ähnlich Meyer-Hentschel S. 126

desbeamte im Nebenamt ist wegen der auftretenden Interessenkonflikte nicht sachgerecht.

Die Einrichtung einer zentralen Stelle zur Prozeßvertretung der Landesbehörden mag u.a. aus organisatorischen und fachlichen Gründen sinnvoll sein; die Koppelung dieser Aufgabe mit der Wahrnehmung des öffentlichen Interesses im Sinne obiger Definition sollte aber unterbleiben. Die Bezeichnung eines gleichzeitig als Prozeßvertreter des Landes Auftretenden als Vertreter des öffentlichen Interesses erscheint sogar eher als irreführend. Allein seine organisatorische Verselbständigung gewährleistet nicht ein Freisein und Freibleiben von einzelfallbezogenen Parteiinteressen. Insoweit darf die Eigendynamik von Prozessen nicht unterschätzt werden. Der Begriff der Landesanwaltschaft bringt daher klarer zum Ausdruck, um was es in diesen Fällen geht.

2. Der Beitritt nach der FGO

2.1. Der Bundesfinanzminister und die oberste Landesbehörde

§ 122 Abs. 2 S. 1 FGO sieht den Beitritt des Bundesfinanzministers nur im Revisionsverfahren vor. Die Vorschrift regelt[14] eine Ausnahme von dem Grundsatz, daß am Revisionsverfahren nur beteiligt sein kann, wer schon in der letzten Tatsacheninstanz beteiligt war.

Die Beitrittsmöglichkeit besteht nicht in allen Streitigkeiten vor dem BFH. Es muß sich im Einzelfall um einen Rechtsstreit über eine auf Bundesrecht beruhende Abgabe handeln (Alt. 1). Außerdem ist eine Beteiligung zulässig, wenn es sich um eine (nichtabgabenrechtliche) Streitigkeit über Bundesrecht handelt (Alt. 2). Hierzu gehören z.B. Rechtsfragen im Zusammenhang mit dem Steuerberatergesetz oder Erstattungen und Vergütungen nach dem Recht der Europäischen Gemeinschaften[15].

Die oberste Landesbehörde kann nach § 122 Abs. 2 S. 2 FGO dem Revisionsverfahren beitreten, wenn (Alt. 1) ein Verfahren eine von den Landesfinanzbehörden verwaltete Abgabe betrifft. Nicht entscheidend für das Beitrittsrecht ist, ob die Abgabe bundesgesetzlich oder landesgesetzlich geregelt ist. Außerdem ist ein Beitritt möglich (Alt. 2), wenn Grundlage des Streits landesrechtliche Vorschriften sind. Beitrittsberechtigt ist nicht nur die oberste Finanzbehörde; es kann auch z.B. die für die innere Verwaltung zuständige oberste Landesbehörde beitreten, z.B. bei Streitigkeiten um

14 ähnlich wie § 35 VwGO für den Oberbundesanwalt
15 vgl. Gräber § 122 Rdn. 2

Gemeinde- oder Kirchensteuern[16]. Nicht nötig ist ferner, daß Gegenstand des Revisionsverfahrens ein Verwaltungsakt ist, den eine der obersten Landesbehörde untergeordnete Behörde erlassen hat[17].

An besondere inhaltliche Voraussetzungen ist weder das Beitrittsrecht des Bundesfinanzministers noch das der obersten Landesbehörde geknüpft. Insbesondere braucht kein allgemeines öffentliches Interesse i.S. der Beitrittsvorschriften der VwGO vorzuliegen. Es genügt das nicht notwendigerweise, aber in der Regel über den Einzelfall hinausgehende Interesse der staatlichen Stelle, der die Abgabenverwaltung obliegt, am Ausgang des Rechtsstreits. Ihr soll es ermöglicht werden, ihren Standpunkt in das Verfahren einzubringen und dem BFH weiteres Material zu verschaffen[18]. Der Beitrittsgrund ist hier also ein ähnlicher wie er der Beiladungsmöglichkeit der Bundesrepublik Deutschland nach § 75 Abs. 1 S. 2 SGG zugrundeliegt. So wie deren Existenzberechtigung fraglich erscheint, muß auch diejenige des Beitritts nach § 122 Abs. 2 FGO in Zweifel gezogen werden. Jedenfalls wird dadurch die Waffengleichheit zwischen den Hauptbeteiligten gefährdet und das in der Regel ohnedies vorhandene Übergewicht der Exekutive noch verstärkt[19]. Das zur Klärung der streitigen Rechtsfragen erforderliche Material könnte sich das Gericht zudem auch auf andere Art und Weise beschaffen. Auch die geringe Zahl der Beitrittsfälle des Bundesfinanzministers[20] spricht für die Überflüssigkeit dieser Beteiligungsmöglichkeit.

2.2. *Der Beitritt der Behörde, die eine Beschwerdeentscheidung getroffen hat*

Auch der Beitritt derjenigen Behörde, die im Vorverfahren (§ 44 FGO) eine Beschwerdeentscheidung getroffen hat, ist nicht an besondere Voraussetzungen geknüpft. Diese Beitrittsmöglichkeit ist eine Antwort des Gesetzgebers auf das in der FGO bezüglich der Passivlegitimation geltende Behördenprinzip. Anders als bei den Beitrittsmöglichkeiten nach § 122 Abs. 2 FGO ist hier die unmittelbare Befassung mit der Sache der Beitrittsgrund.

Rechtsstaatlich zwingend erforderlich erscheint diese Vorschrift nicht. Ihre Zweckmäßigkeit kann im Rahmen der vorliegenden Arbeit nicht abschließend beurteilt werden, sie scheint aber wegen der Sachennähe der Behörde nicht ohne weiteres verneint werden zu können.

16 vgl. Gräber § 122 Rdn. 3
17 vgl. Tipke/Kruse § 122 Rdn. 21
18 vgl. BFHE 141, 405, 415
19 ebenso Naumann S. 263
20 vgl. oben Kap. 2 Anm. 2.3.

3. Zwischenergebnis

Einerseits scheint die Existenz von Vertretern des öffentlichen Interesses in vielen europäischen und außereuropäischen Staaten die These Kopps zu bestätigen, die lautet, »... gäbe es diese Einrichtung nicht, ... so müßte man sie... erfinden«[21]. Andererseits spricht der gänzlich fehlende Ruf nach einer entsprechenden Einrichtung in Reihen der Sozialgerichtsbarkeit eher gegen ihre Notwendigkeit.

Kann der Vertreter des öffentlichen Interesses in völliger Unabhängigkeit und losgelöst von der Prozeßvertretung der Landesbehörden tätig werden, kann er jedoch wirksam auch solche Gesichtspunkte in das Verfahren einbringen, die über den Einzelfall hinausgehen und für das Gericht nicht ohne weiteres einschätzbar sind.

Nicht nachvollziehbar ist, warum nach Auffassung des Gesetzgebers in den sozialrechtlichen Streitigkeiten, die vor den Verwaltungsgerichten ausgetragen werden, die Wahrnehmung eines allgemeinen öffentlichen Interesses erforderlich sein soll, nicht dagegen bei den sozialrechtlichen Streitigkeiten, die in die Zuständigkeit der Sozialgerichtsbarkeit fallen.

Daher ist zu fordern, entweder die Institution des Vertreters des öffentlichen Interesses abzuschaffen oder sie auf allen Ebenen mit sachlicher und personeller Unabhängigkeit zu versehen und ihre Zuständigkeit auf die Sozialgerichtsbarkeit auszudehnen.

Die zentrale Prozeßvertretung eines Landes mag aus organisatorischen und fachlichen Gesichtspunkten sinnvoll sein; die Koppelung einer solchen Prozeßvertretung mit der Wahrnehmung des allgemeinen öffentlichen Interesses ist es nicht.

Die Beteiligungsmöglichkeit nach § 61 FGO ist rechtsstaatlich nicht zwingend geboten, begegnet aber auch keinen durchgreifenden Bedenken.

Die Beitrittsmöglichkeiten nach § 122 FGO verstoßen jedenfalls solange gegen den prozeßrechtlichen Grundsatz der Waffengleichheit, wie auf Bürgerseite keine entsprechende Einrichtung besteht, sei es in Form eines Ombudsmanns, sei es in Form der Zulassung von Verbänden[22].

21 VerwArch 1980, 383
22 ähnlich Naumann S. 257

Kapitel 11 Wirkungen und Rechtsfolgen von Beiladung und Beitritt

1. Die Beiladung

1.1. Allgemeines

Im Gegensatz zu SGG und FGO regelt die VwGO die Rechtsstellung des Beigeladenen in einem gesonderten Paragraphen (§ 66). Dieser ist jedoch, von kleinen Formulierungsunterschieden abgesehen, inhaltlich identisch mit § 75 Abs. 4 SGG und § 60 Abs. 6 FGO. Nach diesen Regelungen kann der Beigeladene innerhalb der Anträge der Hauptbeteiligten selbständig Angriffs- und Verteidigungsmittel geltend machen und alle erforderlichen Verfahrenshandlungen selbst wirksam vornehmen. Abweichende Sachanträge kann der Dritte aber nur dann stellen, wenn es sich um eine notwendige Beiladung handelt.

Welche Konsequenzen sich aus diesen allgemein gehaltenen gesetzlichen Vorgaben ergeben, ist im Detail umstritten. Nachfolgend werden die wesentlichen Streitfragen untersucht.

1.2. Der Eintritt in das Verfahren

Mit der Bekanntgabe des Beiladungsbeschlusses tritt der Dritte als selbständiger Beteiligter in einen fremden Rechtsstreit ein. Anders als der Nebenintervenient steht er also nicht an der Seite eines der Hauptbeteiligten, auch wenn seine Interessen sich häufig mit denen eines von ihnen decken werden[1].

Da die Beiladung auch noch zu einem Zeitpunkt erfolgen kann, in dem das Verfahren schon weit fortgeschritten, ja sogar schon in höherer Instanz anhängig sein kann[2], stellt sich die Frage, ob der Dritte alle vor seiner Beiladung stattgefundenen Prozeßhandlungen als gegeben hinnehmen muß oder ihre Wiederholung verlangen kann.

Erfolgt die Beiladung - soweit dies überhaupt zulässig ist (vgl. § 168 SGG, § 142 VwGO und § 123 FGO) - erst in der Revisionsinstanz, ist eine

1 vgl. Lammenett S. 126
2 vgl. oben Kap. 6 Anm. 1.7.

Wiederholung nicht mehr möglich, weil hier keine tatsächlichen Feststellungen verändert oder neu getroffen werden können[3].

Im erstinstanzlichen Verfahren und im Berufungsverfahren ist eine Wiederholung zwar grundsätzlich möglich, nach hM aber nicht erforderlich[4]. Stahl[5] meint hierzu, bereits vorliegende Prozeßergebnisse könne der Beigeladene nur angreifen, wenn er dies auch im Fall seiner Beteiligung von Beginn an tun könnte.

Eine der vielfältigen abweichenden Meinungen[6] stimmt dem nur für die Fälle der einfachen Beiladung zu.

Meyer-Ladewig[7] will eine solche Ausnahme nur dann machen, wenn der Beigeladene nach § 75 Abs. 5 SGG verurteilt werden kann.

Eine andere Meinung[8] will allen Beigeladenen ein Recht auf Wiederholung wesentlicher Prozeßhandlungen einräumen. Dieser Auffassung ist im Grundsatz zuzustimmen.

Aus dem Gebot der Rechtsstaatlichkeit des Verfahrens und dem Anspruch des Dritten auf rechtliches Gehör ergibt sich nämlich nicht nur die Befugnis, nachträglich zu bestimmten Prozeßergebnissen Stellung nehmen zu dürfen, sondern auch ein Recht auf aktive Mitwirkung und Teilnahme an der Beweisaufnahme. Nur dann kann er sich ein eigenes Bild von der Glaubwürdigkeit eines Zeugen und der Glaubhaftigkeit seiner Aussagen machen[9].

Man wird daher jedem notwendig Beigeladenen das Recht zugestehen müssen, eine Wiederholung von bestimmten Verfahrenshandlungen zu verlangen, insbesondere die erneute Einvernahme eines Zeugen. Das selbe Recht ist einem - unter den Voraussetzungen der hierzu oben aufgestellten Zwei-Komponenten-Theorie - einfach Beigeladenen deshalb einzuräumen, weil das Urteil für ihn unmittelbare Folgewirkungen hat. MaW: Etwas anderes gilt nur dann, wenn im sozialgerichtlichen Verfahren die Beiladung (was, wie bereits ausgeführt, eigentlich unterbleiben sollte, de lege lata nach § 75 SGG aber zulässig ist) mit anderen als rechtlichen Interessen begründet worden ist.

3 allgem. Meinung, vgl. z.B. Krasney in Hdb SGV IX Rdn. 388 ff. m.z.N.
4 vgl. z.B. Bettermann DVBl 1951, 39 f.; Eyermann/Fröhler § 65 Rdn. 8, 19; mit Einschränkungen auch BVerwGE 1, 27
5 aaO S. 114
6 Kopp § 66 Rdn. 11
7 aaO § 75 Rdn. 14
8 vgl. Schäfer S. 113, 115; Schlosser JZ 1967, 431, 434 ff.; so wohl auch Gräber § 60 Rdn. 65
9 vgl. Marotzke S. 164; Wieczorek § 118a B III a2

1.3. Rechte und Pflichten im Verfahren des beiladenden Gerichts

1.3.1. Da der Beigeladene nicht nur die Stellung eines Parteigehilfen, sondern die eines selbständigen Beteiligten erlangt (vgl. § 69 Nr. 3 SGG, § 63 Nr. 3 VwGO, § 57 Nr. 3 FGO), hat er im Grundsatz dieselben Mitwirkungsrechte wie die Hauptbeteiligten. Er kann beispielsweise Akteneinsicht nehmen, einen Prozeßvertreter bestellen und die Gewährung von Prozeßkostenhilfe beantragen. Ihm sind alle nach dem Beiladungsbeschluß beim Gericht eingehenden Schriftsätze zu übersenden. Zur mündlichen Verhandlung ist er auch dann zu laden, wenn er sich bis dahin am Verfahren noch nicht beteiligt hat.

1.3.2. Wie eingangs erwähnt, bestehen allerdings hinsichtlich der Dispositionsbefugnis über den Streitgegenstand Einschränkungen. Der einfach Beigeladene darf im Vergleich zu den Hauptbeteiligten keine abweichenden Sachanträge stellen. Was unter einem Sachantrag in diesem Sinne zu verstehen ist, erläutert das Gesetz zwar nicht. Nach dem Gesamtinhalt der einschlägigen Normen kann es sich jedoch nur um die Anträge handeln, die den Streitgegenstand bestimmen, also die auf die Regelung des materiellen Rechts gerichteten Hauptanträge des Klägers und - falls er mehr als die Klageabweisung beantragt - des Beklagten.

Daraus ergibt sich, daß der einfach Beigeladene dem Rechtsstreit keine vom Prozeßziel der Hauptbeteiligten abweichende Richtung geben darf[10]. Er kann die Klage weder erweitern noch abändern[11].

1.3.3. Die Rechte und Pflichten der notwendig Beigeladenen sind nur insoweit begrenzt, als dies der Dispositionsbefugnis der Hauptbeteiligten zuwiderlaufen würde. Insbesondere dürfen sie keine eigenen Ansprüche geltend machen, also keine Widerklage erheben. Dies gilt auch für nach § 75 Abs. 2 Alt 2 SGG beigeladene Leistungsträger[12]. Ihnen wird man allerdings - hilfsweise - die Aufrechnung und die Verrechnung (vgl. §§ 53, 52 SGB I) mit Gegenforderungen erlauben müssen. Die Zulassung einer Widerklage des Beklagten gegen den Beigeladenen geht dagegen über Sinn und Zweck des § 75 Abs. 5 SGG hinaus[13].

1.3.4. Umstritten ist, ob der Beigeladene zugleich Zeuge sein kann. Diese Frage ist vor allem für das sozialgerichtliche Verfahren von Bedeutung,

10 BSGE 8, 291, 293
11 vgl. OVG Koblenz DVBl 1952, 542: auch Zwischenfeststellungsklage des einfach Beigeladenen ist zulässig
12 BSG SozR 1500 § 75 Nr. 2
13 a.A. BSGE 17, 139, 143

weil hier - anders als nach § 96 VwGO und § 81 FGO - eine Beteiligtenvernehmung[14] nicht vorgesehen ist.

Nach wohl herrschender Meinung ist eine Zeugenvernehmung nicht zulässig[15].

Eine Mindermeinung[16] hält eine Zeugenvernehmung des einfach Beigeladenen für grundsätzlich statthaft, weil er nicht »Partei«, sondern eine Art Nebenintervenient sei.

Eine andere Meinung[17] hält bei jedem Beigeladenen eine Zeugenbefragung zu solchen Tatsachen für möglich, die nicht mit den durch § 75 SGG geschützten Interessen und Rechten zusammenhängen, sondern nur für die anderen Beteiligten maßgebend sind. Um welche Tatsachen es sich dabei handeln soll, bleibt allerdings unklar.

Aufgrund der hier zur Bestimmung der Beiladungsfälle vertretenen Zwei-Komponenten-Theorien schließen sich Beteiligteneigenschaft und Zeugeneigenschaft grundsätzlich gegenseitig aus. Wer wegen der unmittelbaren Gestaltungswirkungen des bevorstehenden Urteils auf seine Rechtssphäre oder deshalb am Rechtsstreit beteiligt ist, weil das Urteil möglicherweise zumindest unmittelbare Folgewirkungen für ihn hat, ist kein neutraler Zeuge. Die Bindungswirkung eines rechtskräftigen Urteils kann auch für ihn negative Folgen haben. Der Beigeladene kann daher im sozialgerichtlichen Verfahren nur angehört werden[18].

Dennoch gibt es eine Fallkonstellation, in der ein einfach oder notwendig Beigeladener auch Zeuge sein kann. Dies stellt allerdings keine Ausnahme zu den vorstehenden Grundsätzen dar, sondern ist eine logische Konsequenz der oben[19] vertretenen Auffassung, daß die Beiladung bei verschiedenen Streitgegenständen u.U. auf einen Teil des Streitstoffs beschränkt werden muß. Ist eine solche Beschränkung erfolgt, dann kann der Beigeladene bezüglich des Prozeßstoffs Zeuge sein, auf den sich die Beiladung nicht erstreckt.

1.3.5. Der Beigeladene hat nicht nur Rechte, ihn treffen auch die üblichen prozessualen Pflichten eines Beteiligten. Insbesondere kann nach § 111 SGG, § 95 VwGO bzw. § 80 FGO sein persönliches Erscheinen im Termin zur mündlichen Verhandlung angeordnet werden. Dies gilt auch, und gerade dann, wenn er sich zuvor am Verfahren nicht beteiligt hat. Er muß in der mündlichen Verhandlung allerdings weder einen förmlichen Antrag

14 vgl. dazu BVerwGE 3, 346; BVerwG DÖV 1980, 650; BVerwG NJW 1981, 1748

15 vgl. BSG Breith 1966, 656; Schäfer S. 107; Redeker/von Oertzen § 66 Rdn. 2; Peters/Sautter/Wolff § 75 Anm. 7a, § 118 Anm. 3b; Rohwer-Kahlmann § 75 Rdn. 126

16 Schreier S. 66; so letztlich wohl auch BFHE 96, 2

17 vgl. Meyer-Ladewig § 75 Rdn. 17 m.w.N.

18 vgl. BSG SozR Nr. 2 zu § 118 SGG

19 Kap. 5 Anm. 1.5.

stellen, noch muß er Angaben zur Sache machen, es sei denn, er ist zugleich auch Zeuge ohne Zeugnisverweigerungsrecht oder wird - soweit dies zulässig ist - als Partei vernommen.

1.3.6. Handelt es sich bei der Beigeladenen um eine Behörde, so besteht die Möglichkeit, daß diese während des Rechtsstreits einen den Streitgegenstand betreffenden Verwaltungsakt erläßt. Nach § 68 FGO kann seine Einbeziehung mit Zustimmung des Klägers erfolgen, wobei die Einzelheiten aber umstritten sind[20]. Die VwGO enthält keine entsprechende Regelung. Im sozialgerichtlichen Verfahren wird der neue Verwaltungsakt in analoger Anwendung des § 96 SGG automatisch Gegenstand des Rechtsstreits[21].

M.E. kann allerdings im sozialgerichtlichen Verfahren nach § 96 SGG ein Verwaltungsakt eines einfach beigeladenen Leistungsträgers nur dann Gegenstand des Verfahrens werden, wenn er den Streitgegenstand nicht verändert. Dies ergibt sich zwar nicht aus Sinn und Zweck des § 96 SGG, jedoch aus der ratio des insoweit spezielleren § 75 Abs. 4 SGG. Andernfalls könnte nämlich die gesetzliche Beschränkung der Antragsbefugnisse des einfach Beigeladenen durch den Erlaß eines Verwaltungsakts umgangen werden.

1.4. Die Beendigung des Rechtsstreits ohne gerichtliche Entscheidung

1.4.1. Wollen die Hauptbeteiligten den Rechtsstreit ohne eine Entscheidung des Gerichts beenden, haben sie nach SGG und VwGO im Grundsatz die selben Möglichkeiten. Als Erledigungsgründe in Betracht kommen insbesondere Klagerücknahme, Anerkenntnis, Erledigungserklärungen und Prozeßvergleich. Unterschiede zwischen den beiden Verfahrensordnungen liegen vor allem darin, daß im sozialgerichtlichen Verfahren das angenommene Anerkenntnis als solches den Rechtsstreit beendet, während die VwGO hierzu keine ausdrückliche Regelung enthält. Außerdem ist nach der VwGO ab einem bestimmten Verfahrensstadium die Klagerücknahme nicht mehr ohne Zustimmung des Beklagten und des Vertreters des öffentlichen Interesses möglich.

Im finanzgerichtlichen Verfahren ist die Rechtslage insoweit anders, als nach hM die Klaglosstellung des Klägers durch den Beklagten nicht als Anerkenntnis, sondern als Erledigung der Hauptsache angesehen und, was bedenklich erscheint, ein gerichtlicher Vergleich als unzulässig erachtet

20 vgl. Tipke/Kruse § 68 Rdn. 4, 7 ff. m.w.N.
21 vgl. BSG Nr. 23 zu § 96 SGG; BSGE 47, 168, 170

wird[22]. Auch werden Anerkenntnisurteile als mit dem Amtsermittlungsgrundsatz für nicht vereinbar angesehen[23].

1.4.2. Für die in den Verfahrensordnungen jeweils zugelassenen Beendigungsmöglichkeiten ohne Urteil ist umstritten, ob bzw. unter welchen Voraussetzungen sie nur mit Einverständnis des Beigeladenen wirksam sind.

1.4.2.1. Das Meinungsbild im Schrifttum reicht von der an Rechtsprechung und Gesetzgeber gerichteten Forderung, in allen Fällen die Zustimmung für erforderlich zu erklären[24], bis zur generellen Verneinung einer Einflußnahmemöglichkeit des Dritten[25].

Dazwischen gibt ein breit gefächertes Band differenzierender Meinungen[26].

1.4.2.2. In der obergerichtlichen Rechtsprechung bestand lange Zeit in der Grundtendenz Einigkeit dahingehend, daß mangels Dispositionsbefugnis über den Rechtsstreit kein Beigeladener die Hauptbeteiligten daran hindern könne, das Verfahren zu beenden. So hat das BVerwG[27] für die allgemeine Verwaltungsgerichtsbarkeit ausgesprochen, ein Verfahren sei nach übereinstimmenden Erledigungserklärungen der Hauptbeteiligten auch dann zu beenden, wenn der notwendig Beigeladene der Erledigung widerspreche. Auch ein ohne die Zustimmung des Beigeladenen abgeschlossener Vergleich wirke prozeßbeendigend, sachlich-rechtlich binde er allerdings den Dritten nicht[28]. Auch der BFH[29] hat der Dispositionsbefugnis der Hauptbeteiligten den Vorrang gegeben: Ebenso wie der Dritte seine Einbeziehung in den fremden Rechtsstreit hinnehmen müsse, könne er auch nichts gegen die Beendigung dieser Prozeßlage, z.B. durch Klagerücknahme, unternehmen. Das BSG[30] ist dieser Tendenz gefolgt und hat ausgeführt, ein vom Kläger angenommenes Anerkenntnis, eine Klagerücknahme oder ein Vergleich beende den Rechtsstreit auch dann, wenn der notwendig Beigeladene nicht zustimme. Die Herrschaft der Hauptbeteiligten über den Prozeß sei gegenüber dem Beigeladenen nur dann eingeschränkt, wenn beide

22 vgl. Gräber § 60 Rdn. 68, § 95 Rdn. 5 und § 76 Rdn. 5 m.w.N.
23 vgl. Bittner § 95 Rdn. 5; Gräber § 95 Rdn. 5 m.z.N.
24 z.B. Joeres S. 96 ff.
25 z.B. Ule § 44 II; Meyer-Ladewig § 75 Rdn. 17; Gräber § 60 Rdn. 65; Bley in SGB-SozVers-GK § 75 Anm. 15b; Peters/Sautter/Wolff § 75 Anm. 7a
26 vgl. z.B. Redeker/von Oertzen § 66 Rdn. 8 ff.
27 BVerwGE 30, 27
28 vgl. BVerwG Buchholz 310 Nr. 6
29 NJW 1970, 2263
30 SozR 1500 § 101 Nr. 5

ein Rechtsmittel eingelegt hätten. Dann bleibe das Rechtsmittel des Beigeladenen trotz der Rechtsmittelrücknahme des Hauptbeteiligten wirksam. Im übrigen sei die Unwirksamkeit eines gerichtlichen Vergleichs nicht schon dann anzunehmen, wenn es an einer Zustimmung des Dritten fehle, sondern nur dann, wenn er gegen ein gesetzliches Verbot verstoße[31].

In letzter Zeit ist das Bild der Rechtsprechung hinsichtlich des gerichtlichen Vergleichs nicht mehr so eindeutig. So hat das OVG Lüneburg[32], allerdings ohne sich mit der Problematik näher zu befassen, pauschal die Auffassung vertreten, ein Prozeßvergleich sei ohne die Zustimmung des notwendig Beigeladenen als Prozeßhandlung nicht wirksam. Belaste er den Dritten aber materiellrechtlich nicht, so sei er als außergerichtlicher Vergleich wirksam und führe zu einer Erledigung der Hauptsache. Das BVerwG[33] hat erklärt, § 58 Abs. 1 VwVfG sei auch auf den Prozeßvergleich anzuwenden, was jedoch nicht bedeute, daß immer eine Zustimmung des notwendig Beigeladenen erforderlich sei. Dies beurteile sich vielmehr nach materiellem Recht.

1.4.2.3. Auffallend ist bei den meisten Stellungnahmen zu dieser Problematik, daß auf die gesetzlichen Tatbestandsmerkmale der die einzelnen Prozeßhandlungen betreffenden Vorschriften nicht oder nur unzureichend eingegangen wird, obwohl sich hieraus Anhaltspunkte für die erforderliche Auslegung ergeben. Abgesehen von den Vorschriften über den Prozeßvergleich ist hierin nämlich nur vom Kläger und vom Beklagten die Rede, nicht auch vom Beigeladenen. Dies, obwohl der Gesetzgeber die Problematik der Zustimmungsbedürftigkeit durchaus erkannt hat, was sich daraus ableiten läßt, daß § 92 VwGO ab einem bestimmten Verfahrensstadium für eine wirksame Klagerücknahme zwar die Zustimmung des Vertreters des öffentlichen Interesses, nicht aber die des Beigeladenen verlangt.

1.4.2.4. Im sozialgerichtlichen Verfahren kann es aufgrund der vorstehend umschriebenen Gesetzeslage m.E. keinen Zweifel daran geben, daß Klagerücknahme, Anerkenntnis und Annahme, sowie die als eigenständige Erledigungsart anerkannten übereinstimmenden Erledigungserklärungen nicht der Zustimmung des Beigeladenen bedürfen. Belastet das Anerkenntnis des Beklagten den Dritten, muß er selbst seine Rechtsschutzmöglichkeiten ausschöpfen, wie dies auch dann der Fall gewesen wäre, wenn der Beklagte dem Begehren des Klägers schon im Verwaltungsverfahren stattgegeben hätte. Für die Beibehaltung dieses Rechtszustandes sprechen auch Zweck und Wesen der Beiladung. Sie erfolgt allein im Hinblick auf die bevorste-

31 BSG SozR 1500 § 101 Nr. 8
32 DVBl 1985, 1325
33 NJW 1988, 662

hende gerichtlichen Entscheidung und deren Wirkungen. Dagegen soll sie nicht die Rechtsschutzmöglichkeiten des Dritten gegenüber der Situation vor Erhebung der Klage verbessern.

1.4.2.5. Nur bezüglich der Rechtslage beim Prozeßvergleich erscheinen pauschale Antworten bedenklich. Der auf den ersten Blick bestechend wirkenden, vor allem von Redeker/von Oertzen[34], Joeres[35] und dem OVG Lüneburg[36] vertretenen These, im Fall der notwendigen Beiladung sei wegen der Notwendigkeit der einheitlichen Entscheidung ein Vergleich nur mit Zustimmung des Dritten wirksam, steht in dieser Absolutheit bei genauer Subsumtion schon der Wortlaut der §§ 101 SGG, 106 VwGO entgegen. Die Beigeladenen gehören zwar zu den Beteiligten im Sinne dieser Vorschriften, das Gesetz fordert jedoch nicht, daß an jedem Prozeßvergleich alle Beteiligten mitwirken müssen. Aus dem Tatbestandsmerkmal »soweit« ergibt sich außerdem eine eindeutige Einschränkung auch hinsichtlich der Zustimmungsbedürftigkeit. Das gilt auch dann, wenn man unter der Verfügungsmöglichkeit im Sinne dieser Vorschriften nicht die formelle Möglichkeit der Erteilung eines Verwaltungsakts, sondern die materiellrechtliche Befugnis zur Regelung bestimmter Rechtsfragen versteht. Dies zeigt, daß bei der Frage der Zustimmungsbedürftigkeit eines Prozeßvergleichs nicht dieselben Abgrenzungskriterien gelten können, wie bei der vorgelagerten - auf das Spektrum der möglichen gerichtlichen Entscheidungen bezogenen - Frage, ob die Beiladungsvoraussetzungen vorliegen. Selbst in Fällen der notwendigen Beiladung besteht deshalb keine generelle Zustimmungsbedürftigkeit.

Um die Fälle bestimmen zu können, in denen eine Zustimmung erforderlich ist, bedarf es zunächst einmal der Klärung von Rechtsnatur und Rechtsfolgen eines Prozeßvergleichs.

Dazu werden unterschiedliche Auffassungen vertreten, wobei sich drei Hauptrichtungen erkennen lassen, die Lehre von der prozeßrechtlichen Natur, die vom Doppeltatbestand und die von der Doppelnatur des Prozeßvergleichs.

Folgt man der Theorie von der prozessualen Natur[37], so beendet der Vergleich als Prozeßhandlung der »Parteien«, also der Hauptbeteiligten des sozialgerichtlichen Verfahrens, den Rechtsstreit, und zwar unabhängig von seiner materiellrechtlichen Wirksamkeit. Einer Zustimmung des Dritten bedarf es nicht.

34 aaO § 66 Rdn. 10
35 aaO S. 96 ff.
36 DVBl 1985, 1325
37 z.B. Hartmann in Baumbach/Lauterbach § 307 Anm. 2 A m.w.N.

Zum gleichen Ergebnis führt die Theorie vom Doppeltatbestand[38]. Sie geht zwar von einer äußeren, nicht aber einer inneren Verbindung der materiellrechtlichen und der prozessualen Seite des Vergleichs aus.

Nach der absolut herrschenden Theorie von der Doppelnatur des Prozeßvergleichs[39] sind beide Teile dagegen untrennbar miteinander verbunden. Dies hat zur Folge, daß die Unwirksamkeit des einen Teils auf den anderen Teil durchschlägt. Schließt man sich dieser Theorie an, wofür nicht zuletzt auch der Wortlaut der §§ 101 SGG, 106 VwGO spricht, so ergibt sich folgende Lösung: Der prozessuale Teil des Vergleichs ist aufgrund der allein bei den Hauptbeteiligten liegenden Dispositionsbefugnis über das Verfahren ohne Zustimmung des Dritten wirksam. Er muß nur den prozessualen Anforderungen, insbesondere an die Protokollierung entsprechen. Dagegen ist der materiellrechtliche Teil als öffentlich-rechtlicher Vertrag ohne Zustimmung des Dritten gemäß § 57 SGB X bzw. § 58 VwVfG nur dann wirksam, wenn er nicht in dessen Rechte eingreift, ihn also nicht belastet. Unwirksam ist er außerdem, wenn ein anderer Nichtigkeitsgrund vorliegt (vgl. § 58 SGB X, § 59 VwVfG). Fehlt es an der Zustimmung des Dritten, schlägt die Unwirksamkeit auf den prozessualen Teil der Vereinbarung durch, mit der Konsequenz, daß der Rechtsstreit durch den Vergleich nicht beendet ist[40].

Der Auffassung des OVG Lüneburg in dem oben erwähnten Urteil kann daher nicht gefolgt werden. Ist der materiellrechtliche Teil des Prozeßvergleichs unwirksam, so kann die Vereinbarung auch als außergerichtlicher Vergleich keinen Bestand haben. Ist die materiellrechtliche Seite aber wirksam, so kann sich hieraus kein Grund für eine Unwirksamkeit des prozessualen Teils ergeben.

Berücksichtigt man ferner, daß das gegenseitige Nachgeben materiellrechtlicher und prozessualer Natur sein kann, ein Prozeßvergleich also nicht zwingend voraussetzt, daß der gesamte Streitgegenstand endgültig geregelt wird[41], so lassen sich folgende Schlußfolgerungen ziehen:

Beinhaltet der Vergleich nur einen Verzicht auf die weitere Durchführung des gerichtlichen Verfahrens, etwa weil die Hauptbeteiligten noch das Eintreten bestimmter Umstände (z.B. den Ausgang eines Parallelverfahrens) abwarten oder die Sache einer Schiedsstelle vorlegen wollen, so wird der Dritte, selbst wenn er notwendigerweise beizuladen war, dadurch ma-

38 vgl. dazu Dieckmann S. 343 ff.
39 z.B. BSG SozR 1500 § 101 Nr. 8; BVerwGE 28, 332, 334; Kummer DAngVers 1983, 31, 34; Kopp § 106 Rdn. 5 m.w.N.
40 vgl. Atzler DVBl 1986, 1214
41 vgl. BSG SozR 1500 § 101 Nr. 8; Eyermann/Fröhler § 106 Anm. 1; Meyer-Ladewig § 101 Rdn. 4 m.w.N.

teriellrechtlich nicht belastet. Deshalb bedarf ein solcher Vergleich nicht seiner Zustimmung[42].

Nichts anderes kann im Ergebnis gelten, wenn die Hauptbeteiligten in Annäherung ihrer Standpunkte untereinander materiellrechtliche Einigung erzielt haben, dies als Ergebnis des Rechtsstreits für ausreichend erachten und den Vertrag vorbehaltlich einer späteren Zustimmung des Dritten schließen. Wie jedes andere öffentlich-rechtliche Rechtsgeschäft darf auch ein Prozeßvergleich unter einer Bedingung abgeschlossen werden[43]. So wie der notwendig Beigeladene ein Anerkenntnis des Beklagten nicht verhindern kann, ist es ihm auch verwehrt - arg. a maiore ad minus- ein »Teilanerkenntnis« im Sinne eines Vergleichs zu blockieren.

Der Umstand, daß Prozeßhandlungen grundsätzlich bedingungsfeindlich sind, ändert daran nichts. Der beschriebene Vergleichsinhalt enthält nämlich in seinem prozessualen, auf Beendigung des Rechtsstreits gerichteten Teil unbedingte Willenserklärungen.

Die Grenze des Zulässigen überschritten ist dagegen, wenn sich die beklagte Behörde in einem Vergleich vorbehaltlos zu einem Verhalten verpflichtet, das materiellrechtlich den Dritten belastet, wie z.B. die Vereinbarung, die Hinterbliebenenrente des Dritten zu kürzen, damit sich diejenige des Klägers erhöht. Genausowenig wäre ein Vergleich wirksam, in dem die Hauptbeteiligten sich dahingehend einigen, daß der Dritte die streitige Leistung erbringen muß. Alle vorbehaltlos geschlossenen Verträge zu Lasten Dritter sind ohne dessen Zustimmung unwirksam.

1.4.2.6. Bezüglich des verwaltungsgerichtlichen Verfahrens gelten nicht nur die vorstehenden Ausführungen zum Prozeßvergleich entsprechend, sondern auch die zu den anderen Erledigungsarten getroffenen Feststellungen. Dies gilt auch für das Anerkenntnis, sofern man darin einen Verwaltungsakt sieht, der zur Erledigung des Rechtsstreits führt. Soll dagegen ein Anerkenntnisurteil erfolgen, muß, was auch für das sozialgerichtliche Verfahren gelten würde, der dadurch belastete Dritte zustimmen, denn in diesem Fall wird er in die Bindungswirkung der prozeßbeendigenden Maßnahme derart einbezogen, daß er andernfalls keine effektiven eigenen Rechtsschutzmöglichkeiten mehr hätte.

Bei den nach der FGO anerkannten Erledigungsgründen ohne Urteil gilt im Ergebnis dasselbe.

42 vgl. BSG SozR 1500 § 101 Nr. 8; BVerwG NJW 1988, 662 f

43 vgl. Engelmann in Schroeder-Printzen § 57 Anm. 2; BGH NJW 1978, 1262, wonach sich ein Verbot zum Abschluß eines Verpflichtungsgeschäfts nicht ohne weiteres daraus ableiten läßt, daß die Erfüllung der eingegangenen Verpflichtung der vorherigen Zustimmung oder der Genehmigung eines anderen bedarf.

1.5. Die Beendigung des Rechtsstreits durch streitige Entscheidung des Gerichts

1.5.1. Wird die Entscheidung des Gerichts, in der Regel also das Urteil, rechtskräftig, sind alle Beteiligten des Rechtsstreits daran gebunden (§ 141 SGG, § 121 VwGO, § 110 FGO). Nach § 121 Nr. 2 VwGO tritt die Bindungswirkung im Falle des § 65 Abs. 3 VwGO (= sog. Massenbeiladung) auch gegenüber den Personen ein, die einen Antrag auf Beiladung nicht oder nicht fristgerecht gestellt haben[44]. Nach § 110 FGO gilt dasselbe gegenüber den nach § 48 Abs. 1 Nr. 3 FGO nicht klagebefugten Gesellschaftern und Gemeinschaftern. Die gegenüber einer Finanzbehörde ergangene Entscheidung bindet zugleich auch die Körperschaft, der sie angehört.

1.5.2. Die materielle Rechtskraft setzt dann ein, wenn das Urteil formell rechtskräftig ist, also sobald die Anfechtungsfristen abgelaufen sind. Sie hat zur Folge, daß grundsätzlich keine neue Entscheidung über denselben Streitgegenstand mehr möglich ist. Eine dennoch erhobene zweite Klage ist unzulässig.

Davon gibt es allerdings eine Reihe von Ausnahmen. Insbesondere kommt eine erneute Sachentscheidung unter den Voraussetzungen der Vorschriften über Rücknahme und Widerruf von Verwaltungsakten in Betracht (z.B. §§ 44 ff. SGB X, §§ 48 ff. VwVfG, §§ 130 ff. AO). Gerade im sozialgerichtlichen Verfahren wird die Bedeutung der materiellen Rechtskraft von Urteilen dadurch in erheblichem Umfang eingeschränkt.

1.5.3. Die Rechtskraftwirkung bezieht sich grundsätzlich nur auf die Urteilsformel[45].

Streitig ist, ob das Urteil gegenüber dem einfach Beigeladenen darüberhinaus auch hinsichtlich der tatsächlichen Feststellungen und der Rechtsauffassungen des Gerichts zu einzelnen Fragen bindende Wirkung hat. Insbesondere Martens[46] und Grunsky[47] bejahen eine solche, der Interventionswirkung des § 68 ZPO ähnliche Rechtsfolge. Dem kann jedoch nicht zugestimmt werden[48]. Zum einen sind die §§ 62 ff. ZPO wegen des abschließenden Charakters der Beiladungsvorschriften nicht analog anwendbar; zum anderen kann die Bindungswirkung beim einfach Beigeladenen auch wegen seiner im Vergleich zum notwendig Beigeladenen geringeren

44 so nun auch § 110 Abs. 1 Nr. 3 FGO, vgl. dazu auch unten Kap. 12

45 allgem. Meinung, vgl. z.B. BSGE 39, 14, 18; BVerwGE 70, 159, 161; BGHZ 34, 337, 339; Gräber § 110 Rdn. 14 m.w.N.

46 aaO S. 59

47 aaO § 30 I 2

48 ebenso Bettermann ZZP 1977, 121, 128; Stahl S. 124

Einflußmöglichkeiten auf den Gang des Verfahrens nicht weiter reichen als bei diesem.

1.5.4. Grundsätzlich kann der Beigeladene nicht an Stelle des Beklagten verurteilt werden.

Wie bereits oben (Kap. 9) dargelegt, gilt etwas anderes nur in den Fällen des § 75 Abs. 5 SGG. Hat der beigeladene Leistungsträger bereits vorläufige Leistungen erbracht, so ist § 75 Abs. 5 SGG auch in der Weise anwendbar, daß im Urteil seine endgültige Leistungspflicht festgestellt wird[49].

Schwierigkeiten bereitet die Festlegung der Voraussetzungen, unter denen eine Verurteilung erfolgen darf. Vor allem erscheint fraglich, ob der Beigeladene auch ohne einen entsprechenden, hilfsweise gestellten Antrag des Klägers verurteilt werden kann.

Das BSG[50] geht davon aus, daß der Kläger immer in erster Linie die Verurteilung des Beklagten und zugleich hilfsweise die des beigeladenen Leistungsträgers begehre. Eine Verurteilungsmöglichkeit nach § 75 Abs. 5 SGG bestehe außerdem auch dann noch, wenn der Kläger seinen Antrag gegenüber dem Beklagten nicht mehr aufrecht erhalte und nur noch die Verurteilung des Beigeladenen fordere[51]. Nur gegen den ausdrücklichen Willen des Klägers dürfe ein Beigeladener nicht verurteilt werden[52].

Dieser Auffassung kann nicht uneingeschränkt zugestimmt werden. Der Amtsermittlungsgrundsatz gilt nur innerhalb der durch die Antragstellung festgelegten Grenzen. Das Gericht hat darauf hinzuwirken, daß sachdienliche Anträge gestellt werden. Deshalb muß es dafür sorgen, daß der Kläger sein Klagebegehren möglichst klar zum Ausdruck bringt. Eine solche Antragstellung kann von einem mündigen Bürger nach entsprechenden Hinweisen des Gerichts auch verlangt werden, zumal es auf eine bestimmte Formulierung dabei nicht ankommt (vgl. § 123 SGG). Eine Unterstellung, der Kläger begehrte immer auch die subsidiäre Verurteilung des beigeladenen Leistungsträgers ist außerdem schon deshalb nicht gerechtfertigt, weil durchaus Situationen denkbar sind, in denen der Kläger dies wirklich nicht will, z.B. weil ihm sonst gegenüber dem Beigeladenen Anwartschaften verlorengehen oder nachteilige Auswirkungen auf Bemessungsgrundlagen für künftige Ansprüche eintreten können.

Weil die Möglichkeit der Verurteilung des beigeladenen Leistungsträgers nach der gesetzlichen Systematik subsidiär ist, kommt hinzu, daß der Kläger seinen Antrag gegenüber dem Beklagten formal auch dann aufrechterhalten muß, wenn er während des Verfahrens zu der Auffassung gelangt, allein der Beigeladene komme als leistungspflichtig in Betracht. Die

49 vgl. BSG SozR 2200 § 1241b Nr. 2
50 SozR 1500 § 168 Nr. 3
51 BSG SGb 1966, 150
52 BSGE 9, 67; 15, 197, 202

Nichtaufrechterhaltung des Klageantrages gegen den Beklagten erledigt den Rechtsstreit, denn der Beigeladene rückt auch in den Fällen des § 75 Abs. 5 SGG nicht neben den Beklagten oder an dessen Stelle. Eine solche Antragstellung ist dem Kläger auch ohne weiteres möglich, denn ihm entstehen dadurch keine Nachteile, auch nicht in kostenrechtlicher Hinsicht (vgl. § 193 Abs. 4 SGG).

Inhaltlich beschränkt wird - wie bereits in Kap. 9 dargelegt - die Verurteilungsmöglichkeit nicht nur durch den Wortlaut des § 75 Abs. 5 SGG, sondern auch durch § 51 SGG. Der Beigeladene kann deshalb nicht zu einer Leistung verurteilt werden, für deren Geltendmachung der Sozialrechtsweg nicht eröffnet ist. Das gilt z.B. für Ansprüche auf Zahlung von Schadensersatz wegen Amtspflichtverletzung (vgl. § 40 Abs. 2 VwGO). Auch kann ein Träger der Kriegsopferversorgung nicht zur Erbringung von Leistungen der Kriegsopferfürsorge verurteilt werden (vgl. § 51 Abs. 2 SGG). Schließlich kann auch ein Sozialhilfeträger nicht nach § 75 Abs. 2, 5 SGG beigeladen und verurteilt werden, obwohl wegen des grundsätzlichen Nachrangs der Sozialhilfe (vgl. § 2 BSGH) häufig eine subsidiäre Verurteilung in Betracht käme. Die Rechtswegaufspaltung in Angelegenheiten des Sozialgesetzbuches hat gerade hier besonders negative Auswirkungen für den Bürger. Diese Beispiele sprechen für die Richtigkeit der bereits in Kap. 9 aufgestellten Forderung, der Gesetzgeber solle, wenn er sich schon nicht entschließen kann, die Zuständigkeit der Sozialgerichtsbarkeit auf alle Streitigkeiten nach dem SGB zu erweitern, wenigstens die §§ 51 und 75 SGG im Sinne einer zusätzlichen Zuständigkeit der Sozialgerichtsbarkeit ergänzen[53].

1.5.5. Am Ende eines Rechtsstreits ist zu entscheiden, wer die dem Beigeladenen entstandenen Kosten zu tragen hat, bzw. ob der Beigeladene selbst mit Kosten des Rechtsstreits zu belasten ist.

Auf die z.T. erheblichen Unterschiede der Kostenregelungen der drei Prozeßordnungen kann hier nicht im Detail eingegangen werden. Die grundlegenden Unterschiede liegen vor allem darin, daß sich nach der VwGO und der FGO die Kostenentscheidung grundsätzlich am Ausgang des Verfahrens zu orientieren hat (§§ 154 VwGO, 135 FGO), während die Gerichte der Sozialgerichtsbarkeit im Rahmen eines ihnen gesetzlich eingeräumten Ermessensspielraums auch auf andere, z.B. soziale Gesichtspunkte abstellen können (§ 193 SGG). Hinzu kommt, daß das sozialgerichtliche Verfahren für den Bürger gerichtskostenfrei ist (§ 183 SGG).

53 vgl. zum Problem auch Krasney SGb 1973, 79 f; Prögler S. 19 ff. unter Hinweis auf Forderungen Reiters

Über die außergerichtlichen Kosten des Beigeladenen müssen die Gerichte der drei Gerichtsbarkeiten immer eine Grundentscheidung treffen. Geschieht dies nicht, ist die Entscheidung auf Antrag zu ergänzen[54].

Erstattungsfähig sind die außergerichtlichen Kosten des Beigeladenen nach § 162 Abs. 3 VwGO und § 139 Abs. 4 FGO (das SGG kennt keine entsprechende Vorschrift) allerdings nur dann, wenn das Gericht sie aus Gründen der Billigkeit dem unterlegenen Beteiligten oder der Staatskasse auferlegt. Die Einzelheiten hierzu sind umstritten[55]. Nicht erstattungsfähig sind im sozialgerichtlichen und finanzgerichtlichen Verfahren die Kosten einer beigeladenen Behörde (§ 139 Abs. 2 FGO, § 193 Abs. 4 SGG; anders § 162 VwGO).

Kosten aufzuerlegen sind dem Beigeladenen nach den ausdrücklichen Regelungen des § 154 Abs. 3 VwGO und des § 135 Abs. 3 FGO nur dann, wenn er Sachanträge gestellt oder ein Rechtsmittel eingelegt hat und damit nicht erfolgreich war. Für das sozialgerichtliche Verfahren ist dagegen in Ermangelung entsprechender gesetzlicher Vorgaben anerkannt, daß es weder für die Kostenbelastung noch für die Kostenentlastung nur darauf ankommt, ob der Beigeladene erfolgreich Sachanträge gestellt hat[56]. Dieser Gesichtspunkt ist nur einer von vielen bei der Kostenentscheidung zu berücksichtigenden Umstände.

1.6. Die Rechtsmitteleinlegung

Die drei Verfahrensordnungen enthalten unterschiedlich gestaltete Rechtsmittelsysteme. Der augenfälligste Unterschied liegt darin, daß die Finanzgerichtsbarkeit, im Gegensatz zu den beiden anderen Gerichtsbarkeiten, zweistufig aufgebaut ist. Es gibt kein Berufungsverfahren.

Die Rechtsmittelbefugnis wird in den maßgebenden Vorschriften (vgl. §§ 143 ff. SGG, 124 ff. VwGO und 115 ff. FGO) auch den Beigeladenen gegeben, und zwar unabhängig von der Mitwirkung der Hauptbeteiligten. Dabei wird nicht zwischen einfach und notwendig Beigeladenen unterschieden.

Ein Rechtsmittel ist nach allgemeinen Grundsätzen jedoch u.a. nur dann zulässig, wenn die angefochtene Entscheidung den Rechtsmittelführer beschwert, denn sonst fehlt es am erforderlichen Rechtsschutzinteresse[57]. Darüber, wie das Vorliegen einer Beschwer festzustellen ist, bestehen un-

54 s. § 140 SGG, § 120 VwGO, § 109 FGO; vgl. dazu BFH NJW 1968, 256; Kopp § 162 Rdn. 21, 22

55 vgl. Kopp § 162 Rdn. 21 ff. und Tipke/Kruse § 139 Rdn. 48 jeweils m.w.N.

56 vgl. Meyer-Ladewig § 193 Rdn. 11 m.w.N.

57 vgl. BFHE 120, 348; Meyer-Ladewig Vor § 51 Rdn. 16

terschiedliche Auffassungen[58]. Dabei wird zwischen formeller und materieller Beschwer unterschieden. Die Rechtsprechung verlangt beim Kläger grundsätzlich eine formelle Beschwer, also ein Abweichen der Entscheidung von seinem Klageantrag, während es beim Beklagten auf das Vorliegen einer materiellen Beschwer ankommen soll. Da der Beigeladene nicht verpflichtet ist, einen Sachantrag zu stellen, wird auch bei ihm auf den Gesichtspunkt der materiellen Beschwer abgestellt[59].

Somit kann der Beigeladene dann ein Rechtsmittel einlegen, wenn das Urteil für ihn »ungünstig« ist. In den Fällen, in denen er tatsächlich einen Sachantrag gestellt hat, wird man allerdings zusätzlich verlangen müssen, daß das Urteil hiervon zu seinem Nachteil abweicht. Wichtig ist schließlich noch, daß der Beigeladene behaupten können muß, durch die vom Tenor ausgehenden Entscheidungswirkungen in eigenen subjektiven Rechten verletzt zu sein. Rügt er die Verletzung von Rechten eines anderen Verfahrensbeteiligten, ist sein Rechtsmittel unzulässig[60].

Vor diesem Hintergrund drängt sich die Frage auf, ob beim einfach Beigeladenen überhaupt eine »Beschwer« im Sinne der Rechtsmittelvorschriften vorliegen kann, und wenn ja, ob ein solches Rechtsmittel jemals begründet sein kann. Dies wird nicht einheitlich beurteilt.

Nach der h.M. zum sozialgerichtlichen Verfahren wäre der Rechtsschutz des einfach Beigeladenen unvollkommen, wenn er zwar nicht seine Beiladung verhindern, gegen ein ihn bindendes Urteil aber nichts unternehmen könnte[61].

Nach einer anderen Meinung reicht allein die Bindungswirkung nicht zur Annahme einer Beschwer aus[62].

Der BFH hat ausgeführt, beim einfach Beigeladenen sei die Beschwer dann gegeben, wenn er durch das Urteil in seinen rechtlichen Interessen berührt werde; eine konkrete Rechtsverletzung sei nicht erforderlich[63]. Das BVerwG stimmt dem im Ergebnis zu, wenn auch mit teilweise nicht ganz klarer Abgrenzung zwischen der Beschwer als Zulässigkeitsvoraussetzung eines Rechtsmittels und dem tatsächlichen Vorliegen einer Rechtsverletzung als Voraussetzung der Begründetheit einer Klage bzw. eines Rechtsmittels[64].

58 vgl. Gräber Vor § 115 Rdn. 12-15; Albers in Baumbach/Lauterbach Vor § 511 Anm. 3
59 vgl. Meyer-Ladewig Vor § 143 Rdn. 8 m.w.N.
60 vgl. BSGE 35, 231; BFH BStBl 1984, 348; a.A. Bettermann DVBl 1951, 40
61 vgl. BSGE 8, 291, 293; 45, 47; BSG GS SozR 1500 § 161 Nr. 1; Udsching in Hdb SGV V Rdn. 23
62 vgl. Meyer-Ladewig § 143 Rdn. 8; so auch BVerwGE 31, 233
63 BFHE 131, 429, 432
64 vgl. BVerwGE 47, 19, 21; 54, 328, 332; 64, 67 und 77, 102, 105

Joeres[65] kommt zu der auf den ersten Blick beeindruckenden Feststellung, ein begründetes Rechtsmittel eines einfach Beigeladenen sei schon begrifflich ausgeschlossen. Denn wenn das Rechtsmittel begründet sei, und damit feststehe, daß der Beigeladene durch die gerichtliche Entscheidung in eigenen Rechten verletzt werde, liege tatsächlich nicht die Situation der einfachen, sondern die der notwendigen Beiladung vor.

Bei genauerem Hinsehen und auf der Grundlage der in der oben (Kap. 7 und 8) zur Bestimmung der Beiladungsvoraussetzungen herausgearbeiteten Zwei-Komponenten-Theorien in Verbindung mit den dargestellten allgemeinen Grundsätzen der Beschwer als Voraussetzung der Zulässigkeit eines Rechtsmittels, kann dem aber nicht zugestimmt werden. Zunächst läßt sich zwar sagen, daß das Rechtsmittel eines wegen wirtschaftlicher, ideeller oder sonstiger nicht rechtlicher Interessen Beigeladenen grundsätzlich unzulässig ist[66]. Begründet i.S. der Notwendigkeit einer Abänderung des angefochtenen Urteils kann es jedenfalls nicht sein, weil keine eigenen Rechte des Dritten in Rede stehen.

Beruht die einfache Beiladung dagegen auf dem Berührtwerden rechtlicher Interessen, so ist das Rechtsmittel des einfach Beigeladenen immer dann zulässig, wenn die Entscheidung des Gerichts für ihn aufgrund ihrer unmittelbaren Folgewirkungen ungünstig ist, sich also für ihn nachteilig auswirkt. Dies kann insbesondere dadurch der Fall sein, daß sie ein nachfolgendes eigenes Verfahren des Dritten präjudiziert, indem sie dem Beigeladenen durch die eingetretene Bindungswirkung bestimmte Einwände von vornherein abschneidet. Die zur Begründetheit eines solchen Rechtsmittels erforderliche Rechtsverletzung (analog § 113 VwGO, 54 Abs. 2 SGG, 100 FGO) liegt dann darin, daß bei objektiver Fehlerhaftigkeit des erstinstanzlichen Urteils, dem Dritten diese Verteidigungsmöglichkeit zu Unrecht genommen würde[67].

Zusammenfassend läßt sich somit sagen: Auch die Rechtsmittel einfach Beigeladener können zulässig und begründet sein. Die These, einfache Beiladung und Rechtsmittelbefugnis schlössen sich begriffsnotwendig aus, beruht auf einer nicht genügenden Unterscheidung der Voraussetzungen der einfachen Beiladung einerseits und ihrer Wirkungen andererseits. Erst die Wirkungen der Beiladung sind es nämlich, die in den genannten Fällen den Dritten in die Urteilswirkungen einbeziehen. So wie beim Vorliegen der Voraussetzungen einer notwendigen Beiladung die Beteiligung des Dritten am Verfahren aus rechtsstaatlichen Gründen geboten ist, so ist in den Fällen der einfachen Beiladung wegen der Wirkungen der erfolgten Beiladung die Einräumung einer Rechtsmittelbefugnis erforderlich. Dies

65 aaO S. 120 ff.
66 im Ergebnis a.A. BSGE 56, 47; BSG SozR 1500 § 161 SGG Nr. 1
67 im Ergebnis ebenso BVerwGE 64, 67

macht aber aus den Fällen einfacher Beiladung keine Fälle der notwendigen Beiladung.

Die Frage, ob im sozialgerichtlichen und im verwaltungsgerichtlichen Verfahren die Einlegung einer Sprungrevision der Zustimmung des Beigeladenen bedarf, ist nach längerem Streit vom GemS OGB[68] verneint worden. Der Beigeladene kann einer solchen Entwicklung aber zuvorkommen, indem er Berufung einlegt[69].

1.7. Der Wegfall der Rechtsfähigkeit

Beim Tod des Beigeladenen tritt keine Unterbrechung des Rechtsstreits ein. Zwar ist § 239 ZPO in den drei Verfahrensordnungen grundsätzlich entsprechend anwendbar, jedoch nur beim Tod der eigentlichen »Parteien«, also der Hauptbeteiligten[70]. Der Tod eines einfach Beigeladenen soll auch keinen Aussetzungsantrag entsprechend § 246 ZPO rechtfertigen[71].

Dem Tod einer natürlichen Person steht die Auflösung einer beigeladenen juristischen Person gleich. Allerdings wird eine Gesellschaft trotz Einstellung des Geschäftsbetriebs und Löschung im Handelsregister noch so lange als beteiligtenfähig angesehen, wie sie noch Pflichten zu erfüllen hat und gegen sie gerichtete Bescheide Gegenstand des Rechtsstreits sind[72]. Dagegen kommt eine Beiladung einer bereits aufgelösten Gesellschaft nicht mehr in Betracht[73].

Ein Rechtsnachfolger rückt nach der vorgenannten Rechtsprechung nicht ohne weiteres in die prozessuale Stellung des verstorbenen Beigeladenen nach[74]. Beim Tod des notwendig Beigeladenen muß das Gericht prüfen, ob die Beiladungsvoraussetzungen auch für den Rechtsnachfolger vorliegen[75]. Ist dies der Fall, muß es einen Beiladungsbeschluß erlassen. Der Eintritt der Rechtsnachfolge in der Revisionsinstanz hatte deshalb in der Vergangenheit regelmäßig die Konsequenz der Zurückverweisung der Sache an die Tatsacheninstanz[76].

68 SozR 1500 § 161 SGG Nr. 18
69 so BVerwGE 14, 298, 301
70 vgl. BSG SozR 1750 § 239 ZPO Nrn. 1, 2; BSGE 61, 100, 101; Kopp § 94 Rdn. 1; Gräber Vor § 74 Rdn. 1; a.A. May S. 428
71 vgl. BVerwGE 39, 135, 137
72 vgl. Gräber § 57 Rdn. 24 m.z.N. zur Rechtsprechung des BFH
73 vgl. BFHE 108, 111 f
74 a.A. May S. 428
75 BSG SozSich 1991, 27
76 § 142 VwGO und die Neufassung des § 168 SGG versuchen nun auf unterschiedliche Weise, auch in der Revisionsinstanz Beiladungsmöglichkeiten zu eröffnen, vgl. dazu auch unten Kap. 12

1.8. Rechtsfolgen einer zu Unrecht erfolgten Beiladung

Die Frage, ob eine zu Unrecht erfolgte oder aufrecht erhaltene Beiladung in jedem Verfahrensstadium aufgehoben werden kann, wird in der Rechtsprechung der obersten Bundesgerichte nicht einheitlich beantwortet. M.E. ist eine Aufhebung in der Berufungs- oder Revisionsinstanz gegen den Willen der Beteiligten nicht mehr zulässig. Wegen der Einzelheiten hierzu wird auf die ausführlichen Darlegungen in Kap. 5 Anm. 1.7. verwiesen.

Geht man davon aus, daß der Beiladungsbeschluß in der nächsten Instanz grundsätzlich nicht mehr aufgehoben werden kann, sollte dessen mögliche Fehlerhaftigkeit auch nicht mehr als Verfahrensfehler geltend gemacht werden können[77]. Allerdings kann die zu Unrecht erfolgte Beiladung in ihren Folgewirkungen doch noch zur Annahme eines Verfahrensfehlers führen, auf dem das vorinstanzliche Urteil auch beruhen kann. Dies ist vor allem dann der Fall, wenn das Tatsachengericht den Dritten, wäre er nicht beigeladen gewesen, als Zeugen hätte vernehmen müssen. Dann hat es infolge der fehlerhaften Beiladung nicht alle objektiv zur Verfügung stehenden Beweismittel ausgeschöpft. Ein solcher Verfahrensfehler führt - jedenfalls im Revisionsverfahren - zur Zurückverweisung der Sache an die Vorinstanz.

1.9. Rechtsfolgen einer zu Unrecht unterbliebenen Beiladung

1.9.1. In der gerichtlichen Praxis werden viele Verfahrensrügen auf den Gesichtspunkt einer unterbliebenen Drittbeteiligung gestützt. Ob bzw. unter welchen Voraussetzungen ein Verfahrensfehler in diesen Fällen tatsächlich gegeben ist, scheint nicht mit der erforderlichen Eindeutigkeit geklärt. Einigkeit besteht allerdings insoweit, daß man auch hierzu keine pauschalen Aussagen machen kann, sondern zwischen den einzelnen Beiladungsarten unterscheiden muß.

Unstreitig liegt ein Verfahrensfehler dann vor, wenn eine von der Bundesrepublik Deutschland nach § 75 Abs. 1 S. 2 SGG beantragte oder eine nach § 75 Abs. 2 SGG, § 65 Abs. 2 VwGO bzw. § 60 Abs. 3 FGO notwendige Beiladung unterblieben ist[78].

Unterbleibt eine einfache Beiladung trotz Vorliegens der Voraussetzungen von § 75 Abs. 1 S. 1 SGG, § 65 Abs. 1 VwGO oder § 60 Abs. 1 FGO, so wird darin nach wohl h.M. kein Verfahrensfehler gesehen. Das BVerwG hat hierzu kurz und knapp ausgeführt, da die Beiladung im Ermessen des

77 vgl. zum revisionsgerichtlichen Verfahren May S. 426 ff.

78 vgl. BVerwGE 37, 116 f; BSGE 13, 220; BFH BStBl III 1966, 423

Gerichts stehe, könne ihr Unterlassen kein Verfahrensfehler sein[79]; dies sei selbst dann der Fall, wenn die Drittbeteiligung aus objektiver Sicht wünschenswert gewesen wäre[80]. Das BSG hat entschieden, in dem Verzicht, jemanden beizuladen, könne ein Verfahrensmangel im Sinne der revisionsrechtlichen Vorschriften nur liegen, wenn die Beteiligung nach § 75 Abs. 2 SGG notwendig gewesen wäre[81].

Im Schrifttum wird die Frage häufig indirekt dadurch beantwortet, daß nur das Unterlassen einer notwendigen Beiladung als Verfahrensfehler eingestuft wird[82]. Ausdrücklich dieser Meinung sind beispielsweise Kopp[83], Hofmann/Schroeter[84] und Peters/Sautter/Wolff[85]. Konkreter Hintergrund dieser Auffassung scheint die amtliche Begründung zur VwGO zu sein[86], in der es heißt, mit dem Rechtsinstitut der einfachen Beiladung solle »kein Herd für prozessuale Mängel geschaffen« werden.

Demgegenüber meinen Redeker/von Oertzen[87], jedenfalls eine grob ermessensfehlerhafte Ablehnung eines Beiladungsantrages könne in Ausnahmefällen ein Verfahrensfehler im Sinne der revisionsrechtlichen Vorschriften sein[88]. Die gleiche Auffassung vertreten Hennig/Danckwerts/König[89] zudem für den Fall, daß ein Beiladungsantrag nicht beschieden worden ist.

Definiert man den Begriff des Verfahrensmangels als Verstoß gegen eine Vorschrift des Prozeßrechts, so kann der zuletzt genannten Meinung im Grundsatz zugestimmt werden. Dies gilt ohne Einschränkung für den Fall der Nichtentscheidung über einen Beiladungsantrag. Dagegen wird das Vorliegen eines Ermessensfehlers in einem ablehnenden Beschluß nur in extremen Ausnahmefällen anzunehmen sein. Insbesondere kann bei der Prüfung auf Ermessensfehler nicht die zur Überprüfung von Verwaltungsermessensentscheidungen entwickelte Fehlerlehre[90] herangezogen werden. Während es sich dort um Fragen der Auslegung materiellen Rechts handelt, geht es hier um ein prozessuales Handlungsermessen mit einem vom Gesetzgeber absichtlich weit gehaltenen Freiraum. Auch wird es den Fall der

79 BVerwGE 37, 116
80 BVerwG NJW 1975, 69 f.
81 HV-Info 1989, 2058; vgl. auch BSG SozR 4100 § 141n Nr. 1: kein Verfahrensfehler, der von Amts wegen zu berücksichtigen ist
82 z.B. Udsching in Hdb SGV VII Rdn. 80
83 § 65 Rdn. 42: nie
84 § 75 Anm. 8: Unterlassung in Bezug auf Rechtsmittel bedeutungslos
85 § 75 Anm. 6a: auch nicht bei Ermessensfehlern
86 BT-Drucks. I/4278 S. 40
87 § 65 Rdn. 21
88 ähnlich Haueisen S. 1860 ff. und wohl auch May S. 426 ff.; LSG Schleswig-Holstein Sozialrechtliche Entscheidungssammlung 1/4 § 75 Nr. 11
89 § 75 Anm. 7
90 vgl. dazu Meyer-Ladewig § 54 Rdn. 25 ff.

Ermessensreduzierung auf Null kaum geben, weil schon der Gesetzgeber selbst in entsprechenden Fällen die Beiladung für notwendig erklärt hat. Somit verbleibt als einzig möglicher Fall eines Verfahrensfehlers in einer ablehnenden Entscheidung, daß sie - was aber kaum vorkommen dürfte - auf absolut sachwidrige Erwägungen gestützt ist.

1.9.2. Von der Frage, ob eine unterlassene Beiladung einen Verfahrensmangel darstellt zu unterscheiden ist die Frage, zu welchen Konsequenzen das Vorliegen eines solchen Fehlers führt.

1.9.2.1 Bei der echten und der unechten notwendigen Beiladung ist zu beachten, daß auch ihr Unterlassen keinen absoluten Revisionsgrund darstellt und daß mit - Ausnahme des § 150 Nr. 2 SGG[91] - alle einschlägigen Vorschriften (vgl. § 160 Abs. 2 SGG; § 131 Abs. 3 Nr. 3 und § 132 Abs. 2 Nr. 3 VwGO sowie § 115 Abs. 2 Nr. 3 FGO) nicht nur voraussetzen, daß der Vorinstanz ein solcher Fehler unterlaufen ist, sondern auch, daß das Urteil auf ihm beruhen kann. Außerdem muß der Verfahrensfehler, damit er zu beachten ist, grundsätzlich auch gerügt werden. Von Amts wegen ist jedoch nach h.M. ein Verstoß gegen die Vorschriften der »echten« notwendigen Beiladung zu berücksichtigen, weil sie zur unverzichtbaren Grundordnung jedes rechtsstaatlichen Verfahrens gehören[92].

Für das Tatbestandsmerkmal »beruhen kann« genügt es im übrigen schon, daß die Vorinstanz bei richtiger Anwendung des Prozeßrechts möglicherweise anders entschieden hätte[93].

Steht allerdings für das Rechtsmittelgericht, z.B. weil die Klage in jedem Fall abzuweisen ist, fest, daß die Rechtslage des Dritten durch die Entscheidung nicht nachteilig gestaltet werden kann, wirkt der Verfahrensfehler nicht mehr fort, so daß auch das Revisionsgericht abschließend entscheiden kann[94]. Das gleiche gilt, wenn in den Fällen der unechten notwendigen Beiladung feststeht, daß der Dritte nicht leistungspflichtig sein kann[95].

Das Unterlassen einer notwendigen Beiladung ist schließlich auch bei der Sprungrevision gegen ein erstinstanzliches Urteil zum BSG oder zum

91 in der bis zum 28.2.1993 geltenden Fassung; für die Anfechtung von Urteilen, die nach diesem Zeitpunkt ergehen, ist die Rechtslage durch das Rechtspflegeentlastungsgesetz (vgl. unten Kap. 12) den anderen Verfahrensordnungen angeglichen

92 vgl. BSGE 61, 197, 199; BSG SozR 1500 § 75 SGG Nrn. 1, 20, 47 und 60; BFHE 141, 209; BVerwGE 18, 124

93 BSGE 2, 197; BSG USK 70197

94 vgl. z.B. BSG SozR-3 1500 § 75 SGG Nr. 12 in Fortführung von BSGE 66, 144 = SozR-3 5795 § 6 Nr. 1 und BSGE 67, 251 = SozR-3 2500 § 92 Nr. 2; BVerwGE 19, 21 ff.; 80, 228, 230; einschränkend Redeker/von Oertzen § 65 Rdn. 23

95 BSG SozR 1500 § 75 Nr. 74

BVerwG (§§ 161 SGG, 134 VwGO) beachtlich. Dem steht nicht entgegen, daß dieses Rechtsmittel grundsätzlich nicht auf Mängel des Verfahrens gestützt werden kann. Die von Amts wegen zu berücksichtigenden Verfahrensfehler sind hiervon ausgenommen[96].

1.9.2.2. Andere Konsequenzen hat das Unterlassen einer an sich gebotenen einfachen Beiladung. Auf einem solchen Fehler kann das jeweilige Urteil nicht beruhen.

Das Urteil ist auch ohne die Beteiligung des Dritten wirksam; es beinhaltet keine Rechtsverletzung des Dritten, da es ihn nicht bindet, so daß aus rechtsstaatlicher Sicht eine Beteiligung des Dritten nicht unbedingt erforderlich ist. Das Unterlassen einer einfachen Beiladung kann deshalb nur in Fällen des § 150 Nr. 2 SGG in der bis zum 28.2.1993 geltenden Fassung verfahrensrechtliche Bedeutung erlangen, indem es zur Statthaftigkeit der Berufung und, wenn der übergangene Dritte dies beatragt, ausnahmnsweise nur Zurückverweisung der Sache an das Sozialgericht führen kann.

Ist der Dritte einfach beigeladen worden und stellt sich in der Rechtsmittelinstanz heraus, daß es sich eigentlich um die Situation einer notwendigen Beiladung handelt, so stellt dies für sich alleine noch keinen wesentlichen Verfahrensfehler dar. Die beiden Beiladungsarten sind jeweils im Verhältnis zur anderen kein aliud; es handelt sich im Grundsatz um dieselbe Form der Verfahrensbeteiligung, wenn auch mit etwas anderen Einzelbefugnissen. Dem Gebot der Rechtsstaatlichkeit des Verfahrens und dem der Gewährung rechtlichen Gehörs ist durch die einfache Beiladung in der Regel ausreichend Rechnung getragen. Dies gilt jedenfalls solange keine Anhaltspunkte dafür ersichtlich sind, daß der Dritte abweichende Sachanträge gestellt hätte, wenn er als notwendig Beigeladener am Verfahren teilgenommen hätte[97]. Ähnlich ist die Lage, wenn der Dritte irrtümlich als (weiterer) Beklagter, statt als Beigeladener aufgetreten ist[98].

1.9.2.3. Unterbleibt die notwendige Beiladung und wird das Urteil von den Hauptbeteiligten bis zum Ablauf der für sie laufenden Rechtsmittelfristen nicht angefochten, ist nach wohl h.M. jedenfalls ein der Klage stattgebendes Urteil unwirksam. Es kann Rechtskraft weder im Verhältnis der Hauptbeteiligten untereinander, noch im Verhältnis dieser zum Dritten erlangen[99]. Dies wird damit begründet, daß bei der notwendigen Beiladung die Gestaltungswirkung des Urteils nur gegenüber allen materiellrechtlich Betroffenen oder überhaupt nicht eintreten könne. Dagegen soll ein klageabwei-

96 BSG USK 79196
97 vgl. BSG SozR-3 2500 § 92 Nr. 1
98 vgl. BSGE 39, 244, 252
99 BVerwGE 16, 23; zum Streitstand vgl. z.B. Eyermann/Fröhler § 65 Rdn. 39 ff.; Redeker/von Oertzen § 65 Rdn. 22 ff.

sendes Urteil, das dem nicht beteiligten Dritten keinen Nachteil bereitet, nicht schlechthin unwirksam sein[100].

Martens[101] sieht das Urteil nicht nur dann als wirksam an, wenn es den Dritten nicht belastet, sondern auch dann, wenn dieser sich nachträglich damit einverstanden erklärt.

Nach einer anderen Meinung[102] soll das Urteil zwar im Verhältnis der Prozeßbeteiligten formell rechtskräftig und damit vollstreckbar werden, nicht aber im Verhältnis zum übergangenen Dritten.

Diese Meinung steht allerdings mit der Annahme der Notwendigkeit einheitlicher Entscheidung im Sinne der Beiladungsvorschriften in unauflösbarem Widerspruch. So hat schon Bachof[103] ausgeführt, dies sei so wenig möglich wie die Annahme, ein Scheidungsurteil könne gegenüber einem Ehepartner wirksam, gegenüber dem anderen aber unwirksam sein. Deshalb ist der Auffassung zuzustimmen, die das Urteil im Falle des Unterbleibens einer notwendigen Beiladung dann gegenüber allen materiellrechtlich Beteiligten für unwirksam hält, wenn es die materielle Rechtslage des Dritten verändert. Die Theorie der Wirksamkeit inter partes hat hier ihre rechtsstaatlichen Grenzen.

1.9.2.4. Auf welche Art und Weise der übergangene Dritte die Unwirksamkeit des Urteils geltend machen kann, ist gesetzlich nicht festgelegt, obwohl ein entsprechendes Regelungsbedürfnis gerade im Hinblick auf die unterschiedlichen Auffassungen hierzu besteht. Während Seeliger[104], Stahl[105] und Grunsky[106] eine Nichtigkeitsklage analog § 579 Nr. 4 ZPO für zulässig halten, meinen Schäfer[107], Schlosser[108] sowie Habscheid[109], die Verfassungsbeschwerde sei der einzig gangbare Weg.

Dagegen spricht sich Freytag[110] für eine Anfechtungsklage gegen die das Urteil dem Dritten zur Kenntnis bringende Mitteilung aus.

Am überzeugendsten erscheint jedoch de lege lata die u.a. vom VGH Kassel vertretene Auffassung, die dem Dritten die Möglichkeit einer - gegen die Beteiligten des Erstprozesses zu richtende - Klage auf Feststellung

100 BVerwGE 18, 124, 127; vgl. auch Tipke/Kruse § 60 Rdn. 18
101 aaO S. 257 ff.
102 vgl. Gräber § 60 Rdn. 75; Eyermann/Fröhler § 65 Rdn. 41; VGH Baden/ Württemberg DÖV 1975, 646; offen gelassen in BFH BStBl II 1980, 210
103 MDR 1950, 374, 376; zustimmend Wilde S. 1264
104 aaO S. 412
105 aaO S. 155 ff.
106 aaO § 30 II 2
107 S 154 ff., 167
108 aaO Gestaltungsklagen S. 205
109 aaO S. 196 ff.
110 aaO S. 74

der Unwirksamkeit des betreffenden Urteils einräumt[111], erforderlichenfalls verbunden mit dem Antrag auf einstweilige Aussetzung der Vollstreckung. Hierfür besteht ein Feststellungsinteresse, weil es um die Klärung eines Rechtsverhältnisses geht, an dem der Dritte unmittelbar beteiligt ist.

Die geschilderte Unsicherheit der Rechtslage verdeutlicht, daß - wie schon in Kap. 6 (Anm. 1.7.) ausgeführt - der Gesetzgeber gefordert ist, klare Regelungen zu erlassen. De lege ferenda käme insbesondere eine Drittwiderspruchsklage in Betracht.

2. Der Beitritt nach der VwGO

2.1. Der Eintritt in das Verfahren

Nach dem Beitritt des Vertreters des öffentlichen Interesses ist eine Wiederholung bereits stattgefundener Verfahrenshandlungen nicht erforderlich. Dies liegt insbesondere daran, daß er den Zeitpunkt seines Eintritts in das Verfahren selbst bestimmen kann.

2.2. Rechte und Pflichten im Verfahren

Tritt der Vertreter des öffentlichen Interesses nicht zugleich als Parteivertreter auf, gelten für seine Rechtsstellung im Verhältnis zu den anderen Verfahrensbeteiligten und seine prozessualen Handlungsbefugnisse die zur Beiladung aufgestellten Grundsätze entsprechend. Im Hinblick auf seine Aufgabenstellung erscheint die wohl herrschende Auffassung[112], er habe Antragsbefugnisse wie ein notwendig Beigeladener, allerdings bedenklich. Auch in der einem einfach Beigeladenen vergleichbaren Stellung kann der Vertreter des öffentlichen Interesses die wesentlichen Verfahrenshandlungen selbständig vornehmen. Abweichende Sachanträge muß er nicht stellen können, um seiner Aufgabe gerecht zu werden.

2.3. Die Beendigung des Rechtsstreits ohne gerichtliche Entscheidung

Nach Beteiligung des Vertreters des öffentlichen Interesses bzw. des Oberbundesanwalts bleiben die Hauptbeteiligten grundsätzlich die »Herren des Verfahrens«. Der mögliche Wunsch des Vertreters des öffentlichen Interes-

111 vgl. VGH Kassel MDR 1950, 374; Redeker/von Oertzen § 65 Rdn. 25
112 vgl. z.B. Kopp § 36 Rdn. 6; Stettner JA 1982, 400

ses, eine bestimmte Rechtsfrage generell klären zu lassen, ändert nichts an der Dispositionsfreiheit der Hauptbeteiligten hinsichtlich der Beendigung des Rechtsstreits ohne Urteil[113], also z.B. durch Vergleich oder Abgabe übereinstimmender Erledigungserklärungen.

Allerdings, und auch dies erscheint nach dem oben (vgl. Kap. 10) vertretenen Verständnis der Rolle des Vertreters des öffentlichen Interesses in einem rechtsstaatlich geprägten Verfahren bedenklich, räumt ihm § 92 VwGO die Möglichkeit ein, im Falle seiner Teilnahme an der mündlichen Verhandlung eine nach Stellung der Anträge erfolgte Klagerücknahme zu verhindern.

2.4. Die Beendigung des Rechtsstreits durch streitige Entscheidung des Gerichts

2.4.1. Nach h.M. kann der Vertreter des öffentlichen Interesses gegen ein unter seiner Beteiligung ergangenes Urteil alle prozessual möglichen Rechtsmittel einlegen. Die Rechtsmittelbefugnis setze bei ihm, entsprechend seiner Stellung, keine eigene materielle Beschwer voraus; es müsse sogar noch nicht einmal eine formelle Beschwer vorliegen.

Die Rechtsmittelbefugnis wird ihm also auch dann zuerkannt, wenn die Entscheidung seinem Antrag in der Vorinstanz im Ergebnis voll entspricht[114]. Es soll genügen, daß er die Entscheidung für unrichtig hält. Eine Einschränkung erfolgt nur insoweit, als verlangt wird, daß das Rechtsmittel das Ziel haben muß, eine andere Sachentscheidung herbeizuführen. Alleine mit dem Begehren, eine Entscheidung mit einer anderen Begründung zu versehen, stehe auch dem Vertreter des öffentlichen Interesses kein Rechtsmittel zu. Ausreichend soll es allerdings sein, wenn er die Klageabweisung nicht als unbegründet, sondern als unzulässig durchsetzen will[115]. Ob die Hauptbeteiligten subjektiv eine solche Veränderung als Vor- oder Nachteil empfinden, spiele keine Rolle.

Tritt der Vertreter des öffentlichen Interesses gleichzeitig als Vertreter der beklagten staatlichen Stelle auf, und will er in dieser Funktion ein Rechtsmittel einlegen, gelten für ihn grundsätzlich die für alle Rechtsmittelführer einschlägigen Anforderungen an das Vorliegen einer Beschwer. Gerade hier zeigt sich aber eine weitere Mißlichkeit der Kummulation der beiden Aufgaben in einer Person. Er kann nämlich in seiner Eigenschaft als Vertreter des öffentlichen Interesses unter den geschilderten erleichterten

113 vgl. BVerwGE 9, 143 f

114 vgl. z.B. BVerwGE 7, 226 f; BVerwG MDR 1977, 867; Kopp Vor § 124 Rdn. 49 m.z.N.

115 vgl. BVerwG MDR 1977, 867 f.

Bedingungen zulässigerweise ein Rechtsmittel einlegen und damit u.U. erreichen, daß er in der nächsten Instanz auch wieder als Parteivertreter agieren kann, obwohl ihm als solchem keine Rechtsmittelbefugnis zugestanden hätte[116]. Ein äußerst befremdliches Ergebnis.

Davon abgesehen erscheint es aber auch generell nicht erforderlich, dem Vertreter des öffentlichen Interesses originäre Rechtsmittelmöglichkeiten zu eröffnen. So, wie er keine eigene Klagebefugnis hat, und ihm entgegen der Auffassung Fischers[117], auch de lege ferenda keine eingeräumt zu werden braucht, sollten ihm auch diese, den Interessen der Hauptbeteiligten zuwiderlaufenden prozessualen Möglichkeiten genommen werden.

2.4.2. Regelungen zur Kostentragungspflicht des Vertreters des öffentlichen Interesses enthält die VwGO nicht. Aufgrund allgemeiner Grundsätze hat er jedoch de lege lata die Kosten eines erfolglos eingelegten Rechtsmittels zu tragen[118]. § 154 Abs. 3 VwGO, wonach dem Beigeladenen auch dann Kosten auferlegt werden können, wenn er Anträge gestellt hat, soll dagegen nicht entsprechend gelten[119].

3. Der Beitritt nach der FGO

3.1. Der Eintritt in das Verfahren

Auch der nach § 61 FGO und § 122 Abs. 2 FGO beitretende Dritte muß den Rechtsstreit so aufnehmen, wie er ihn vorfindet. Eine Wiederholung bereits stattgefundener Verfahrenshandlungen kann er nicht beanspruchen.

3.2. Rechte und Pflichten im Verfahren

Zur Rechtsstellung der nach § 61 FGO beitretenden Behörde im weiteren Verlauf des Rechtsstreits heißt es in § 57 Nr. 4 FGO nur, daß sie Beteiligte des Rechtsstreits wird. Auch sie tritt nicht automatisch an die Seite eines bestimmten Hauptbeteiligten, sondern hat eine selbständige Position mit allen sich daraus ergebenden Rechten und Pflichten[120].

116 vgl. BVerwGE 7, 226 f.
117 aaO S. 126 ff.
118 vgl. Kopp § 154 Rdn. 9 m.w.N.
119 vgl. Kopp § 154 Rdn. 9; Schunck-De Clerck § 154 Anm. 3a; a.A. Redeker/von Oertzen § 154 Rdn. 7
120 vgl. z.B. Gräber § 61 Rdn. 1

Bezüglich der Antragsrechte ist trotz Fehlens einer § 60 Abs. 6 FGO entsprechenden Vorschrift davon auszugehen, daß die Behörde nur im Rahmen der von den Hauptbeteiligten gestellten Sachanträge verhandeln darf[121]. Dies genügt der gesetzgeberischen Intention, welche der Einräumung des Beitrittsrecht zugrundeliegt, zumal de lege lata auch dadurch die Möglichkeit der Einlegung von Rechtsmitteln gegeben ist.

Die gleichen Grundsätze gelten für die nach § 122 Abs. 2 FGO beigetretenen Minister, wobei sich natürlich daraus Besonderheiten ergeben, daß sie erst im Revisionsverfahren zu Beteiligten werden. Deshalb haben sie im Hinblick auf die tatsächlichen Feststellungen nur eine eingeschränkte Einflußmöglichkeit.

3.3. Die Beendigung des Rechtsstreits ohne Urteil

Die nach § 61 FGO beigetretene Behörde wird nicht Haupt-, sondern nur Drittbeteiligte. Sie kann also nicht wirksam in die Dispositionsbefugnis der Hauptbeteiligten eingreifen.

Auch ein Beitritt nach § 122 Abs. 2 FGO ändert nichts an der Dispositionsfreiheit der Hauptbeteiligten. So hat der BFH[122] ausdrücklich entschieden, daß der Rechtsstreit durch übereinstimmende Erledigungserklärungen der Hauptbeteiligten erledigt ist, für eine Einverständniserklärung des Beigetretenen also kein Raum mehr besteht.

3.4. Die Beendigung des Rechtsstreits durch streitige Entscheidung des Gerichts

Die nach § 61 FGO beigetretene Behörde kann die üblichen Rechtsmittel einlegen. Durchgreifende Bedenken gegen diese Möglichkeit bestehen nicht. Erfolg haben i.S. einer Abänderung des angefochtenen Urteils durch die höhere Instanz kann ein solches Rechtsmittel aber nur, wenn die Behörde in eigenen Rechten verletzt ist. Die nach § 122 Abs. 2 FGO im Revisionsverfahren beitretende Behörde hat logischerweise kein Rechtsmittel mehr.

Kosten des nach § 61 oder § 122 Abs. 2 FGO Beigetretenen sind nach § 139 Abs. 2 FGO nicht erstattungsfähig. Eine Kostenbelastung der nach § 61 FGO beigetretenen Behörde kommt nach allgemeinen Grundsätzen vor allem dann in Betracht, wenn sie erfolglos Rechtsmittel eingelegt hat.

121 ebenso Müller Rdn. 660

122 vgl. z.B. BFHE 105, 3; 141, 211; BFHN Nr. 27 zu § 138 Abs. 1

Eine Kostenbelastung des gemäß § 122 Abs. 2 FGO Beigetretenen scheidet dagegen aus.

4. Zwischenergebnis

Der Beigeladene kann die Wiederholung bestimmter, vor seiner Beteiligung stattgefundener Verfahrenshandlungen verlangen.

Ein Beigeladener kann nur dann zugleich auch Zeuge sein, wenn mehrere Streitgegenstände gemeinsam verhandelt werden und die Beiladung auf einen von ihnen beschränkt worden ist.

Der Beigeladene kann die Beendigung des Rechtsstreits durch die Hauptbeteiligten ohne gerichtliche Entscheidung nur in wenigen Fällen verhindern.

Der einfach Beigeladene hat eine Rechtsmittelbefugnis, nämlich dann, wenn das Urteil für ihn nachteilige unmittelbare Folgewirkungen i.S. der Zwei-Komponenten-Theorie hat.

Eine zu Unrecht unterbliebene Beiladung stellt einen Verfahrensfehler dar, auf dem das Urteil beruhen kann, wenn die Drittbeteiligung notwendig gewesen wäre. Beim Unterbleiben einer einfachen Beiladung liegt nur ausnahmsweise ein Verfahrensfehler vor, und zwar bei Nichtentscheidung über einen gestellten Beiladungsantrag oder bei sachfremden Ermessenserwägungen. Beruhen i.S. der Rechtsmittelvorschriften kann ein Urteil auf einem Unterlassen einer einfachen Beiladung aber auch in diesen Fällen in der Regel nicht.

Weder der Vertreter des öffentlichen Interesses i.S.d. VwGO, noch die Beitrittsberechtigten i.S. der FGO können eine Beendigung des Rechtsstreits ohne Urteil durch die Hauptbeteiligten verhindern. Die anders lautende Ausnahmevorschrift des § 92 VwGO sollte entsprechend umgestaltet werden.

Die originäre Rechtsmittelmöglichkeit des Vertreters des öffentlichen Interesses sollte beseitigt werden.

Kapitel 12 Zusammenfassung und Ausblick

1. Zusammenfassung

1.1. Das Rechtsstaatsprinzip ist die eigentliche verfassungsrechtliche Grundlage der notwendigen Beiladung. Im Verhältnis zum Dritten konkretisiert sich dies im Ausspruch auf rechtliches Gehör, im Verhältnis zum Staat als Pflicht, das Verfahrensrecht so zu gestalten, daß wirksame Entscheidungen nicht über Köpfe betroffener Dritter hinweg getroffen werden können (These von der Doppelnatur der notwendigen Beiladung).

Durch die Bestimmung der Beiladungsvoraussetzungen aufgrund der in Kap. 7 und 8 aufgestellten Zwei-Komponenten-Theorien lassen sich die Beiladungsfälle in sinnvoller Weise untereinander und gegenüber Fällen der Nichtbeiladung abgrenzen.

Die *Zwei-Komponenten-Theorie* zur einfachen Beiladung beruht auf dem *Wertungsmodell* des in § 60 FGO benannten Beiladungsgrundes der Dritthaftungsfälle. Sie hat folgenden Inhalt:

Zum einen (erste Komponente) muß die Möglichkeit bestehen, daß das Obsiegen oder Unterliegen der Hauptbeteiligten zwar nicht durch die Gestaltungswirkung des Entscheidungstenors, aber durch dessen Folgewirkungen positive oder negative Auswirkungen auf die individuelle Rechtsstellung des Dritten haben kann.

Zum anderen (zweite Komponente) muß eine sachliche und/oder persönliche Beziehung des Dritten zum streitigen Lebenssachverhalt bestehen oder künftig entstehen können. Diese Beziehung muß nicht notwendig zum Streitgegenstand in prozessualem Sinne vorhanden sein; es genügt vielmehr, wenn sie sich auf den individualisierten Lebenssachverhalt erstreckt, aus dem die konkrete Streitfrage erwachsen ist.

Die *Zwei-Komponenten-Theorie* zur notwendigen Beiladung beruht auf dem *Wertungsmodell* des Verwaltungsaktes mit belastender Drittwirkung. Sie hat folgenden Inhalt:

Zum einen (erste Komponente) ist erforderlich, daß eine der möglichen gerichtlichen Entscheidungen, die Beiladung des Dritten einmal unterstellt, dessen Rechte und Pflichten, wie sie aufgrund gesetzlicher oder bindender vertraglicher Regelungen bestehen, aus Rechtsgründen uno actu, also selbst und unmittelbar, gestaltet.

Zum anderen (zweite Komponente) darf der Dritte nicht nur wie jede andere, sich in ähnlicher Situation befindliche Rechtsperson von der gerichtlichen Entscheidung betroffen sein; er muß vielmehr in tatsächlicher Hinsicht nicht nur am individualisierten Lebenssachverhalt im weiteren Sinne beteiligt sein, sondern an dem konkreten Lebenssachverhalt, der den Streitgegenstand in prozessualem Sinne bildet.

Beide Theorien gelten - vorbehaltlich spezieller Einzelfallregelungen - für SGG, VwGO und FGO gleichermaßen.

Bei der Anwendung der beiden Zwei-Komponenten-Theorien ist (in Anlehnung an die Rechtsprechung der Zivilgerichte zu § 635 BGB) terminologisch zu unterscheiden zwischen den unnmittelbaren Entscheidungswirkungen bezüglich des streitigen Rechtsverhältnisses (Fälle der notwendigen Beiladung) einerseits und den Folgewirkungen der Entscheidung auf andere Personen bzw. Rechtsverhältnisse andererseits. Unter den Folgewirkungen ist weiter zu differenzieren zwischen solchen unmittelbarer und solchen mittelbarer Art. Die Voraussetzungen der einfachen Beiladung sind nur im Fall der unmittelbaren Folgewirkungen erfüllt.

Hinsichtlich der Lösungsvorschläge zu den vielfältigen, sich de lega lata stellenden Detailproblemen kann an dieser Stelle nur auf die Ausführungen in den einzelnen Kapiteln und die jeweiligen Zwischenergebnisse verwiesen werden.

1.2. Zum wirksamen Schutz des Sozialgeheimnisses ist es geboten, für Streitigkeiten in Angelegenheiten des Sozialgesetzbuches § 75 SGG und §§ 65, 66 VwGO dahingehend zu ändern, daß

- im datenschutzrelevanten Bereich die Hauptbeteiligten und/oder der Dritte vor der Beiladungsentscheidung angehört werden müssen,
- Beiladungsbeschlüsse angefochten werden können.

Die einfache Beiladung i.S.v. § 75 Abs. 1 S. 1 SGG sollte auf die Fälle rechtlicher Interessen begrenzt werden. § 75 Abs. 1 S. 2 SGG sollte gestrichen werden.

Angeregt wird die Schaffung einer Drittwiderspruchsklage für zu Unrecht nicht beigeladene Dritte.

§ 75 Abs. 2 und 5 SGG sowie § 51 SGG sollten durch eine Öffnungsklausel dahingehend erweitert werden, daß nach Beiladung auch andere Sozialleistungsträger, insbesondere Sozialhilfeträger verurteilt werden können.

§ 99 Abs. 2 S. 2 VwGO und § 86 Abs. 3 S. 2 FGO sollten gestrichen oder wenigstens anders formuliert werden, denn die Bezeichnung der geregelten Fälle als solche der Beiladung ist irreführend.

1.3. Die Institution des Vertreters des öffentlichen Interesses kann in einem rechtsstaatlichen Verfahren nur dann eine Existenzberechtigung haben, wenn die Aufgabenwahrnehmung durch sachlich und persönlich unabhängige Personen im Hauptamt erfolgt. Die Institution einer Landesanwaltschaft mag sinnvoll erscheinen, die Koppelung der Prozeßvertretung von Behörden mit der Wahrnehmung des allgemeinen öffentlichen Interesses ist es nicht, weil sie zu nicht auflösbaren Interessenkonflikten führt.

Falls die Institution beibehalten wird, muß sie zumindest auch auf die Sozialgerichtsbarkeit ausgedehnt werden, denn es ist nicht nachvollziehbar, warum z.B. in Streitigkeiten auf Gewährung von Sozialhilfe, Kriegsopferfürsorge oder Wohngeld sich ein Vertreter des öffentlichen Interesses beteiligen kann, nicht dagegen in Rechtsstreiten über die Gewährung von Arbeitslosenhilfe, Kindergeld oder Renten wegen Berufs- oder Erwerbsunfähigkeit.

Die Zustimmungsbedürftigkeit einer Klagerücknahme in § 92 VwGO sollte jedenfalls bezüglich des Vertreters des öffentlichen Interesses gestrichen werden.

Der Vertreter des öffentlichen Interesses sollte keine originäre Rechtsmittelmöglichkeit besitzen.

Die Beitrittsmöglichkeiten nach § 122 FGO gefährden die Waffengleichheit vor Gericht.

2. Ausblick

Das nach der Konzeption der vorliegenden Untersuchung am 1.3.1993 in Kraft getretene Rechtspflegeentlastungsgesetz (BGBl 1993 I, 50) hat die Vorschriften über die Beteiligung Dritter nicht wesentlich geändert. Ergänzt wurde allerdings § 168 SGG, und zwar dahingehend, daß künftig bei einer unterbliebenen notwendigen Beiladung eine Zurückverweisung der Sache an die Tatsacheninstanz zur Nachholung der Beiladung unterbleiben kann, wenn der Dritte seiner Beiladung im Revisionsverfahren zustimmt.

Abzuwarten bleibt, ob diese Gesetzesänderung wirklich den erhofften Beschleunigungseffekt hat. Zweifel ergeben sich aufgrund des Umstandes, daß der Dritte mit seiner Zustimmung gleichzeitig die Möglichkeit verliert, auf die maßgebenden tatsächlichen Feststellungen Einfluß zu nehmen.

Das am 1.1.1993 in Kraft getretene FGO-Änderungsgesetz (BGBl 1992, 2109) hat § 60 FGO nicht verändert, jedoch um einen neu geschaffenen § 60a FGO ergänzt, der die Möglichkeit der vereinfachten Beiladung in sog. Massenverfahren vorsieht. Inhaltlich entspricht die Regelung derjenigen des § 60 Abs. 3 VwGO. Sie soll vor allem die zügige Abwicklung von Rechtsstreiten über Gewinnfeststellungen von Personengesellschaften mit breiter Publikumsbeteiligung ermöglichen (vgl. BT-Drucks. 12/1061 S. 11).

Nachtrag

Wie bereits im Vorwort erläutert, hat sich die Publikation der Untersuchung leider erheblich verzögert. Die Einarbeitung der neueren Rechtsprechung war nicht mehr möglich. Da die vordringlichen Ziele der Arbeit jedoch die Herausarbeitung einer Beiladungsdogmatik einerseits und die Klärung grundsätzlicher Fragen der von VwGO und FGO eröffneten Beitrittsmöglichkeiten andererseits waren, hat sie durch den Zeitablauf nichts an Aussagekraft verloren.

Neue theoretische Ansätze lassen sich im übrigen weder der inzwischen ergangenen Rechtsprechung, noch dem Schrifttum entnehmen. Nach wie vor erfolgt die Lösung von Beiladungsproblemen in der Regel ohne Subsumtion unter die einzelnen Tatbestandsmerkmale der Beiladungsvorschriften und ohne erkennbare, für jeden Fall gleichermaßen geltende Prüfungsabfolge.

Zur Ergänzung der Arbeit sei an dieser Stelle aus der Vielzahl der neueren Entscheidungen – unkommentiert – auf folgende Urteile und Beschlüsse hingewiesen:

1. Sozialgerichtsbarkeit

- Zur Rechtsmittelbefugnis Beigeladener: BSG SozR-3 2500 § 85 Nr. 3; zum speziellen Fall der Fortsetzungsfeststellungsklage vgl. BSG SozR-3 1500 § 131 Nr. 5.
- Zur Frage der Beiladung bei Wahlanfechtungsklagen: BSG SozR-3 1500 § 55 Nr. 14.
- Zum Anspruch des Beigeladenen auf rechtliches Gehör, insbesondere zur Zulässigkeit der Durchführung einer mündlichen Verhandlung in Abwesenheit des Dritten: BSG SozR-3 1750 § 551 Nr. 6.
- Mit der Beiladungsmöglichkeit der Bundesrepublik Deutschland in Angelegenheiten der Soldatenversorgung befaßt sich die Entscheidung vom 28.10.1994 – RV 17/94 – SozR-3 1500 § 75 Nr. 23; vgl. dazu auch Beschluß vom 3.8.1994 – BV 20/94. Die Beiladung sei auch nicht deshalb notwendig, weil das Bundesministerium der Verteidigung Leistungen im Wege der sog. Kannversorgung nur mit Zustimmung des Bundesministers für Arbeit erbringen darf.

- Die Rechtsprechung, nach der eine unzulässige Beiladung im Revisionsverfahren von Amts wegen aufgehoben werden kann, hat das BSG fortgeführt, vgl. SozR-3 1500 § 75 Nr. 23. Diese Entscheidung geht außerdem auf die Möglichkeiten ein, einen bereits als Kläger oder Beklagten beteiligten Rechtsträger in anderer Eigenschaft beizuladen.
- Im Rechtsstreit über die Rechtmäßigkeit der Festsetzung von Festbeträgen für Hilfsmittel nach dem SGB V sind nach dem Beschluß des BSG vom 9.2.1995 (NZS 1995, 432) die Spitzenverbände der Krankenkassen beizuladen. Zur Begründung wird ausgeführt, es handele sich insoweit um ein zweistufiges Verfahren. Die Entscheidung könne gegenüber den Entscheidungsträgern der ersten und der zweiten Stufe nur einheitlich ergehen. Dagegen müsse die Bundesrepublik Deutschland nicht beigeladen werden.
- Auf die Möglichkeit des Absehens von der Beiladung im Falle ihrer Undurchführbarkeit wird vom LSG Niedersachsen im Urt. v. 15.6.1993 – L 4 Kr 18/91 – eingegangen.

2. Allgemeine Verwaltungsgerichtsbarkeit

- Zum Erfordernis der Beschwer bei der Rechtsmitteleinlegung durch Beigeladene vgl. BVerwG NVwZ RR 1996, 31.
- Mit dem Problem der Beiladung der Bau- bzw. Nachbarstreitigkeiten befassen sich u.a. BVerwG Buchholz 310 § 65 Nrn. 104, 106; BVerwGE 92, 66 = Buchholz 310 Nr. 10.
- Zu den Grenzen der Beiladung und dem Anspruch auf Erstattung von Verfahrenskosten Beigeladener vgl. BVerwG NJW 1995, 2867 = NVwZ 1995, 1201.
- BVerwG NVwZ RR 1994, 235: Die Rechtsprechung, nach der im Verfahren der Normenkontrolle eines Bebauungsplans eine Beiladung nicht zulässig sein soll, wurde fortgeführt.
- Die Notwendigkeit der Beiladung der Bundesrepublik Deutschland wurde für den Fall bejaht, daß ein Dritter eine zu ihren Gunsten erfolgte Zuordnung von Vermögensgegenständen angreift (BVerwG Beschluß v. 28.11.1994 – 7 C 57/93 – NVwZ 1995, 386).

3. Finanzgerichtsbarkeit

- Zur Möglichkeit, eine Beiladung im Wege der Beschwerde bzw. Nichtzulassungsbeschwerde zu erreichen: BFHE 174, 310 = BStBl II 1994, 681.
- Mit der Frage der Notwendigkeit der Beiladung von Ehegatten im Streit um die Steuerveranlagung befassen sich u.a. BFHE 173, 207 = BStBl II 1994, 405 (Streit um die Anrechnung von Vorauszahlungen); BFHE 171, 5 = BStBl II 1993, 513 (Regelung des Kinderfreibetrages) und BFH NJW 1993, 1288 (Streit über die Veranlagungsart).
- Die Verfassungsmäßigkeit des Beitrittsrechts des Bundesministers für Finanzen und der entsprechenden obersten Landesbehörden nach § 122 Abs. 2 FGO wird bejaht in BFH NV 1993, 46 und BFHE 173, 383 = BStBl II 1994, 389. Weder verletze diese Vorschrift im Einzelfall Grundrechte, noch tangiere sie die Rechtsweggarantie des Art. 19 Abs. 4 GG. Für die Zweckmäßigkeit der Beitrittsmöglichkeit spreche auch die Regelung des Art. 108 Abs. 3 GG.

Sachregister

Greifswalder Rechtswissenschaftliche Reihe

Band 1
Das Seeamtsverfahren
Die Entwicklung eines Verwaltungsverfahrens über 100 Jahre
Von Dr. Werner von Unruh
1995. XX, 298 Seiten. Kart. 120,– DM. ISBN 3-452-22828-2

Band 2
Der Berufsschadensausgleich
unter besonderer Berücksichtigung der Rechtsprechung des BSG und der Verhältnisse in den neuen Bundesländern
Von Dr. Hans-Georg Hansen
1996. XXVI, 180 Seiten. Kart. 92,– DM. ISBN 3-452-22829-0

Band 3
Die Verfahrensbeteiligung Dritter
Von Dr. Bernd Jürgen Benkel
1996. XXX, 164 Seiten. Kart. 82,– DM. ISBN 3-452-22860-6

Carl Heymanns Verlag KG